国家社科基金后期资助项目研究成果

互联网时代的影像新闻研究

彭华新　著

国家图书馆出版社

图书在版编目（CIP）数据

互联网时代的影像新闻研究/彭华新著. --北京:国家图书馆出版社，2018.12

ISBN 978 - 7 - 5013 - 6630 - 9

I.①互… II.①彭… III.①视听传播—新闻工作—研究 IV.①G206.2

中国版本图书馆 CIP 数据核字（2018）第 266903 号

书　　　名	互联网时代的影像新闻研究
著　　　者	彭华新　著
责 任 编 辑	高　爽

出　　　版	国家图书馆出版社（100034　北京市西城区文津街 7 号）
	（原书目文献出版社　北京图书馆出版社）
发　　　行	010 - 66114536　66126153　66151313　66175620
	66121706（传真）　66126156（门市部）
E-mail	btsfxb@ nlc. gov. cn（邮购）
Website	www.nlcpress.com ──→投稿中心
经　　　销	新华书店
印　　　装	北京鲁汇荣彩印刷有限公司
版　　　次	2018 年 12 月第 1 版　2018 年 12 月第 1 次印刷

开　　　本	710×1000（毫米）　1/16
印　　　张	17.25
字　　　数	296千字

书　　　号	ISBN 978 - 7 - 5013 - 6630 - 9
定　　　价	80.00 元

国家社科基金后期资助项目
出版说明

后期资助项目是国家社科基金设立的一类重要项目，旨在鼓励广大社科研究者潜心治学，支持基础研究多出优秀成果。它是经过严格评审，从接近完成的科研成果中遴选立项的。为扩大后期资助项目的影响，更好地推动学术发展，促进成果转化，全国哲学社会科学工作办公室按照"统一设计、统一标识、统一版式、形成系列"的总体要求，组织出版国家社科基金后期资助项目成果。

全国哲学社会科学工作办公室

序

　　彭华新是位著述颇丰的青年学者,因他到我任教的威斯康星大学麦迪逊分校访学,我们有了更多的交往。这些交往的内容之一是,他将书稿拷贝给我,不仅希望我阅读,而且希望我写序。前者我十分乐意,只是不巧因为其时正逢系里杂事甚多,我许久不得空细读,到现在为止也只是浏览了一番。对此我深怀歉意。

　　对写序之事我很勉强,这丝毫不牵涉对彭华新及其学术成绩的评判,而是因为以下两个方面的考虑。首先是对自己的评判:我并不研究"影像新闻",对互联网也只限于生逢其时而有些与芸芸使用者相差无几的了解。我跟彭华新表达了这层保留,但他客气,尊我这比他年长之人为"师",坚持希望我写,我便无以推托。其次是我对"作序"这一文化实践本身有着模棱的态度。曾闻网上流传李泽厚给"自己的学生"(我对这样的称呼本身存有疑虑,所以放在引号内,对于将自己的学生称为"弟子",我更感陌生)作序的趣事,其中有些即是在文化批评、学术实践的伦理等层面所展开的评论。我觉得,一本著作的"序"不应当是点缀或门面装潢,也不应当是"学门"归属的标记;它应当是对读者、对学术交流有意义的学术批评和导读。因此,我们应当尽量少些"求序"的活动,多些平等、平和、开放的学术交流,在交流中形成想法,作序既是这交流过程水到渠成之结果,也是这交流过程的组成部分。我们也需要尽可能摒弃"作序"活动可能给人带来的自我之迷失,并因此而自大、自恋、自以为是。这一反省当然是针对我自己这样的"老人"。我们这些人,享用以"做学问、教书育人"而养家糊口的特权久了,未必对自己知识的老旧仍然保持原有或应有的敏锐,但在一个尊老、尊师的文化环境内,我们仍会在称呼和礼仪的文化表演中受到尊敬,被求作序是表现之一。这就需要我们这些人多些自省,不在被求作序和自己写序这样的社会交往当中寻求自我满足的快感。

以此心情，我决定写这篇短文，作为与本书作者彭华新的文字交流。

彭华新在本书考察的对象是"影像新闻"，并将其坐落于"互联网时代"这个历史场景中。对这二者，作者都试图系统界定。作者也扼要介绍了他资料搜集的方法：网络民族志；这其中包括沉浸于网络，搜集各种影像资料，观察网民们在网上的影像制作、传递、点评等活动，以及在线上和线下访谈一些影像资料的生产者、线索提供者和经营者。他也介绍了自己处理这些经验材料所遵循的分析和解读逻辑，包括符号学分析法、话语分析法。除了他自己谈到的这些外，阅读他经验分析的章节时，我们还可以看到，他使用了一些历史分析、产业分析和文本解读的方法。从所引用的文献看，作者采用了开放、多元的理论视野。首先，根据其影像新闻是以"图像、视频为传播符号"的新闻报道和评论这一界定，作者引用了很多符号学的文献，分析影像元素如何作为能指、经过特定编码过程而得以组合并发挥意义建构的作用；其次，因为本书相当大部分的分析针对的是具体影像新闻物件的生产和流通过程，所以作者也引用不少新闻生产和媒介生产的文献；第三，作者将影像新闻作为政治话语、文化参与的手段和过程来考察，因此，他也引用了一些社会和文化理论的文献，包括不少后现代的理论文献，并在自己的分析中呈现了影像新闻如何成为权力运作、意识形态宣讲或抵抗的一个重要领域，并提出了这当中的一些体现社会批判、社会冲突所涉及的伦理问题；第四，本书也体现了彭华新职业新闻人这一出生的专业特质，即善于观察，对即时发生的现象特别敏感，还勤于搜集可能转瞬即逝的新闻材料，保持对当下的无缝连接。因此，这本书很多篇幅反映了一位专业新闻人扎实的观察、描述和解读现象的基本功。

我这么说，已经蕴含了一定的批评，多少显露了少许前文自己批判、反思式提及的"倚老卖老"之态。当然，我的意图不在指摘作者或显摆自己，我是希望利用这个机会与华新及本书读者展开一点儿纯粹学术的交流。但是，因为本书的题材毕竟不是自己在研究中核心关注的领域，我显然力有不逮，所能做的，也只是粗略涉及以下几点，但求抛砖引玉。

第一，视觉化（visualization）似乎至少在电视成为日常生活的构成以来即得到了广泛的关注，关于它的论述，既有哲学的思考，也有文化批评的阐发，还有经验研究的分析。作为一个文化趋势，它似乎起于互联网之前，当然，它在当下的数字媒体时代更加凸显，渗入到人际和人机交往的各个方面。"影像新闻"似乎是这个大势的构成部分，对它，学界也有了一些以不同称谓而展开的研究，譬如，图像新闻（photo journalism），视觉新闻（visual journalism），视觉传播（visual communication），数据可视化（data visualization），等等。对于这些及其他相关命题的论述，也许已经共同构成了一个知识积累（body of knowledge），在其中的逻辑关联之中，"影像新闻"可获得其作为研究对象的更清晰的独特性，并因此而引发针对它的更加聚焦的理论问题。

第二，当我们分析"新闻"时，我们每次都面临着是分析以文本形态呈现的新闻作品（news），还是分析这类文本（或文化产品、知识）的特定形态的生产实践（journalism），包括体制、伦理、流程、技术、权力结构等不同维度的所谓场域，以及这二者如何逻辑地、经验地相连接。简单地说，我们是考察 news，还是 making news。从我所阅读的（即：非常有限的、不具备整体代表性的很小一部分）中文文献中，我得到的感觉是，这个区分和逻辑连接并未得到应有的重视，更未得到足够清晰的论述。我们因此往往在脱离了特定场域的情况下，运用符号学的一些概念和逻辑，归纳一些来自文本的被发现的意义或其可能；我们也因此往往难以从业务经营和媒体运作的话语模式中抽出身来，将之作为研究对象的构成部分，运用别样的话语模式来展开分析。这是渗透到我们选题、确定经验资料的类型和搜集方法、设计并落实分析的步骤、确定论述的视角和用语等研究过程各方面的一个基础性问题。我感觉，如果不在这个层面做出清楚的辨析，那么我们对哲学、社会和文化理论的运用难免脉相不清，我们所做的研究，也难以为丰富和拓展这些理论提供独特的贡献。

第三，做经验研究、以经验的观察作为基本建材来展开理论的分析和论述，是我们需要坚持并且大力提倡的治学之道，我个人觉得，这比那些以"坚持……""……本土化""学科建设"等为话语标识的口号式呼吁要实在得多。这一经验研究的取向也是彭华新这本新作一个特别可取的特质。我尤其喜欢书稿中的第五章，这也是本书篇幅最大的一章。虽然我对于其中凸显阶层对抗和社会伦理持有一定的保留，还觉得他在这一章中理论解读的头绪有些太繁杂，但是，作者在这一章倾注了很大精力，在经验材料的整理、分类和解读方面做得很扎实。我们从中看到了詹金斯（Henry Jenkins）对于网络和社交媒体时代"参与式文化"的乐观构想,但也看到这种参与式文化并非仅有自我表达的开放、自发和自为,也不仅有对于国家权力和建制的各种象征,如对国家媒体主持人、城管、警察等的解构,也有民粹主义、恶意中伤、制造"真相"、道德挟持等各色充斥戾气的表达和表演。也许,网络和社交媒体提供了滋长参与式文化的可供性(affordance),但为这一文化实践的模式与民主生活相关联所必需的集体"自觉"、公共伦理之提倡,以及对于公共性之形成提供基本的制度保障。系统研究中国在地的经验,并提出研究问题,可使我们看到并解读这些未必包括在"参与式文化"的现有理论阐释之中的现象,有助于我们超越对他人理论概念和词汇的简单援引。

因为是与作者交流,所以我这篇短文写得有些随意,称不上是什么"序"。其实,我感觉,通常情况下,最好是由作者"自序",在其中道出研究的原委,以及个中的曲折、思考和感悟,形成衬托正文的"伴随文本",丰富对正文的解读。果如此,岂不快哉!我这匆匆而就的短文,也就只能忝代为序。即便如此,也是过于勉力。见谅,见谅!

潘忠党
于美国威斯康星麦迪逊家中
2018 年 12 月 11 日

目　　录

绪　　论

互联网时代,新闻信息的生产、传播、接收等行为实践,很大程度上发展了陆定一关于"新近发生的事实的报道"这一定义。人人皆可拍摄和发布影像的事实,改变了今天的媒介环境,成就了不少事实上的非专业新闻传播者,同时也赋予了传播符号——影像——以更独立和深刻的意义。影像在"无语"地传递信息和表达意见,不仅与文字形成了并行的符号结构,还在诸多场合拥有独特和独立的传播功能。在政治、经济、社会、文化等多元视野中,互联网时代的"影像"如同一道神秘魅影,无处不在,又无法透视。互联网时代影像新闻的传播本体、传播特征、传播规律、传播效果均发生了微妙演化,本书将对其进行重新审视。

一、影像:历史和时代的魅影

在人类信息传播史中,肢体动作、结绳记事等实物组成的"影像"符号远远早于文字符号,甚至在中国象形文字出现之初,"文字"仍以"影像"的形态显现。"文字"与"影像"之间模糊界限的区分,始终困扰着考古学家和文字学家们,如在河南舞阳出土的8000年前的"贾湖刻符",似图似文,但到底是图像符号还是文字,一直存在争议。也就是说,影像传播在人类社会的潜意识中根深蒂固,人类关于影像传播的媒介素养和潜能也是与生俱来的。然而,在整个传播史中,"影像"的地位随技术而起伏,在文字正式形成至摄影和复印等技术出现之前的几千年间,文字成为垄断文化的统治性工具,"万般皆下品,唯有读书高"指的正是古代社会对"识字论道"和"以文御道"的推崇。然而,影像传播技术的发展改变了人们接收信息的习惯,"影像"逐渐成为与"文字"齐平的两种传播

1

符号,无论是纸媒体还是电视、互联网等电子媒体,"影像"始终侵蚀着受众视野,占据着他们的话题,比如纸媒体中引发了"厚报"革命,电子媒体的影像节目直接带来的"视觉转向",其原因在于"影像"的直观性与隐晦性、娱乐性与思想性的并存与互通。

在互联网时代,传播环境发生了翻天覆地的变化,快节奏的生活方式迫使人们在短时间内搜寻有效信息,但网络上的海量信息却让人们应接不暇,顾此失彼,"可以将其称为信息时代的获知悖论(paradox of learning)。当信息供过于求,即输入的信息过多时,获得知识不是变得更简单,而是更困难"①。此时,供过于求的信息只能制造"噪音",使得深入阅读几乎成为一种"奢侈"的生活方式。在这种情况下,"影像"的价值显现出来:它的直观性降低了人们的搜索成本,可以通过肉眼第一时间扫描,搜索到自己需要的信息;它的隐晦性可以通过排比、对比、夸张等微妙的视觉修辞和影像语法来"沉默"地表达深层意义;它的娱乐性可以通过美学方式或戏谑方式来博取眼球;它的思想性可以通过影像片段制造的悬疑、暗示手法来发人深思。可以说,互联网时代的传播环境契合了"影像"的传播特征,不仅颠覆了印刷体时代"以文御道"的文字统治地位,同时也突破了电视时代"图文并茂"的平行模式。互联网技术于很大程度上提升了"影像"在人类传播史中的工具性地位,人类的影像传播素养和潜能在压抑了几千年后,再度被开发和延伸。

那么,什么是影像? 我们尚未界定。广义地说,我们肉眼所看到的一切物质世界的光影,皆可称为"影像",其本质是视觉感官对物质世界的再现。但通常意义上的"影像"均是指涉狭义,即由摄影、复印、扫描等光学设备制作和传播的视频和图像。盛希贵教授在他的《影像传播论》中论述了视觉传播、影像本体、影像传播学科的发展等概念,从技术介绍和文化研究双重维度推开了"影像传播"这一扇大门。在他看来,影像(photo-image)是指"通过光学装置、电子装置、数字装置和感光材料、记录装置等感受光线,将由对光的反射造成的被摄物的外形和光的投影通过化学反应、电子脉冲或电磁场中的变化获得图像,并记录下来、存储在媒介中,必要时,再进行复制或使其重复呈现出来的'物的影像'"②。在

---

① 比尔·科瓦齐,汤姆·罗森斯蒂尔.新闻的十大基本原则:新闻从业者须知和公众的期待[M].刘海龙,连晓东,译.北京:北京大学出版社,2014:57.

② 盛希贵.影像传播论[M].北京:中国人民大学出版社,2005:66.

这本书中,作者从词义学的角度剖析了形、影、摄影、形象、图像与影像之间的关系,指出了影像的几个矛盾对立统一的本质:选择性记录与科学性再现、具体又抽象、完整又不完整、与现实接近又存在差距、与语言文字相互独立又相互依存。

在媒介视野中,影像是与文字、音频并行的传播符号之一,它包括静态图片和动态视频等外延,在不同的媒介形态中,其意义也大不相同。在杂志、报纸等纸媒体中,虽然随着"厚报"的兴起,图片大量覆盖,但文字始终占据绝大比例的版面,这仍然是一种适合沉静"深读"的媒介形式。广播依靠的主要为音频,电台主播优美的声线、动听的谈资,以及点播的美妙音乐,成为这种传播介质的竞争力,影像在此媒体形态中被"屏蔽",如同盲人听书,只有听觉的唯一器官享受。电视的出现开启听觉与视觉并用的媒介时代,视觉中的"图"与听觉中的"文",成就了电视时代的"图文并茂"。其实,报纸时代就已开启"图文并茂",只是侧重点不同,而且在"图"与"文"的关系上,电视不一定具有绝对优势,因为电视的"图"与"文"并非像报纸那样以块状出现,而是以线性出现,人们无暇驻足思考、回味。互联网时代结合了报纸静态图像与电视动态视频的各自优势,同时将电视时代的"被动接收"模式转换为"主动传播"模式,激发了人们"读图"的欲望和"传图"的冲动。例如,微博的140个字符可谓容量狭小,但九张图片却可以隐晦表达意义、提升传播能量。

无论以何种媒介为载体,也无论以动态或静态出现,影像在当代是与文字并行的重要的传播符号之一,在某些场合甚至能替代文字,形成独有的传播魅力。影像的分类有各种各样的标准:以存在状态为标准可分为动态影像和静态影像,动态影像以视频为主,静态影像以图片为主;以感官融合度为标准可分为综合影像和单一影像,综合影像包括视觉、听觉等感官因素,也就是在系列图片中加入音乐、语言、字幕等因素使其形成一种综合体,大部分的影视节目都属于这一类,单一影像仅指独立的照片,是一种纯粹的影像文本;以具体内容的叙事手段为标准,影像分类又可遵循以下几个相对概念:

第一,纪实与非纪实。影像可以是对现实的忠实记录,再现人物或事物,无论是新闻还是历史事件,均可通过影像进行记录、传播、储存,这就是对社会的一种"纪实",以尊重视觉真实为基础。纪实影像是一种朴素的、原始的记录状态,但视觉真实并不一定代表真实,而是一种表象真实,这是纪实影像的特征。随着影像技术发展和叙事方式转变,非纪实影像也开始出现,包括 PS 等电脑特技,以及虚构、导演、摆拍等影像设计。非纪实影像多以艺术和娱乐为目的,如广告摄影、影视剧、动画片等,但"非纪实"并非与标榜客观真实的新闻传播相互排斥,也就是说"非纪实"不一定"非真实",在特定语境中,"非纪实"仍然是实现"纪实"的一种曲折手段,例如编导加工的模拟画面、人工设计的场景再现、电脑制作的现场还原等。也就是说,纪实与非纪实不能成为"真实性"与否的简单分界线。

第二,艺术与非艺术。从影视文艺学的角度来看,几乎所有的电影、电视剧、综艺节目、音乐电视均可归入艺术影像,其传播目的在于传递审美、表达情感,以及给观众带来美学愉悦和情感体验。需要注意的是,艺术并非虚构,艺术与纪实并不矛盾,比如互联网栏目《新京报新媒体》中的《动新闻》版块在 2015 年播出了《那些年春运中的感人瞬间》小型纪录片,将关于"春运"的众多图片汇聚:有购票排队睡着的;有在广场裹着棉被御寒的;有没买到票痛苦的;有在月台与亲人告别的;有在雪地写上"老乡,我们一起回家"的。视频配上伤感的音乐,以艺术的形式描绘外来务工者的苦难,但同时也是对外来务工者归属感以及"渴望回家"强烈情感的一种纪实,实现了艺术与纪实的完美结合。非艺术影像是指不以艺术审美和情感体验为目的的图片和视频,生活中和媒介中的大部分影像属这一类,例如证件照、警方拍摄的现场照、针对特定社会事件的新闻片和纪录片,它们强调与真实事物的"表面真实"相吻合,排斥任何形式的艺术加工。

第三,编辑与非编辑。编辑影像,顾名思义,经过剪辑技术处理加工过的影像,通过技术来加强不同画面之间的"互文"关系。在编辑影像中,编辑者依据画面语言的某种修辞语法,建构了影像的真实意义,即使没有片文只字的介绍和修饰,受众仍可从编辑后的画面中窥视出传播意图。如新浪微博号@1 万张催泪图片曾经发表过一组图片:左列竖排分别为城管抓捕流浪狗的图片,有的用绳子锁住流浪狗的喉咙倒拽,有的用铁钳夹住流浪狗往高空摔打,有的用丝网裹兜着流浪狗奔跑,编辑者对此类残忍、暴力的镜头进行组接和排比;但图片右列竖排则编排了美国消防员搜救一只误入下水管道的流浪狗照片,按照事件逻辑关系陈列了消防员挖开地面、撬开下水管道、找到蜷缩在角落受惊的流浪狗、面带微笑的消防员将流浪狗抱出、一名女士抱着狗在哭泣,照片陈述了整个搜救过程。左右两列画面没有任何文字介绍,但编辑者的传播意图却很明显。相反,非编辑影像一般是指未经过任何后期处理的单张照片或长镜头,在互联网时代,非编辑影像也很常见,单张照片和长镜头孤立地呈现出来,没有前后图片的"互文"关系,没有蒙太奇效应和编辑语法的加工,同样可以表达出画面以外的意义。值得关注的是,网络直播是一种典型的非编辑影像。2016 年以来,受到商业化的刺激,各行各业开始进军网络直播行业。这一年中有两件标志性事件:其一是欧莱雅在美拍平台上直播戛纳电影节,打下了我国演艺明星进军直播领域的头站;其二是某富豪直播私人飞机"斗地主"。随着名人、明星和品牌公司的参与,2016 年的网络直播得到了突破性发展,并从 PC 时代转向手机 APP 时代,直播成为一种随时随地的传播行为,减少了"编辑"的主观因素。

第四,拍摄与手绘。拍摄影像是指以现代拍摄技术记录的图片或视频,在手机拍摄便捷化的今天,拍摄影像最为常见,产生视觉冲击力的也大多为这一类影像。与拍摄影像对应的是手绘影像,即不使用拍摄技术手段形成的图片或视频,而是通过绘画笔或电脑软件绘制的影像,再通过扫描、复印等手段实现传播效果。手绘影像在互联网时代也具有一定传播价值,能在某些情况下代替拍摄视频,如在拍摄者无法进入的法庭、由于时间关系错过的现场、虚构的场景,以及拍摄时有悖于伦理道德的事件,手绘影像能够成为拍摄影像的补充。手绘影像与上文中的非纪实影像存在交集,因为手绘过程不可避免地将渗入"绘画者"的主观意志。

第五,事件与评论。这一层次的归类是基于影像的内容而进行划分的,事件型影像指针对具象事物进行,评论型影像针对抽象现象、概念进行。事件型影像展示的是事件中的人物、行为、结果等,而评论型影像则是对抽象的社会现象和概念进行述评。有两种手段可以实现评论效果:其一是在图像中用文字的形式直接评论,比如"文字截图"(关于"文字截图"是否属于图片将在后面章节进行探讨);其二是指倾向性异常明显的图片和视频,实际上,今天的互联网中很多影像都具有强烈的意见倾向,在角度选择、景别选择等方面直接展现传播意图,如陕西省原安监局长杨达才的经典"微笑照"就是一种无声的评论型影像。此外,还有很多的评论型影像是通过漫画来实现的,这一点与前述的手绘影像有相通之处。漫画运用夸张的视觉修辞手段极端化地突出某些社会现象,标签化地描绘某些社会角色,以此刺激社会神经,完成新闻事件和现象的述评,比如由伦敦插画师、动画师 Steve Cutts 制作的动画片《Man》就是一部评论型影像,全部以漫画形式展现人类的进化以及与地球的关系,没有一句文字对白,但评论效果如同其中文标题一样,"3 分钟看人类是如何毁掉地球,看完后深深地反思"。

二、影像新闻:夸张而诚实的叙事者

从目前的资料检索结果看,影像新闻(photo image news)尚未形成一个系统的、严谨的概念,在提出之时也未做详细界定,而被当成一个约定俗成、众所周知的普通名词广泛使用。例如,蒋理(2012)的《我国影像新闻伦理困境及其对策研究》是较近的一篇以"影像新闻"为研究对象的学术论文,但文中并未对"影像新闻"这一专有名词进行概念审定,没有对其周延进行逻辑判断,而仅是描述性介绍:"自改革开放以来,我国的影像传播也取得了飞跃式的进步,成为中国社会变革的重要力量。但这支力量的背后衍生出许多伦理问题。"[1]另外,《危机事件中影像新闻的传播学思考——影像新闻在危机事件中对群体意识的影响》也是以"影像新闻"为研究对象的学术论文,同样未对"影像新闻"做出概念审定,而是对其现象和效果进行简略介绍:"影像新闻具有更大的丰富性和生动性,对于具体事件的表现更加绘声绘色、惟妙惟肖,中国有句俗话叫做'眼见为实、耳听为虚',人们总是愿意相信亲眼看到的事实,可见视觉对个人思维的影响不可低估,因为影像新闻在用图像说话,因此这种图像在直观性和客观性方面更强。"[2]这属于外延性描述。除此之外,大量的文献均未直指"影像新闻"这个概念,而是以"影像传播""新闻影像"

---

① 蒋理.我国影像新闻伦理困境及其对策研究[J].湖南大众传媒职业技术学院学报,2012(6).
② 赵春光.危机事件中影像新闻的传播学思考——影像新闻在危机事件中对群体意识的影响[J].现代交际,2010(5).

"视频新闻""影视新闻"等名词形式出现。

　　本书研究的影像新闻是指:报纸、电视、网络等媒体中,以图像、视频为传播符号的新闻报道和新闻评论,以及这一符号在互联网时代新闻传播中的地位与意义。影像新闻概念虽然涵括了报纸、电视等传统新闻载体,但与报纸的图片新闻和电视的视频新闻在概念上存在一定区别,前者强调一种独立的传播符号,后者则表现为依附于文字的补充式符号,前者突出了符号内容,后者呈现符号形式。

　　在概念界定之后,影像新闻的研究还有几个重要问题需要回答:第一,网络影像与网络影像新闻的概念之分;第二,"文字截图"是文是图,文与图的界限何在;第三,影像新闻与影视美学的关系如何。以下对此三个问题分别进行阐释。

　　第一,网络影像与网络影像新闻的概念之分。近年来,网络视频业的发展形成气候,包括个人上传自拍视频、企业上传录制视频、网站转载官方视频等。由于有重播、点播、暂停和评论等方面的主动性和互动性特征,网络视频逐渐获得受众认同,据腾讯科技《企鹅智酷》栏目推出的"互联网电视用户行为调查"数据显示,共 10 826 个调查样本中,有43.3%的受调查者表示经常观看互联网电视,其中,有67%的被调查者主要用互联网看电影、电视剧等影视节目,16.8%的被调查者主要收看新闻视频,13.3%的被调查者主要收看搞笑类视频[1]。这组数据将互联网电视中的"新闻"归为一类,与影视、搞笑视频等并列,这属于影像新闻,但不一定属于网络影像新闻,原因在于这一类影像新闻大部分来自于电视新闻向网络平台的平行"移植",而非网络运营者和使用者的自主生产,缺乏网络社会的民粹性、多元性和互动性。同理,IPTV 等互联网电视中的新闻节目也不属于网络影像新闻范畴,虽然这一类的受众群体数量正在增长,但并不意味着网络新闻受众也在增长。在纷繁复杂的网络影像中,我们并不能机械地将新闻类节目归入网络影像新闻范畴,而应从网络社会的特征去探索二者之间的微妙界限。

　　鉴于此,我们将当事人、目击者、职业报料人、职业监督者、观察者等社会人士针对某些新近发生的事件,即时拍摄并通过网络向全社会传播的图片或视频,列入网络影像新闻范畴。这一结论基于两点考虑:其一是传播的信息本身具有很强新闻性和时效性,并能在短时间内建构网状

----

[1]　数据来源:企鹅智酷调查,2015 年 1 月 20 日。

传播形态,类似于传统电视新闻的滚动播出,可以无限地进行信息修正和更新,在一定程度上实现真实性;其二是民间传播者的民粹性和接收者的互动性,强化了这一类影像的网络习性,从而与传统的图片新闻或电视新闻划清了界限。

第二,"文字截图"中影像符号与文字符号的关系。"文字截图"是对文字平面的拍摄和截取,形成一种有别于文字格式的文本。关于"文字截图"属于何种符号一直存在争议。符号是信息、理念和思想的外化,以与人类感官接触的方式而存在,符号的意义,即符号本身给人带来的想象。"人类社会中最社会化、最丰富和最贴切的符号系统显然以视觉和听觉为基础。"[1]索绪尔将符号分为两类:语言符号与非语言符号。语言符号即"言语",而非语言符号通常包括"传通情境中除却言语刺激之外的一切由人类和环境所产生的刺激,这些刺激对于信息发出者和信息接受者具有潜在的信息价值。"也就是说,非语言符号更强调人的潜意识功能。显然,影像新闻中的"影像"属于非语言符号,影像与语境结合形成"互文"关系,传递新闻信息的同时也隐晦参与意见导向,实现了非语言符号的潜意识功能。

"文字截图"既是语言符号与非语言符号的模糊地带,也是互联网时代最为常见的焦点问题之一。"文字截图"等以书面文字形式出现的新闻图片或视频,属于语言符号,但它是否就不属于"非语言"的影像新闻呢?比如,网络中经常出现这样一种现象:传播者将不同年份报纸关于同一事物的报道标题进行截图、排列和对比,展示报纸对这一新闻事物的观点和态度的演变过程。以这一现象为例,细加分析就会发现其与普通文字新闻之间的区别:①文字并非直接传播者(网络新闻发布者或制作者)的本意,而是出自间接传播者(报纸)之手,受众所看到的文字只是借用,也就是说受众看到的"文字截图"与其文字内容存在差异,文字内容是"元文本",而"文字截图"是对"元文本"的转喻;②文字并非以新闻的形式出现,而是旧闻的"今用",文本的核心意义不在于文字的实际内容,而在于文字排列组合的形式,以及与当下环境的比照关系,有"借古喻今"之意图;③截图中文字的不同环节不能形成正常的文字逻辑关系,即上下文之间无法正式成文,但可以形成跳跃式理解,类似于图片的

---

① 特伦斯·霍克斯.结构主义和符号学[M].瞿铁鹏,译.上海:上海译文出版社,1987:139.

蒙太奇效应;④截图在格式上本身是一种图片,而非文字。基于这四种考虑,本书认为,"文字截图"虽然属于语言符号,但仍可归纳于影像范畴,与新闻事件有关的"文字截图"自然也被归纳于影像新闻范畴。

第三,影像新闻与新闻美学。无论以何种媒体为载体的新闻,都必须遵守客观性原则,以真实性为生命。但是,在影像新闻的研究视野中,由于"影像"与"影视"的近亲关系,无法绕开形象美、景观美、情节美等美学理念。"新闻美学是用美学的有关理论解析新闻,从而得出新闻的内容与形式怎样才能得到最完美的叠加的规律,继而显现出具有美学价值的光芒的科学。"①无法否认,在新闻娱乐化的浪潮下,电视新闻已经走入美学追求的轨道,表现如下:在新闻画面中加入快进、慢进等特技,使新闻动感性更强;在新闻中加入花絮镜头,增强新闻的抒情空间;在新闻镜头布局中注重情节性和故事性,设置悬念、刻画细节、突出高潮,增强悲剧或戏剧的美学效果。总之,电视新闻,特别是在地方台播出的民生新闻栏目、网络的评论型影像新闻中,画风往往倾向于夸张化和抒情化,画面的美学修辞是不被忌讳的,甚至在某些时候不惜抹杀新闻的客观性元素,以此来吸引受众。

在网络影像新闻中,由于缺乏硬性的职业伦理约束,美学尺度更为宽泛,新闻价值中"趣味性"(在实践中有时候也意味着刺激性、消费性)元素的地位得到较高提升,将新闻中的"影像"符号与"影视"的快感对接,使影像新闻与电影叙事风格越来越接近,如悲情渲染、抒情写意,以及对暴力美学的推崇,尤其是社会冲突事件中的血腥画面、肢体冲突画面是传播潜力最高的素材之一,形成了电影式的"暴力美学",如2015年2月新浪微博账号@公安部打四黑除四害发布了一则视频:网传"重庆女学生打架,警方已介入处理",视频内容极其残忍,四名女生暴力轮番殴打另一女生。该视频在网络上传后,一天内转发量达到一万次以上,社会关注度极高,主要原因还在于视频中的暴力行为刺激了受众感官,"女生打架"这一具有戏剧性的内容勾起了受众的观看欲,并添加上音乐、慢动作、快动作等戏剧化编辑效果,使女性的"暴力美学"更加突出。在这一领域,也有研究者根据影像新闻与影像美学的结合体提出了一个新的概念——影视新闻。例如,张松波(2014)在《虚拟现实动画在影视新闻中的应用现状及发展趋势》一文中认为:"新闻的报道除开文字报

---

① 熊宇飞.论新闻美学的理论构架[J].重庆大学学报(社会科学版),2000(3).

道,影视资料报道也是非常重要的一项。一段画面或者当事人在镜头前的一段讲解,能够更加深刻突出新闻主题和增加新闻的真实性。……虚拟动画的制作也越来越靠近真实。一些视频制作软件不仅能真实还原出事件本身,也能将一些虚拟的东西通过一种图案一段录像体现出来。"①纵观诸多以"影视新闻"为研究对象的成果,均是从艺术视角研究影像技术对新闻表达的修饰,但并未对其进行详细界定。从一般意义上说,"影视"专门指涉电影、电视剧等影视艺术,因此,在本书的研究视野中,"影视新闻"这一概念过于强调新闻的美学价值和艺术性,而这并非新闻的常态,"影视"与"新闻"的结合也是不严谨的。

三、互联网时代:影像的民粹式狂欢

此处要回答的问题是:何谓"互联网时代"? 也就是说,互联网时代的影像新闻与此前的影像新闻有何区别? 无论以何种媒体为介质,今天的影像新闻无法脱离互联网时代的语境,即使是报纸的图片新闻和电视的视频新闻,对互联网的直接或间接依附也异常明显。这种依附关系导致了传统影像在话题模式和叙事特征上发生转向,社会的思维方式和阅读习惯也相应改变,很多话题起源于网络图片,而最终扩散至所有的媒体形态,如 2015 年国庆期间的"青岛大虾"事件②,顾客发布的账单照片和虾盘照片,点燃了话题,随着《人民日报》、央视新闻等媒体以及微博官方账号的跟踪报道和评论,广大网友也参与到舆论引导中来,纷纷发出"大虾"的照片或视频,用"恶搞"形式来参与评论。从整个事件来看,无论是话题起源还是扩展,均未离开互联网的舆论环境。在互联网时代,影像的引申意义有时候要大于文字内容的原义,比如 2017 年举办的第四届世界互联网大会期间,受众手机上刷屏的并不是大会的具体内容,而是乌镇饭局的两张照片,饭局上聚齐了我国互联网界的领袖人物,包括马化腾、李彦宏、刘强东、丁磊等,但独缺电商的重量级人物马云,饭桌

---

① 张松波.虚拟现实动画在影视新闻中的应用现状及发展趋势[J].艺术与设计(理论),2014(Z1).

② 事件经过是 2015 年 10 月 4 日,青岛市乐凌路"善德活海鲜烧烤家常菜"顾客遇到宰客现象,点菜时已向老板确认过"海捕大虾"是 38 元一份,结果结账时变成是 38 元一只,一盘虾要价 1500 余元。顾客在网上公布了账单照片。

上讨论的内容大家并不关心,更没有文字对互联网"大腕"们的议题进行介绍,人们关注的是这张图片的戏剧效果,并在影像的基础上对背后的因素进行"二次解读"。这从一个角度诠释了互联网时代的传播特征和受众的接收心理特征。

所谓"互联网时代",并没有一个明确且清晰的界限,而是人们在进行媒介观察时所发现的一种新的趋势,当互联网逐渐僭越人们日常生活,在种种方面替代了传统媒体的功能,甚至在某种程度上改变了人们思考问题的方式的时候,我们就可以约定俗成地宣传一种新的时代的到来,因为这种新的媒介从根基上革命性地改变了人们的思维角度和生存方式。但是,我们却很难用传统的方法来划定"XX 年"为"互联网时代"的元年,或起始阶段,因为一种新的媒介的出现是一个多元组合与渐进的过程,它对社会的影响也是逐步潜入的。

作者以"互联网时代"为关键词,在"中文社科引文索引"(CSSCI)的"新闻学与传播学"学科类型中搜索到 114 篇文章,去除"互联网 +"时代的文章,以"互联网时代"为主题的文章共 64 篇。纵观这些研究成果,大部分都未对"互联网时代"进行精准定义,仅有小部分对这个"时代"的特征进行了描述,比如操慧在文中介绍,"互联网技术作为一种高效的生产动力机制,能使信息生产协作化、信息传播瞬时化、信息共享无界化,它在拉近我们彼此距离的信息满足中,又不断发掘无限的需求,生产与消费因此而形成有机循环,社会关系也在互联网的时空转换中被重构。"[1]白红义以"博客、社会化媒体、UGC(用户生产内容)"等具体的媒介形式为内容,阐释了"互联网时代"的特征,并指出了互联网时代影响中国新闻业的时间点,"2003 年以来,互联网的快速发展使记者的新闻生产方式、受众与传统媒体的关系都在发生着剧烈的变化,传统上被排斥在新闻制作之外的公众借助互联网这个平台实现了对新闻生产的介入"[2]。喻国明对"移动互联网时代"(2016 年以前)的各项数据和指标进行了统计,"截止到 2016 年 6 月,全球互联网用户数已超 30 亿,比上年增长 9%,互联网全球渗透率达到 42%;全球智能手机用户数比上年增长 21%,总用户数超过 25 亿,智能手机用户占互联网用户总数的

---

① 操慧.脱域:互联网时代的新闻生产[J].四川大学学报(哲学社会科学版),2012(3).
② 白红义.塑造新闻权威:互联网时代中国新闻职业再审视[J].新闻与传播研究,2013(1).

83.3%……截至 2016 年 6 月,中国手机网民规模达 6.56 亿,网民中使用手机上网的人群占比由 2015 年底的 90.1% 提升至 92.5%,仅通过手机上网的网民占比达到 24.5%,网民上网设备进一步向移动端集中"①。喻国明同时在另一篇文章中对"大数据时代"进行了一个界定:"根据互联网数据中心(IDC)数据显示,目前互联网上的数据每年增长50%,每两年翻一番,全球互联网 90% 以上的数据是最近几年才产生的。可以说,人类已经走入了大数据时代。"②"大数据时代"虽然与"互联网时代"有区别,但都是一种技术逻辑上的时代定义。

本研究的"互联网时代",主要是针对互联网给当代新闻事件的舆论发展创造的媒介环境,这种环境与报纸时代、电视时代相比,发生了根本性转变,传播形态、话语方式、传授关系均被互联网所颠覆。鉴于此,本研究始终围绕当代媒介特征和社会习惯,尊重当代媒介环境和社会语境,从多个视角寻求影像新闻在互联网时代的发展,以及与社会关系的演变。总体而言,包括以下几个方面:

第一,研究互联网环境与"读图"习惯的契合、"读图时代"与"视觉转向"的原因,以及"读图"在互联网时代的体验。人类对图像并不陌生,拍摄影像和电子图像的存在也有了几百年历史。然而,拍摄、扫描、复制、PS、合成、剪辑等功能的"非专业化"和"去技术化"程度却是前所未有的,也就是说,这些功能已经揿入大众的日常生活,成为生活的一种常用工具,这方面很大程度要归功于近年来智能手机的便捷化。这一转变不仅引发了"读图"的本质性转变,也带来了"图"与"文"的关系演变。

第二,研究影像新闻在媒介历史中的发展。从载体而言,影像新闻经历了纸质媒体、电视媒体和网络媒体三个阶段,在这三个阶段中,"图"与"文"的关系相应不同;从新闻含义而言,"新闻"发展到互联网时代,在新闻价值、新闻属性、传播主体等方面对传统都有一定突破,如新闻价值中"趣味性"的前移,新闻属性中"娱乐性"和"商业性"的崛起,传播主体中大众与精英的对峙;从内容而言,影像新闻包含了突发现场、策划现场、资料画面、新闻漫画等部分。

第三,研究影像新闻与政治的关系。传统影像新闻与政治在主体上

① 喻国明,梁爽.移动互联网时代:"场景"的凸显及其价值分析[EB/OL].[2017-04-30].http://www.360doc.com/content/17/0511/21/27794381_653089899.shtml.

② 喻国明.移动互联网时代的网络安全:趋势与对策[J].新闻与写作,2015(4).

达成共识,形成一种权力建构的关系,比如国家形象、政权形象的维护,而新媒体影像新闻与政治的关系则相反,处于不断解构的程序之中,传播者通过突发事件影像来质问治理能力,通过精心策划的视频报道来质疑制度合理性,通过资料画面来与即时画面进行比照,以此来监督政府的政策和态度是否一致,通过新闻漫画来讽刺强势群体,批判其不当行为给社会带来的负面影响。基于传统媒体和新媒体的立场,二者之间的"争斗"从未止息,"影像新闻"也成为它们互相攻讦的工具,比如网络中的新闻漫画常常指出传统媒体的"潜规则",与权力人物和广告商的"一体化",将传统媒体身份等同于政治权力身份。

第四,研究影像新闻与经济的关系。新闻的商品属性决定了影像新闻可成为经济营利的工具性角色,当代互联网技术也为影像新闻的营利创造了更为广泛的空间。一方面,"影像新闻"作为产品具有交换价值;作为作品,它的内容有使用价值;作为商品,它在整体上具有营利价值。其中最典型的是网络拍客与职业报料人的营利行为,前者依附于互联网视频市场,后者依附于以电视为主的传统新闻,特别是民生电视新闻栏目。另一方面,"影像新闻"具有公关价值,企业 LOGO 或新开发产品在"影像"中的出现,无疑成为一场公关行为,而"新闻"固有的权威性、真实性、客观性又使这种公关区别于普通广告影像,提升了公关效果。随着互联网技术的发展,民间视频新闻栏目也在近年相继出现,其中最为常见的是在某些领域的行业新闻中,例如,整形美容医院开办美容类新闻,在官方网站定期播出,其本身并不营利,但可以间接为企业提升影响力。这一现象有很大的研究价值,现阶段在互联网中行业新闻的新闻价值、新闻伦理均在挑战现有的新闻理论。

第五,研究影像新闻与社会的关系。在互联网时代,"大众的反叛"①已成为一种虚拟的氛围,一张图片会不经意间在全社会引发轩然大波,激起全社会的"报复性狂欢",如陕西省原安监局长杨达才在车祸面前的一张微笑照,不仅让他自己掉入舆论漩涡,也导致民愤井喷式发泄。此外,某些社会事件的后续也会紧随着社会挑衅。鉴于互联网时代的特征,本书对影像新闻与社会关系的研究是一个反思性过程,基本建立在符号反讽、民意整合、苦难素描的功能性框架之内,在此基础上再加以伦理争辩。反讽是图像的强大功能,看似轻松幽默的图片中,往往隐藏着

---

① 詹姆斯·卡伦.媒体与权力[M].史安斌,董关鹏,译.北京:清华大学出版社,2006:18.

犀利、辛辣的批判精神;民意整合是在影像文本基础上所做出的评价,其中力量最大的评价主体为社会意见领袖,一般属于中产阶层群体,近年来,这部分人群开始自己制作网络影像栏目,模仿电视谈话节目,直接对社会事件展开评论,影响力逐年上升,具有较高的研究价值。在一般情况下,影像的网络民意整合是依靠"有图有真相"来实现的,为社会纠纷和案件提供影像证据可以看成是"民意整合"的工具,为此提升"民意"的话语权,这也证明了大众的社会理解仍然基于"眼见为实"思维;苦难素描是影像新闻社会功能的另一方面,同情弱势者、关注苦难者,从而通过影像呈现社会阴暗角落,陈述社会不公原因。在以上几个功能的基础上,关于伦理的反思与争辩始终无法回避,因为影像新闻在进行社会表述时角色模糊、身份尴尬。例如,传播者是否有权以维护真相的名义开展隐性拍摄和曝光,是否有权以加强信息扩散的名义对流浪儿童进行影像传播,是否有权以坚守正义的名义开展照片的人肉搜索?诸如此类争辩,目前尚未有明晰的边界,有必要在媒介伦理的基础上深入研究。

第六,研究影像新闻与文化的关系。影像具有独特的文化展示功能,能直观地将深邃的和无形的文化通过颜色、线条、光影表达出来。影像新闻具有两种文化功能,其一是文化记录功能,其二是文化建构功能。在文化记录方面,毋庸置疑,历史上的新闻图片在今天看来都是弥足珍贵的"老照片"。例如,清朝慈禧的宫廷照,一部分为当时外国记者拍摄的新闻图片,在今天来说对历史研究和文化研究颇具价值。今天的新闻图片在未来的某一天看来,同样具有文化价值,无论是文化盛事,还是日常生活,都是一种文化纪录。而文化建构功能实际是对"想象共同体"的营造,比如对民族文化的建构、对当代文化的建构,某些影像符号就如同一种文化 LOGO,让人们见到则想起引以为自豪的自我身份。

在本研究之前,"影像新闻"尚是一个模糊概念,在被学者们提及时,并未被给予一个严谨、系统、科学的界定。互联网时代,视频新闻、自拍新闻、自制栏目的不断涌现,直接挑战了电视新闻、图片新闻等传统概念的合理性,这也为"影像新闻"的研究及其概念的清晰化提出了迫切要求。本研究试图结合互联网时代的媒介特征和社会语境,完成对"影像新闻"的概念界定、理论梳理、实践述评、关系梳理和伦理反思,从而将"影像新闻"研究系统化,使其成为一个显性的学术命题。

四、研究对象与研究方法

(一)研究对象

本研究的对象为影像新闻,而研究对象的语境是互联网时代。值得注意的是,互联网时代的影像新闻并非仅指网络影像新闻,还包括了互联网时代背景之下的传统影像新闻(电视画面与报纸图片),只是此时的传统影像新闻在很大程度上浸染了"网络气质",使自身的文本和平台均适应互联网这个大的时代背景,同时也更顺应了习惯于使用互联网的受众群体的需求。因此,可以将本研究的研究对象理解为:互联网时代的网络影像新闻与传统影像新闻,以及它们与环境(政治的、经济的、社会的、文化的)之间的关系。

本研究在写作之前进行了大量的网络民族志工作,从社交媒体中搜集的近千幅图片和视频,为本课题提供了经验材料方面的支持。但是,其中存在着一个无法绕开的难题,即传播者在对影像资料的转发中逐渐"遗忘"了原作者。导致这种现象的原因有两个方面:一方面是受众仅仅将关注点集中于影像内容,忽视了影像生产者;另一方面是在一些负面信息中,原作者在网络发布前有意隐去了自己的身份。这种现象的破坏力在于:导致图片和视频在转发过程中可能存在版权性争议问题,同时也使得这些影像资料在作为研究对象时无法准确地被标记出处和来源。本课题在研究中尽可能地查找图片或视频出处,但很多情况下无法精确确定原作者,因而只能用模糊的出处来代表,比如"图片来自于新浪微博""图片来自于网络"等字样。

在本研究的行文中,传统影像是指电视和报纸图片等传统媒体中的视觉文本,这个比较好理解。但网络影像这一个概念则较为复杂,掺杂了平台、内容、身份、话语等因素在里面,有必要在此进行精确的边界划分。是不是在网络中刊登或播出的图片和视频均为网络影像?答案并非这么简单,否则网络影像与传统影像的区别仅仅在于平台和载体层面,没有涉及最关键的内容精髓。实际上,网络影像与传统影像的区别在于影像文本的内容方面,以及影像的意义生产者(包括传播者)的身份方面。从文本的形式上看,网络影像是指网络平台上展播的影像文本,包括图片(包括摄影、漫画、PS 图等)和视频(包括摄像、动漫)。但是,影像文本的"网络气质"非常关键,即使在网络上展播,但缺乏"网络气质"的转播文本(从传统媒体的机械复制),很明显在内容上与传统影像是无差异的,难以成为真正意义上的网络影像。

不论影像主体属于组织形态还是个人形态,政治形态还是市场形态,本研究所指的影像主体所生产和传播的"网络影像"一般具有以下几个特征(全部或之一):第一,专业标准缺场,无须遵循蒙太奇、景别、角度等专业精神,为社会底层的参与取消了技术门槛;第二,伦理标准缺场,无须遵循媒介职业伦理要求,为阶层之间的话语对抗拓宽了尺度,甚至以虚假图片、PS 图片来参与阶层对话;第三,仪式缺场,网络影像不再崇尚传统媒体的仪式感,平民同样受到尊重,形成平等对话的语境,在这种语境中,网络影像传播者甚至有意突出平民性特征,忽略仪式感;第四,权威政治话语缺场,在社交平台中,没有绝对的权威,并且从对社交媒体的观察来看,在平等对话和全民参与的语境中,传统的权威身份更容易受到民粹式的挑战,因此,即使是权威媒体,在社交平台中也往往表现出"与民同乐"的姿态,如《人民日报》的新浪微信号经常发布"搞笑图",以此获取认同感。

设定这四个标准的目的只有一个:将网络平台中的不做任何加工和话语转移的传统媒体影像的转载、转播、复制文本排除在外,同时也将转播传统视频的平台(如电视台的转播网站、转播传统影像节目的政府官网)排除在外。这四个标准是在大量影像文本的比较中所发现的"网络气质",有的是大众话语中自然流露的非专业的平民气质,有的是为了迎合大众而进行的有意而为之的平民化修正。梵·迪克(Teun A. Van Dijk)将话语分析简单地分为文本视角和语境视角,"文本视角对各个层次上的话语结构进行描述。语境视角则把对这些结构的描述与语境的各种特征如认知过程、再现、社会文化因素等联系起来加以考察"①。"网络影像"在本研究的边界设定遵循"文本与语境"的逻辑路径,平等的身份结构和对话关系可看作是现代网络社会的基本特质,即使作为权威媒体的@人民网、@央视新闻等微博号,其在文本制作中和与网民的互动关系中,均需遵循平等对话原则,在多数时候表现为"人与人"的对话,而非"机构与人"的对话。

---

① 梵·迪克. 作为话语的新闻[M]. 曾庆香,译. 北京:华夏出版社,2003:26.

（二）研究方法

1.网络民族志

网络民族志也称为虚拟民族志,被认为是一种质性研究的方法。在这种方法中,"互联网可以被宽泛地定义为一种沟通的媒介、一个跨越物理边界的场所、一个社会建构的空间。因此,这种媒介既被看作是一种质性研究的工具,也被当作是质性研究的一个场所,这种做法源自这样一种观察,即当代社会生活的沟通、互动、发生更多是在互联网上"①。本研究在很大程度上是将互联网当成一个研究场所,从中提取研究对象。特别是在"网络影像"研究部分,作者从2010年开始从事线上社区参与,搜集各类影像材料,有意识地关注影像发布之后的网友评论和互动,分析影像发布的动机、策略、后果等。在这个前提下,作者对影像生产者和传播者的身份(律师、学者、公益人士、媒体人员、公务员、进城务工人员等)进行了研究,以做笔记、资料保存的形式进行数据搜集,观察他们发布的信息,查找他们的资料并进行分析。在本研究中,资料搜集与资料分析是紧密结合的,而且资料分析是在线上社区的参与互动中完成的,互联网的文化背景给了资料分析较大的影响。研究过程中,作者主要以"观察"作为主要手段,在网民互动中不暴露研究者身份,尽量做到"在网络中研究,而非研究网络"。网民在社区中对网络影像的"评论"是本研究的重要文本,可以从他们的互动交流中了解到该影像的意义指向和舆论影响。这种意义正是在各类人群之间的互动交流中获得的,因为社区在线分析"不是将成员或他们的实践从背景和文化中抽离出来,以一种概括的、不具体的、一般的方式搜集这些信息"②。但是在一些非网络主体的研究中,也采用了少量的线下或线上访谈,表明了自己的研究者身份。例如,在第四章研究"营利的个体状态"时,对5名网络"拍客"进行了访谈,了解他们的专业热情与经济待遇;对近20名"职业报料人"进行了访谈,了解了他们在互联网时代的生存状态;对1家以美容整形为主要业务的公关公司进行访谈,了解到他们在新闻生产中的

① 凯瑟琳·马歇尔,格雷琴·B.罗斯曼.设计质性研究:有效研究计划的全程指导[M].何江穗,译.重庆:重庆大学出版社,2015:34.
② 罗伯特·V.库兹奈特.如何研究网络人群和社区:网络民族志方法实践指导[M].叶韦明,译.重庆:重庆大学出版社,2016:114.

功能与专业能力。

2. 符号学分析法

文本是符号学的研究焦点,对网络影像文本的研究,离不开符号学分析法。本研究大量使用符号学的方法,研究影像与政治的关系、影像与阶层的关系、影像与社会文化的关系。皮尔斯把符号的可感知部分,称为"再现体"(representatum),这相当于索绪尔所说的能指;但是索绪尔的所指,在皮尔斯那里分成了两个部分:"符号所代替的,是对象(object)",而"符号引发的思想",称为符号的"解释项"(interpretant)[①]。符号意义的分裂,是其反讽功能的基础,正是从分裂的符号意义的"曲解"中才能完成反讽。此外,影像的上下图关系,或者文字的"解释项",构成一种伴随文本,这也是生产反讽意义手段条件之一。在符号学分析方法中,网络影像文本只是一个分析载体,影像的生产者、传播者和接受者分别赋予文本以不同的意义,对"隐含作者"的分析,即是对文本符号的解读,生产者、传播者、接受者各自所处的社会阶层也决定了他们对文本的解释。符号学分析法中,视觉修辞研究是一个重要的切入点,可以为本研究提供较为开阔的视野。在视觉修辞中,"视觉表意符号(visual ideograph)是一种特殊的符号形式,它代表了高度抽象的文化信仰和理想的精髓。Edwards 认为,与文字表意符号不同,视觉表意符号的组成成分可以被添加、删减,甚至歪曲,观众通过将以不同形式展现的表意符号和自己记忆中的原符号进行对比,可以将符号意义扩展,增强劝说效果""视觉修辞格的研究主要关注视觉隐喻研究"[②]。

Ortiz 归纳了视觉隐喻的三种基本呈现方式:第一种方式是将不同的物体组成一个混合图像;第二种方式是只出现一个物体,另一个物体以某种方式暗含在情境中;第三种方式是至少同时出现两个物体[③]。隐喻的意义在本研究中非常重要,特别是在第三章的"政治隐喻"部分。

3. 话语分析方法(批评的话语分析)

在符号分析的基础上,本研究部分地采用了话语分析法。符号分析与话语分析有一层递进关系。"福柯更进一步将关注点从符号转向话

① 转引自:赵毅衡. 符号学原理与推演[M]. 南京:南京大学出版社,2011:97.
② 薛婷婷,毛浩然. 国外视觉修辞研究二十年:焦点与展望[J]. 西安外国语大学学报,2017(3).
③ Ortiz M J. Visual rhetoric:Primary metaphors and symmetric object alignment[J]. Metaphor and Symbol,2010(3):162 – 180.

语,探讨话语与权力的关系。福柯所谓的话语,是指各个不同历史时期中产生的有意义的陈述和合规范的各种规则和实践,因而话语同时涉及语言和实践。福柯的权力观是一种微观的话语权力,这种权力通过话语的表征系统生产知识和意义。"①本研究的第三章、第五章,在影像新闻与政治的关系、影像新闻与阶层的关系的研究中,部分采用了话语分析。

　　作为话语分析的重要代表人物,梵·迪克最早将话语分析的方法运用于新闻话语的研究当中,为新闻话语研究确立了新的范式。梵·迪克认为,话语分析的主要目的是从文本视角和语境视角对话语进行系统描写,其中,"文本视角是对各个层次上的话语结构进行描述。语境视角则把这些结构的描述与语境的各种特征如认知过程、再现、社会文化因素等联系起来加以考察"②。在影像新闻的研究中,文本视角和语境视角的分析非常重要,本研究在某些部分观照了这两个视角。"话语"是对话中的语言(文字语言与视觉语言),与一般意义上的语言最大的不同,在于话语并不是如结构主义认为的那样的一成不变和客观呆板,它的生产过程和语境形式都是随时变化的。话语的这一特征获得了符号学和后结构主义的理论观照,特别是福柯将话语运用于各种社会理论之后,"话语"具有建构性功能,"话语"分析也不再是纯粹的语言学研究方法。

---

①　转引自:蒋方舟.理想与新媒体:中国新闻社群的话语建构与权力关系[J].新闻与传播研究,2015(3).

②　梵·迪克.作为话语的新闻[M].曾庆香,译.北京:华夏出版社,2003:26.

第一章　互联网时代的影像生存

人类的"读图"习惯与生俱来,远远早于文字的出现。原始社会的岩画、图腾,都以"图"的形象出现。在后来的历史中,文字形式的普及、印刷工具的发展、传播技术的演进,先后、反复更改了"图"与"文"的互文关系。21世纪以来,随着互联网科技的日新月异,社交媒体在大众阶层中深入人心,"图"的功能超越了简单的信息传递和文化保存,"读图"行为也获得了特殊的传播影响力。

一、影像与读图:视觉修辞中的意义生产

(一)视觉修辞的意义体系

影像新闻的研究无法绕开"视觉修辞"(visual rhetoric)这一关键性概念,"读图"是一种视觉行为,而"图"的修辞格影响人们在视觉行为中的认知,"图"中物体不相同的结构、比例、色彩、表情,均是不同的修辞,产生完全不一样的意义。菲利普斯(Phillips)和麦奎尔(McQuarrie)将意义操控和图像结构结合,根据复杂性和模糊性的程度区分了九种不同的视觉修辞格。这九种修辞格的划分包含了两个维度:视觉结构和意义操控。意义操控维度可以产生三大类修辞格,分别为:视觉联系修辞格、视觉相似修辞格以及视觉相反修辞格,这三大类修辞格均包含并置、融合和替换三种视觉结构。菲利普斯和麦奎尔认为,观众会对广告中出现的不同的视觉修辞产生不同的反应,这会直接影响到广告的效果①。

---

① 转引自:薛婷婷,毛浩然. 国外视觉修辞研究二十年:焦点与展望[J]. 西安外国语大学学报,2017(3).

有学者认为,视觉修辞关注图像的意义体系,可追溯到罗兰·巴特(Roland Barthes)在《图像的修辞》中关于图像的"神话"分析。视觉修辞所关注的意义,其实就是巴特所说的图像二级符号系统的含蓄意指(connotation),即超越了图像一级符号系统的直接意指(denotation)的暗指意义(connotative meaning)①。赵毅衡在论述符号修辞的时候,也指出"巴尔特的名篇《图像修辞》影响了很多后继者"②,他认为是符号学将修辞推进到了语言之外,进入了影视、设计、艺术等非语言领域。

视觉修辞的意义体系中还有一个关键概念——"修辞结构"。刘涛认为,"修辞结构"意味着一个符号编码系统,所谓的含蓄意指恰恰以某种"伪装"的编码形式存在于特定的结构之中,而且"伪装"行为依赖于特定的"语言"法则。其实,视觉符号的"修辞结构"并非一个抽象的事物,而是对应于隐喻、转喻、越位(catachresis)、反讽、寓言、象征等修辞性的意义装置。因此,视觉修辞方法强调对视觉文本的"修辞结构"进行解码处理,使得驻扎其中的那些被编码的暗指意义或无意识的文化符码能够显露出来,即通过对"视觉形式"的识别与分析,挖掘出潜藏于"修辞结构"中的含蓄意指③。

(二)"图"的崛起:当代媒介的视觉延伸

影像是以图像和视频为核心元素的视觉符号,而图像和视频又都以"图"的形式来呈现,无论静态或动态,"图"是一种原始影像形态,被认为是影像研究的起点,即对视觉的这一生物功能的启用与享受,与听觉的语言功能相对应。

《视觉文化导论》的作者,美国视觉文化学者尼古拉·米尔佐夫(Nicholas Morozoff)说过,"观看,可以说是人类最自然最常见的行为,但最自然最常见的行为并非是最简单的。观看实际上是一种异常复杂的文化行为。我们对世界的把握在相当程度上依赖于视觉。看,不是一个被动的过程,而是主动发现的过程"④。美国著名视觉艺术批评家和图像理论家米歇尔(Mitchell W. J. T.)也认为,视觉文化拒斥了以语言逻辑为

---

① ③ 刘涛.媒介·空间·事件:观看的"语法"与视觉修辞方法[J].南京社会科学,2017(9).

② 赵毅衡.修辞学复兴的主要形式:符号修辞[J].学术月刊,2010(9).

④ 周宪.读图、身体、意识形态[M]//文化研究:第3辑.天津:天津社会科学院出版社,2002:68.

核心的理性主义话语方式,而转向以形象和影像为核心的感性主义话语方式,意味着新的社会话语的形成,以及人类新的思维范式和表达模式的出现。

以"图"为中介的视觉文化何以得到如此之高的推崇?甚至在某种程度上推翻了在思想文化领域具有几千年统治史的"文字",这与"图"的意义,以及当代媒介对"图"的意义的发掘有关。根据百度字典,我们知道与"图像"这一概念对应的英文词汇有 picture、image,与"影像"对应的英文词汇有 image、portrait、icon 等。而 image 一词对应的中文词义有"影像""肖像""概念""意向""镜像"等。从这种交互翻译可以推理出,"图像"或"影像"本身隐含有"概念""意向"等寓意。米歇尔的话印证了这一观点,他认为"在讨论图像(image)这一词汇时,最好用概念(concept)或看法(notion)等词汇来取代观念(idea),或者保证观念(idea)一词始终不同于形象(imagery)或图像(picture)"①。可见,"图"的崛起绝非传播领地的偶然突发事件,而是基于当代媒介对"图像"中"概念""意向"等基因的发掘,也就是说,我们平常所说的图像,在传播中的意义远非其轮廓、色彩、景别等外部因素所建构的物象那么简单,这些浅表层背后牵连的语境、故事、人物的相关性和隐喻性才是真实的影像诉求。例如,色彩虽然是作用于人的视觉器官的光学物理元素,但当它与语境、故事或人物发生关系之后,其意义就超越了物理性,具备了情绪特征,蓝色代表忧郁、绿色代表环保就是从这个维度来解读的。同样,不同的景别也能带来相应的心理感受。

光学物理视角下的原始影像,其社会功能难以超越信息传递,而从信息到艺术、文化是图像发展的一条必经路径。古代小说插图,最开始是作为一种信息补充,为识字有限者提供的有效说明,"作为一种感性的符号系统,图像的意义生成更为直接,也更易于把握,无论看图者的文化背景如何,大抵上都能理解一幅图所要传达的意义"②。而文字普及后,这种插图形式一直保留,逐渐由信息传递转向艺术诉求,即图像艺术。

信息传递是影像传播功能的第一功能,从原始社会岩画、壁画,到今天的互联网影像,"信息传递"的本义也不断发展。互联网时代,影像的

---

① Mitchell W J T. Iconology, Image, Text, Ideology[M]. Chicago & London: The University of Chicago Press, 1986:5.

② 陆涛. 图像与传播——关于古代小说插图的传播学考察[J]. 江西社会科学, 2011(11).

信息传递不仅仅停留于叙述性的事实传达层面,不仅仅告知何时、何地、何物,更能通过视觉符号的排列规则,以及与语境的组合规则来表达主观意义,即在事实基础上建构起观众与事实之间的心理关系,让影像中的视觉符号生产出象征、隐喻等价值。从"新闻真实论"角度看,影像信息功能的发展,无疑是从具体真实到整体真实、从现象真实到本质真实、从闻录真实到逻辑真实的发展,是对"眼见为实"的批判和反思,因为,仅从事实传达层面来看影像信息,往往看到的是"假象"。虽然任何一个事实因素都是真实信息,但由于缺乏合理的视觉符号之间的排列规则,以及与语境的组合规则,从整体上和逻辑上却违背了信息的真实性。"假象是客观存在的现象,即假象本身是一种事实性的存在,并不是想象物、虚构物。因此,对假象的报道也是一种事实性的报道。因而,对假象的报道并不必然就是假新闻。"①信息传递功能的发展,正是纸质时代原始影像进入互联网时代所表现出的重要特征。

艺术表达是影像功能的另一功能。韩丛耀(2011)将迹象性(caractere indiciaire)和圣象性(caractere iconique)看成是区分图像(影像)艺术与非艺术的标准,他将迹象性比喻成"猎人在淤泥中仔细观察猎物的足迹",认为任何图像或影像都具有迹象性,只是明显或模糊的问题,而圣象性则是艺术图像或影像所追求的一种价值,有时甚至为此主动放弃迹象性特征。"图像的圣像性特征通俗地讲就是图像的相似性特征。对于图像(所谓的艺术图像和特殊表现的摄影图片)来讲,这可是当代人们普遍都能接受的问题,也正是在这一点,作者和受众在各自放弃原则的基础上,达到了高度的默契,从而使图片在消费领域肆意窜行。"②圣象性在自古以来的图画中皆有之,山水画、素描、漫画,它们在放弃某些方面信息真实(比如线条模糊、色彩失真、局部夸张)的基础上,追求一种业已达成共识的意境。艺术性虽然不是新闻本体的追求,但从美学角度来看,对视觉审美的积极追求是一种普遍实践,类似于电视摄像记者在拍摄教室上课画面时,往往会将特写镜头定格在几个外形俊美、衣着整齐的学生身上,视觉审美在新闻画面中无处不在,其前提是外形的"美"与内容的"真"并不冲突。

随着摄影技术和图片传播技术的发展,有一种被称为"行为艺术"的

① 杨保军.新闻真实论[M].北京:中国人民大学出版社,2006:80.
② 韩丛耀.图像符号的特性及其意义解构[J].江海学刊,2011(5).

艺术成为近年来网络世界的新宠。行为艺术虽然起源于 20 世纪 60 年代的欧洲,但盛行于当代社会,并且在网络中的表达欲望特别强烈,通过影像演绎着身体与社会的关系。与表演艺术不同,行为艺术更关注身体与社会的关系,以及表演者和观众之间的理解与交流,不像舞蹈、杂技、魔术等艺术类型,仅关注身体本身,行为艺术关注的是身体与当下社会环境的互动,特别是与具体的社会事件的互动。例如,玉林狗肉节中,有众多爱狗人士藏身铁笼中,展示待宰杀狗群的恐惧状,并以此来呼吁人们拒食狗肉,用身体的即视感向"狗肉节"活动主办方表达抗议情绪。行为艺术为了提高在网络中的视觉冲击力,往往采用某些违背常规的行为逻辑,因此,狭义上的行为艺术仅指视觉艺术中的前卫派(avant-grade)。在新闻事件中,这种具有冲突感的前卫视觉符号往往具有精锐评论的意味。由此观之,客观的原始影像逐渐袭染了主观的表演习性,其话语方式由被动记录转向主动陈述。这是纸质时代原始影像进入互联网时代所表现出的又一特征。

以上论述实际上是原始影像在内容上的延伸。在形式上,影像的含义也有所延伸。例如,网络社会中关于"图像的图像"的争议话题越来越多,外科医生在手术台与病人合影应不应该?记者拍摄死者合不合理?这些话题有些针对的是拍照的行为,有些针对的是公开敏感照片的行为。这是对影像文本的再解读,也是影像含义在互联网时代的再度延伸。2014 年 12 月 21 日,一组外科医生手术后在手术台上竖"V"字手势的自拍照片引发争议,其背后的冲突在于严肃的手术场景与俏皮的自拍之间的不和谐,以至引发对"亵渎病人"行为的指责。这里争论的并非图像本身,图像本身已逐渐脱离了话题意义,而图像表达者、表达环境、社会语境才是议题的核心部分,也就是图像的二级话语的意义超越了图像本身。同样,2015 年 1 月 16 日,深圳某报社摄影记者被指伪装成姚贝娜的主治大夫的助手进行拍摄,此举被广为关注,在争论中,著名的摄影作品《饥饿的苏丹》[①]也被引入视域,等待被拍摄对象死亡的摄影记者也被指责为图片中的"秃鹫"。

---

① 《饥饿的苏丹》的拍摄者凯文·卡特(Kevin Carter, 1960—1994)为南非自由摄影师,作品《饥饿的苏丹》为一只秃鹫站在地面等待一名因饥饿而垂死的儿童。该作品因直面人性的罪恶和巨大的人性争议而引发舆论,并获得 1994 年普利策新闻特写摄影奖。凯文·卡特因该作品而承受了巨大的心理压力,最终于 1994 年 7 月 27 日在南非约翰内斯堡用一氧化碳自杀身亡。

作为图像的延伸,"图像的图像"是元图像概念的实践,米歇尔提出的"元图像"概念是对"图像"象征性意义和引申意义的解释,在二级话语的基础上,用图像来解释图像,如同用"秃鹫"图像来解释"姚贝娜事件"图像,在整个解释过程中,语言的解释功能反而被边缘化。

在当代技术中,一切场景皆可用"图"来表述,"图"不仅是一种叙事工具,更成为一种生存方式。文字同样可以用"图"来表述,当截屏技术和翻拍技术不断清晰化、轻便化之后,以图片格式出现的长文字频频见诸网络。本研究将这种"文字图片"视作"影像"概念在形式上的另一种延伸。总的来看,当今网络中"文字图片"的运用有以下几个方面:第一,类似于微博这种对文字发布有字数限制的社交平台,此时用图片格式来代替文字格式,不仅可以规避字数限制,而且更利于复制、转发等一些次级传播行为;第二,对屏幕区域之内的文字的"再传播",如户外广告语、书籍、报刊纸张文字的翻拍,这种"再传播"的行为意图一般并非对文字意义的重复传播,而是在"文字图片"的基础上生产新的意义,在认知传播中起着"元概念"(meta-concept)的作用,即理解其他概念的概念;第三,对自己或他人所发布的文字的截屏,因为文字格式在技术上具有不稳定性,可以删除、修改,而图片格式则不存在这方面的顾虑,这种"文字图片"经常出现于评价他人言论之时,例如,将某人或某组织前后不一致的言论用图片的形式并列,形成对比,从而产生微妙的蒙太奇效应。2015 年 7 月 24 日,新闻微博@武汉发布报道了城市淹水情况,标题为《1998 年以来最大暴雨昨袭江城,24 小时泼下 11 个东湖的水》,标题下配上被淹之后的街景照,这一消息发布之后,有网友将这则新闻进行截屏,并与 2013 年 6 月 4 日荆楚网的一则新闻进行并列,这则新闻的标题为《武汉投资 130 亿告别"看海",一天下 15 个东湖也不怕》,两张截图的并行排列,生产出单张图片以外的更深层次的意义。当然,在社交媒体技术平台和交流方式的日益更新之下,"文字图片"的运用出现在更多领域和场合,此处仅是互联网时代较为普遍和常用的场合。

那么,为什么我们将"文字图片"定义为"影像",在绪论中探讨"文字截图"时有过类似论述,在此进一步深化这一概念。"文字图片"并非将"文字"定义为视觉文化,虽然书写文字需要生物学意义上的视觉神经进行认知,但这种认知动力并非来自于"观看",而是来自于大脑的"理解",因此,有人认为,视觉在文字认知中是与其他器官功能辅助进行的,

"阅读首先是一个听觉过程,只不过先有视觉启动而已"①。这也就是说,我们将"文字图片"定义为"影像",与"文字"的关系不大,不是因为"文字"的视觉阅读才将其划入影像范畴,如2015年网络中传播的以"世界那么大,我想去看看"为内容的一封辞职信,这封信的"文字图片"就可被归入"影像"范畴,其原因并非"文字"的内容,而是人们在观摩这张图片时对情境的想象,其中包括了辞职信的字体、格式、抬头,都是对该辞职教师的身份想象。

总体而言,关于"文字图片"为什么被视为"影像",可以根据其保存格式、获取方式、传播习性、理解层次等关系进行界定:第一,截图在格式上本身就是一种图片,而非文字符号。格式的意义并非技术的先进,而在于传播的便利性,在互联网环境中,以这种格式保存的信息更利于生存、扩散,并衍生新的意义;第二,文字信息并非次级传播者(截屏者或翻拍者)的本意,而一般情况是通过这一中介表达文字以外的意义,受众获得的信息并非直接来自于文字内容,而是来自于图像形式对文字与语境的组合,比如网络中经常出现的"标语再传播",本意往往并非再次宣传标语者意图,而更多是对抗标语者,与社会大众达成共识;第三,在一些报纸或网站文字新闻的截屏或翻拍中,文字脱离了原有的新闻形式,而是对旧闻的"今用",也就是说,文本的核心意义不在于文字的实际内容,而是在"旧闻"中寻找与现实语境相符合的逻辑关系;第四,在截屏或翻拍"文字图片"中,不同图片中的文字不能形成文法上的逻辑关系,即上下文之间无法正式成文,但可以形成跳跃式理解,类似于图片的蒙太奇效应。基于这几点理解,我们将当代互联网环境中广为传播的"文字图片"仍纳入影像范畴,这一概念范畴的厘清不仅为后面章节的研究确立了前提,扫除了障碍,更重要的是为这个一直在视觉和影像研究领域模棱两可的争议性概念设定了边界,为"影像"概念本身进行扩容和增量,使其更契合互联网时代的影像传播实践。

(三)"读图"的魅力:默契、消费与沉思

1. "读图":传者与读者的"默契"

在互联网时代,原始影像的延伸经历了从信息、艺术、意义到传播形

---

① 沃尔特·翁.口语文化与书面文化——语词的技术化[M].何道宽,译.北京:北京大学出版社,2008:91.

式的演进,这一过程带来的最直接后果是大众向"读图时代"的进一步迈进。"读图时代"是20世纪末中国出版界出现的一个重要概念,当时正处于图片在书籍中泛滥出现的热潮,《老照片》等以图为主体的刊物受到热捧,社会界和大众文化界的读图浪潮一波一波袭来,正是此时,花城出版社编辑钟洁玲第一个提出"读图时代"概念。"读图时代"的提出虽未经过严谨论证,只是一种浅表化的现象描述,但大众对图像的依赖,或者说,图像对当今传播技术和收受心理的契合,已经在20世纪末悄然兴起。在互联网时代,特别是在移动互联网普及之后,"读图"更成为一种生存方式,"在当今社会,我们不仅'读图',不仅走进了视觉文化,更重要的是,我们正以图像化的方式进行生存"①。

"读图"的魅力与人们对非语言符号的理解息息相关。也就是说,人们从"图"中实现一种与传播者心照不宣、笑而不语的默契,在知识和观念上达成共识,并在这一过程中收获快感。与语言(包括有声语言和文字语言)不同,非语言符号强调人的潜意识功能,这种潜意识便是影像的"默契",因此,我们可以用"尽在不言中"这句话来诠释非语言符号在影像表达中的意境。

从传播效果来看,以影像为主体的非语言符号常处于"只能意会,不能言传"的境地,但传递的有效信息量并不弱于文字的或有声的语言。"据研究体态传播现象并将此类研究称为'身势学'(kinesics)的伯德惠斯特尔(Ray Birdwhistell)估计,在两人会话的情景中,有65%的'社会意义'(social meaning)是通过非语言符号传播的。"②美国心理学家阿尔伯特·麦洛宾(Albert Marobin)对人际传播中信息表达进行研究后也认为,传递一项信息的总效果包括7%的言语、38%的声音和55%的面部表情。言语即有声语言符号,声音即现场伴随的音乐、噪音等,面部表情则是以"画面"显现的部分,也是占比重最多的信息部分,由信息表达者最真实的潜意识决定,也有收受者的潜意识进行捕捉和理解,包括快乐、痛苦、恐惧等情绪性因素,这些是语言难以勾勒出的环节。最为典型的案例,即上文提及的陕西省安监局原局长杨达才在延安交通事故现场的"微笑"照片,一张普通但不合时宜的面部表情照片被传至网络之后,引来的评论如潮,最后将这件事推至查处贪腐的政治性事件。虽然当时在

①　曾庆香.图像化生存:从迹象到拟像、从表征到存在[J].新闻与传播研究,2012(5).
②　转引自:李彬.符号透视:传播内容的本体诠释[M].上海:复旦大学出版社,2003:19.

整个事件中没有一句不合常规的言语,制度化媒体的新闻报道者也没有出现相应的批判性话语,但"笑脸"中隐藏的官场逻辑让人们联想到官员对生命的漠视,对事故的轻视,对责任的藐视,再加之当事人面部臃肿的形象符合人们对"贪官"的想象,更催化了整个事件在舆论漩涡中的发酵,外部形象是非语言符号参与意义建构并与受众达成心理共识的中介,实现独立和独特的传播效果。

一般而言,非语言符号的影像表达主要包括两个方面:第一,器物影像。器物包括服饰、建筑、劳动工具等,不同的器物意味着不同的社会语境,与文本含义形成默契,如新闻报道中衣物补丁的特写镜头,是让受众认知新闻人物经济拮据、生活艰辛的背景。2015年"东方之星"沉船事件中,长江航务管理局副局长朱汝明身着红色上衣参加新闻发布会,出现在央视新闻中格外显眼,也被质疑是对遇难者的不尊重。第二,体态影像。体态和表情也是非语言符号系统中最为复杂的系统,主要是指肢体动作和面部表情。例如,在2013年春运报道中曾有一张广为流传的经典图像:一只布满厚茧的手紧攥一张火车票。此图感人之处在于通过"手"的细节交代了进城务工人员的身份与心理活动,即通过厚茧、皱纹来交代社会底层劳动者在外经历风雨,到了年关盼望回家的强烈欲望。

2."读图"与受众的视觉消费

随着视觉消费行为的兴起,网络社会和现实社会中都流行一句话——这是"看脸的社会"。虽然只是一句口头禅,但影射出这一历史阶段的社会价值观走向,即机会和利益倾向于形象好的人,对"外在美"的判断优先于其他品质,同时印证了"身体消费"的大潮来临。"脸"并不一定指肉体的脸,而是指代人物的外表、气场等,在影像传播中是"第一眼"能够获得的信息,也是可以反复消费的信息。

让·鲍德里亚(Jean Baudrillard)在《消费社会》中指出,身体是最美的消费品,"在消费的全套装备中,有一种比其他一切都更美丽、更珍贵、更光彩夺目的物品——它比负载了全部内涵的汽车还要负载了更沉重的内涵。这便是身体(CORPS)"①。他认为,在广告、娱乐等大众文化中,"身体"被人穿上卫生保健学、营养学、医疗学的外衣,从而让人们对青春、美貌、阴柔或阳刚之气产生追求、留恋情怀。也就是说,在现代影

---

① 让·鲍德里亚. 消费社会[M]. 刘成富,全志钢,译. 南京:南京大学出版社,2014:120.

像中,"身体"成为一种工具,产生"功用性美丽"的圣化效果,影像中的"身体"不再是生产主体,与工业逻辑中的劳动力渐行渐远,而成为消费客体,与"自恋式崇拜和社会礼仪要素"相得益彰。鲍德里亚叙述中的"身体"以"女性"为主要对象,包括他论及的"功用性美丽"和"功用性色情",均以女性身体为出发原点,特别是在时装模特中,女性身体的"色情"生存在符号之中而非欲望之中。然而,在当下网络社会,对"身体"的消费已经超出了以女性为主体的男权主义色彩,男性"身体"的魅影也在各类影像中无处不在,形体外貌英俊的年轻男子更容易成为受关注的新闻人物,如2014年东方之星"最美潜水员"官东在新闻发生之后一度成为焦点人物,离不开照片对其帅气形象的展示。此外,各个高校流行的"男生选秀"活动,也可窥见"消费男色"已成为当代社会的新的文化特征。本研究第六章在论及"影像与时尚"时对这一类文化现象有较深入的探讨,因此在此处暂且搁置该议题。

作为一种仪式要求,"身体"的美感激发受众对美的遐想,对美的认同,这同样是一种心理共识,与性别无关。其实,这种消费心理并非随着网络产生,而是一直潜伏于影像制作者、传播者内心。在电视时代,摄像记者拍摄人群之时,总会挑选姣好的面部作为特写镜头。我们只能说,网络技术的便捷化将身体消费心理放大了,打开电脑或手机屏幕便收到身体影像的刺激,从而被时刻提醒"脸"的重要。

在网络社会,身体消费无处不在,离开仪式化生存方式仍然异常活跃。在日常生活中,甚至在社会灰色地带,身体消费仍在进行,"犀利哥"的故事便是典型案例。"犀利哥"只是一个普通得不能再普通的流浪汉,但因为一组"帅气"和"霸气"照片而家喻户晓。2010年2月,一名网友用新买的相机偶然间抓拍了一组镜头,镜头中"犀利哥"叼着烟,乱蓬蓬的胡须和头发,透露出一股男性的随性美。网友将照片上传至"蜂鸟网",随后天涯论坛也转载这组照片,并拟了一个标题——《秒杀宇内究极华丽第一极品路人帅哥!帅到刺瞎你的眼!求亲们人肉详细资料》,从此"犀利哥"迅速走红,被网友誉为"神一样的男子""极品乞丐""第一极品路人帅哥"。有网友这样以戏谑的口吻评论"犀利哥"神话带来的视觉享受:"欧美粗线条搭配中有着日范儿的细腻,绝对日本混搭风格,绝对不输藤原浩之流。发型是日本最流行的牛郎发型,外着中古店淘来的二手衣服搭配LV最新款的纸袋。绝对谙熟混搭之道,从视觉色彩搭配上讲,腰带绝对是画龙点睛之笔。"从这个评论来看,视角始终停留在"犀利哥"的"身体"上,以及"身体"与"身份"带来的视觉冲击感和刺激感,从而产生对时尚的消费。讽刺的是,人们看到照片后急切关注"犀利哥"的生存问题,并呼吁媒体开展寻人行动,不久后记者参与并找到"犀利哥"真人,在社会帮助下,"犀利哥"回归了正常人生活,生活照和工作照使其失去了"乞丐照"的"帅气"和"霸气",回归了普通人轨道,随之而来的是人们消费欲望的消失,"犀利哥"逐渐淡出公众视野。

影像传播中的消费行为并非仅指对"美"的消费,同时也包含着对苦难、暴力的消费。围观苦难和暴力,从苦难和暴力的刺激中反观自身的幸福,这在今天的互联网影像中并不鲜见,而苦难和暴力的影像描述,往往是用身体来实现,属于一种消极的身体呈现。网络中经常出现的"城管打小贩"的图片和视频就是一种极端化的身体影像,将新闻事件的焦点集中于身体的形象或身体的感受,引导人们直接参与消极的身体消费,并产生快感。例如,广州城管手掐女小贩脖子,显现了女小贩受欺凌的屈辱;延安城管跳踩倒在地上的市民的头部,镜头刻意突出了跳起落下这一极具冲击力的过程,暴力感直击了受众的"痛点",这种"痛点"正是源于身体的联想;临武瓜农事件的照片中,躺在血泊中的邓正加照片与秤砣照片并列,让人将秤砣与死者之间产生逻辑关系。在影像传播中,极端的身体行为更能引发公众的视觉刺激,或可称为公众对"暴力美学"的消费。因此,极端的身体行为具有更强的穿透力和感染力,从而能产生更强的挟持力量。

3."读图"与受众"沉思"

图像并非总是"笑而不语",也绝非只是一味地消费一切。"读图"的第三重魅力在于它不仅停留于肤浅的表象狂欢,还能沉思社会现象,参与思考与质问。在这一层面的图像具有三个特征:具象、直观和隐喻。具象性增强图像的可看性和吸引力,直观性降低受众的信息搜索成本,而隐喻性则突破前二者,深层次思考并隐晦表达意义,这一特征带来两方面的功用:第一,降低意见表达风险,避免直接面向评论对象,而选择影像象征物替代;第二,增强符号的思考空间,从而给文本赋予艺术性。

让·鲍德里亚(书中译为尚·布希亚)在《物体系》一书中说到古物

附有两种独特魅力,笔者认为这两种魅力与图像的隐喻性有相通之处,其一是气氛生产,其二是象征意义生产。

气氛生产是一个隐性的过程,与视觉接触的事物细节有直接关系。"如果自然很容易可以被抽象化和系统化,时间则否。它身上活生生的矛盾,很难被整合到系统的逻辑里。我们在古物令人眩目的延伸意义上读出的,便是这种'时间性'的弱点。相对于自然的延伸意义显得微妙,'历史'的延伸意义,总要人觉得过分突出、明显无比。"①鲍德里亚将古物比作舞会上的壁花,真与假本身并无关系。实际上,图像与古物有异曲同工之用,都起到"壁花"的社会氛围或文化氛围作用,真假无人问及,无论是戏谑式的 PS,还是指桑骂槐的有意影射,总之思考的方向非常清晰。所不同的是,图像不仅像古物一样需要凝固时间,还需要穿越空间,例如,2012 年兴起的网络流行语"元芳体",元芳与狄仁杰的对白画面被嫁接入各种当代社会话题,并以"元芳,你怎么看"这句旁白进行质问,这是将当代社会话题置于一个轻松氛围中进行反思。

在象征性方面,古语与图像仍可相通,"就其强烈的意义来说,古物总是一张'家庭照'。这是在一个具体的事物之下,过去的存有变得淹远得难以追忆的程序,那就好像是在想象中,以中间省略的方式去连接两段时间"②。古代社会的图腾常以古物为象征物,后来演化成图像,这便是二者之间的最初连接点,所不同的是,古物有神圣的象征性,而现代图像则针对具体社会意指功能。在象征物的理解过程中,受众与象征物的发出者需要共同文化语境或相同的思维方式,否则,图像与象征指向物则违背了相似性契约。这就解释了为什么懂中文的外国人看新浪微博上的图片却表示不知所云。

在现代媒介中,大多数图像的象征性包容意识形态内容,超越了原始图像的具象和直观,甚至忽略了图像内容的真假之分,因为即使是 PS 图像,也具备仿真模拟社会秩序和生产意识形态的能力,"因此对于鲍德里亚来说,媒介意识形态不存在'真实'与'虚假'的区别,它只不过是模型和拟像。在超真实的世界中,没有意识形态只有拟像"③。在传统媒体时代,我们可以说,受众看到的图景不一定就是真实的世界,而是制度化

①② 尚·布希亚.物体系[M].林志明,译.上海:上海人民出版社,2001:86.
③ 杨光.鲍德里亚的媒介意识形态观及其符号政治经济学批判[J].文学评论,2010(3).

媒体在经过遴选后,为了达到政治或经济目的,让受众看到其希望看到的拟像。例如,在电视画面中对场景的选择,由于栏目基调的不同,时政新闻画面往往会选择光鲜亮丽的场景作为"正能量"宣传,而民生新闻画面则为了体现"铁肩担道义",选择社会底层的灰暗景象,以彰显媒体人自身的社会道义,因此,这些图像在不同电视频道的转换间往往带来错位的时空感。在这种语境中,图像带来的社会反思力度较弱,主要还是图像的生产者和传播者在主动地建构社会秩序。但是在互联网时代,技术进步导致图像生产的权力获得了前所未有的解放,"真相"与"拟像"之间虽然仍然存在沟壑,但人们更能从"拟像"中获得相应的知识或意见。例如,2015 年,网上流传一张图片:一名刚出生不久的婴儿躺在床上,床头竖着一张白纸,写有"距离高考还有 6414 天"字样。受众明明知道这张图是家长"恶搞"行为,并非真实情况,但仍然接受这种图像的表达方式,因为它宣泄了人们对应试教育的焦虑和不满。也就是说,"图"虽然是假的,但其中的氛围生产、象征意义生产,以及引发的全民沉思却是真实的。

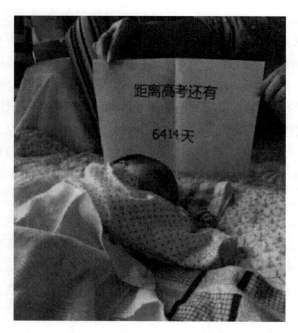

图 1-1 "高考从娃娃抓起"

（图片来源:百度百家号.距离高考还有 6414 天? 是谁规定了孩子的起跑线［EB/OL］.
［2017-06-09］.https://baijiahao.baidu.com/s? id =1569733247615918&wfr = spider&for = pc.）

二、互联网时代的"图"与"文"

(一)"浅阅读":互联网时代的阅读转向

人们对"阅读"的认识是一个进化的过程,传统意义上的"阅读"与"读书"是同义语,意指印刷品是"阅读"的对象,但随着文本载体的发展,社会生活的变化,"阅读"概念逐渐走向广义,"阅读是阅读主体(读者)与文本(可以是一本书,也可以是整个宇宙)相互影响的过程,是阅读主体实践活动与精神活动的一种体现"①。在表达这一意义之前,北京大学文献学教授王余光已在《中国读书大辞典》中对"阅读"进行了重新定义,即阅读是"人从符号中获得意义的一种社会实践活动"②。将阅读对象从"书面语言"延展至笼统意义上的"符号"。

1."浅阅读"的社会心理

随着"阅读"的广义化,阅读文化便出现了对应于纸张文字的"深阅读"和对应于电子媒介的"浅阅读",二者之间出现了严重分化,也引发了学界对"浅阅读"的批判与反思。"数字流媒体以及手持智能终端的普及,正在促使快餐式、随意性、碎片化等追求轻松、愉悦的阅读方式盛行开来,人们称这种阅读方式为'浅阅读'。而建立在纸本、印刷文献上的追求系统把握、深刻理解、可以反复浏览的'深阅读'方式正在被边缘化,或者正在丧失大量市场。"③自"浅阅读"这一概念出现以后,大众就将这一"浅"与浅显、浅薄、浅识等意义进行联想,认为"浅阅读"必然是浅尝辄止。南京大学编辑出版专业的学者吴燕列出了"浅阅读"的三个特点:"浅表性""视觉性""娱乐性"。在她看来,"浅阅读",这是搜索式、跳跃式阅读,"少了那种细致入微的情感品味和深刻透彻的思想领悟,与语言美学的熏陶和语言能力的锤炼渐行渐远"④。

这种说法不无道理,但在图像阅读的视野中,针对"浅阅读"的批判

---

① 王余光.关于阅读史研究的几个问题[J].图书情报知识,2001(3).
② 王余光,徐雁.中国读书大辞典[M].南京:南京大学出版社,1999:350.
③ 王子舟等."浅阅读"争辩的文化内涵是什么[J].图书情报知识,2013(5).
④ 吴燕,张彩霞.浅阅读的时代表征及文化阐释[J].南京大学学报(哲学·人文科学·社会科学),2008(5).

是失效的,因为图像本身并不追求语言美学,而是从图像出发来阐释问题,呈现事物之间的逻辑关系,之所以图像传播也被称之为"浅阅读",主要在于其融合了当下社会心理:第一,追求直观。无需过多知识储备,即使不认识字,也能掌握图像所涉的基本事态。第二,追求轻松。在现代专业知识体系精细化的背景下,用图解式的文本来解读专业事件,绕开了深度阅读的辛劳。第三,追求效率。当代社会信息量严重超载,"深阅读"难以适应,而图像的浅阅读则可以使读者用最短时间扫描版面中的信息轮廓,搜索自身需要的或感兴趣的信息,节约搜索成本。

此外,在前文讨论"图"的视觉延伸与"读图"的魅力时,我们已经知道,"图"并非浅表化的符号叙事,而包含着"只可意会,不可言传"的非语言符号,以及通过气氛生产和象征意义生产所营造出来的思维空间。在这种"一图胜千言"的话语中,看似浅表化的图像往往引申出无休止的舆论空间,用图像佐证图像的逻辑论证过程也在所谓"浅阅读"行为中屡见不鲜,其严谨度并不低于书面语言中的"深阅读"。例如,2015 年 5 月,在成都发生的一起女司机被男司机当街暴打的事件①,最初受众看到的是一名五大三粗的男子长时间对一名弱女子拳打脚踢,网友们纷纷谴责这种暴力行为,但随后网上又出现了大量的关于这名被打女子恶劣的"驾驶史"视频,经常性的恶意变道、粗暴刹车,人们通过新一轮视频的佐证,"真相"也随之发生反转。从这一意义上说,图像的"浅阅读"不仅规避了浅尝辄止的浅显与浅薄,而且适应了当代社会心理,推动了阅读文化发展。

2."浅阅读"的载体变迁

"浅阅读"的社会心理并非凭空产生,而是凭借一定的阅读载体。人类阅读史经历了甲骨、竹简、布帛、纸张、传统电子媒介(电视)、数字化新媒体(互联网)等载体。载体变化并非简单的物理进化过程,而对接着相应的文化生产,特别是在影像传播中,"图"的盛兴与载体存在着根本性的附着关系,甲骨、竹简和布帛时代不可能出现图像阅读文化,纸张的图像传播也只能以意境叙事为主线,无法走入"写实"的意义叙事轨道中来。

电视时代,"写实"成为可能,人们可以通过这个小窗口穿越时空,实现了"千里眼"欲望,图像代替文字成为主流符号。但电视的线性播出决

---

① 2015 年 5 月 3 号下午,成都市三环路娇子立交桥附近发生一起打人事件。卢女士在驾车前往三圣乡途中,因行驶变道原因在娇子立交被张某驾车逼停,随后遭到殴打致伤。后该女子驾车的历史视频遭到网络曝光,其个人身份和隐私也遭遇"人肉搜索",舆论发生转向。

定了其"浅阅读"的宿命,时间线的符号流动无法让人驻足进行深层次思考,相对于报纸、书籍等以文字为主体的传播载体,电视的出现算不上是阅读文化的进步,这正是众多学者批判"浅阅读"的立足点。此外,电视的生产者与阅读者(观众)之间的对立性过于明显,生产者在技术和内容上的"专制",钳制了观众的阅读深度,在意识形态上也形成一种霸权式的傲慢,单向的影像输出,观众无法参与意义生产,破坏了观众进入"深阅读"的兴致。

进入互联网时代,图像"浅阅读"宿命得以改观。首先,图像可供阅读者进行精细研判,视频可以随时线性播出,技术赋予了阅读者更大的主动权,可以反复重播、下载、转移,从而得以进行深层次思考,如网络中大量的官员"手表"照,均是通过反复研判得出的结论,辨别品牌、鉴定真伪,确定为名贵手表之后,才得以将其归入反腐话题之列;其次,在这一载体之下,生产者与阅读者的身份开始融合,生产者同时也是阅读者,阅读者随时可以参与影像的内容生产和意义生产。再以上述的"成都女司机被打"事件为例,从打人视频到女司机粗暴驾驶视频,所有的影像证据都为普通市民的手机或行车记录仪所拍摄,普通人不仅作为受众对这些影像进行围观和评论,同时也在生活中参与了类似影像的生产。不仅如此,作为阅读者的某位旅居日本的华人(其新闻微博账号为@林萍在日本)也参与了该话题的视频生产,将日本交通"潜规则"以视频形式进行呈现:"如果变道,基本都会先打转向灯。变道了之后会闪两下双灯,向后车表示感谢,这不是交规,没有明文规定,仅是大家习惯了的行为,对方让我插到前面了,就该感谢。来看看日本人是怎么开车的,希望我们都多点感恩,少点怒气。"从这一事件的系列视频可以看出,载体变迁改变了"浅阅读"的浅表化特征,在互联网时代,图像生产与阅读的融合赋予阅读者更大的能动性,使阅读者在"浅阅读"之后主动参与到意见生产之中,从而打破"浅阅读"浅尝辄止的魔咒。

3. "浅阅读"的文化走向

虽然"浅阅读"作为一种文化现象在电视时代开始引起大众关注,在互联网时代开始走向盛兴,但"浅阅读"行为古已有之,陶渊明在《五柳先生传》中说的名言:"好读书,不求甚解,每有会意,便欣然忘食。"[①]这

---

① 陶渊明.五柳先生传[M]//龚斌.陶渊明集校笺.2版.上海:上海古籍出版社,2011:444.

句话便可看作是"浅阅读"的实践,实际上这种"不求甚解"并非指对内容的浅显把握,而是要观其大略,领会要旨,从总体上把握问题的精神实质,不刻意斟酌字句,不力求深入细节,不纠缠枝蔓问题。在古代文化氛围中,这种阅读方式用来对抗烦琐经学和宣扬陶渊明的出世哲学是可取的。但在主流文化价值观中,还是以"悬梁刺股"研读圣贤之书为其正道。也就是说,"浅阅读"是古代人物不得志之时的一种消极抵抗,是边缘化的阅读文化。

随着电视时代、互联网时代的相继到来,"浅阅读"逐渐主流化。作为一种文化现象,"浅阅读"的兴起意味着消费主义在阅读领域的盛行,这种阅读行为本身消解了一切严肃的、庄重的社会仪式和意识形态,它的演进动力来自于载体的进化,反之又推动了大众文化的转型,即所有媒体的仪式化形态均在"浅阅读"习性中灰飞烟灭,特别在图像或视频的话语框架中,更是以"笑谈一切"的腔调来诉诸宏大主旨,在轻松、戏谑的面纱下进行"深描"。阅读文化是大众文化的塑形剂,它的变化注定引发大众文化的巨变,图像"浅阅读"不承认任何道德权威和道德楷模,把社会注意力投向公众的私人领域,信奉人的平凡性和现实性,在形而上的思考中对抗着制度化的"造神"运动。在"浅阅读"过程中,由于内容的"轻便",人们可以互动式阅读,既可以阅读内容,也可以修改阅读内容,使其他人重新看到新的内容,这种方式使每个人随时都可以看到新的内容,如对权威人物图像进行 PS、拼贴、组合、幽默化处理,使其"去权威化",这吻合了后现代主义的抗精英主义倾向。"后现代主义的矛头指向是,革除文化等级秩序,打破少数文化寡头垄断文化资源的局面,以重新分配社会文化资本,消解艺术与日常生活的界限,瓦解精英主义者的权威,降低知识分子为人类代言的愿望。"①在这一文化走向中,受冲击最严重的莫过于雷锋,由于上述原因,不少人始终怀疑雷锋事迹照片的真实性,例如雷锋躺卧于卡车底下修车照片,有网友将雷锋手中的修理工具 PS 成照相机,意思是雷锋在自拍,否则不会刚好有摄像师路过,这种 PS 行为超出了某种政治伦理规范,以"浅阅读"方式来消费知名人物、消解权威形象。"浅阅读"将阅读者个人的生活经验凌驾于意识形态的解说之上,也就是说,"浅阅读"的逻辑习性较为直白化、直线化,直接取材于生活经验,

---

① 吴燕,张彩霞.浅阅读的时代表征及文化阐释[J].南京大学学报(哲学·人文科学·社会科学),2008(5).

而非"深阅读"的多层次设计,这也正是当代大众文化走向的现实写照。

(二)图文对抗:历史中的文本互斥

1. 传统媒体中的图文对抗史

在人类文化中,图像与文字始终处于并列且对立关系,相互阐释的场合并不是时时存在。中世纪的欧洲就是这样一个图文对抗的时代,5—15 世纪的欧洲史可以说就是美术史,整个欧洲的宗教文化、建筑文化、政治文化,均可用当时的油画、雕刻画、雕塑等美术作品来呈现,在这些图像当中,对精神世界的描写多于真实世界的描写,运用的手法也多是夸张、变形的精神素描。在当时的情境下,基督教文化是政教合一的产物,皇帝既是政治权力核心,又是教会领袖,不仅代表世俗权力,也象征神的意志。这在拜占庭美术中尤其明显:神像成为权力争夺的工具,皇帝不许教会利用神像过分地显示自己的力量,让神像在天神与君王之间实现平衡,从而出现了 9 世纪的反偶像运动。反偶像运动实质是权力核心利用文字对图像的控制,是图像与文字互相对抗在上层建筑层面的凸显,在图像控制宗教、政治和文化等领域话语权的前提下,图像成为权力表达的工具,对图像的权力抑制,反之就是对文字话语权的提升。反偶像(神像)运动开始于公元 726 年,皇帝颁发禁令,禁止宗教制作和传播偶像(神像)行为,使反偶像(神像)运动延续了 100 多年。皇帝和东方行省的人民认为偶像(神像)会使宗教变为迷信,主张将宗教艺术变为抽象的象征。抽象象征除了以动物或植物为象征物之外,还有对这些抽象象征物的文字解释,政教双方的权力争夺始终以图文对抗的形式来呈现。

除了西方历史之外,中国古代社会的图文对抗亦有渊源,在人们的普遍意识中,图像是用来辅助文字的,即帮助文化程度不高的人加强文字理解,古代的"图书"就成了社会底层的专有读本,与文化层次和社会阶层直接关联,因而在传统文化中形成了"万般皆下品,唯有读书高""书中自有黄金屋、书中自有颜如玉、书中自有千钟粟"的观念,将文字置于神秘而又神圣的地位,凌驾于所有符号之上,从而与文字有关的职业也被神圣化,连秀才在乡村社会中都拥有特权。当然,对文字的尊崇符合封建统治阶级利益,圣贤之文构建了道德标准和行为准则,同时也禁锢了人们的创造力和生活热情。

电视时代的图文对抗从未停息。被视为大众文化研究理论基点的法兰克福学派把文化工业的复制生产、批量生产、标准化生产批判得体无完肤,而以图像为主体的电视、电影、广告则是文化工业中的领军者。电视工业品的复制性稀释了文化含量,标准化消解了文化的多样性和复杂性。同时,文化工业中图像强调的娱乐也淡化了文化的庄严和神圣。法兰克福学派对文化工业的批判,隐含着对"图像僭越文字"的不满情绪,有崇尚文字"深阅读",贬抑图像"浅阅读"的寓意。这种图文之间的对抗性关系直到互联网时代才开始缓和,并出现了下文所讲的"图文嵌合"。

2. 真的从"文"转向"图"了吗?

"图像转向"①这一理论被米歇尔提出来之后,在视觉文化研究中被认为是一种理所当然的趋势和无须论证的现实,从而也被当成媒介研究的背景。在以上论述中,本研究也认为,在互联网时代,以图像为主体的影像符号成为信息传递、气氛制造和象征意义生产的重要介质,在某种意义上甚至超越了文字。但是,我们能否就此轻率地宣称当代文化主体已从文字转向了图像?对此有学者认为,"在语言学转向之后并没有一个图像的转向发生和存在,尽管我们生活在图像泛滥的时代,但从严格意义上讲,支持图像,并使其具有意义的方法和哲学,仍然是 20 世纪发展起来的语言学和符号学"②。更准确地说,我们生活在"图像占据眼球"的时代,眼球经济中,虽然第一眼映入眼帘的往往是图像,但图像背后的逻辑叙事却是用语言来完成的,这种"语言"既不用眼睛看出来,也不用嘴巴说出来,而是在大脑中浮现出来,即索绪尔符号学意义上的语言与言语的区别,语言是言语活动中的社会部分,是社会成员共有的知识系统和心理背景。也就是说,语言仍然是意义的支配条件,"图像转向"并未在真正意义上发生。对一副图像的意义支撑,背后的逻辑关系是用语言来呈现的,这种语言可以替换成为文化背景、社会经验、心理体验等,但无论如何只是语言的另一种呈现。例如,网络上曾经流传一幅图片:两个白人夫妇合影,手里抱着一个黑人婴儿。在这张全家福中,白人妻子的眼角出现伤痕,婴儿明显与父母肤色有异。人们从这幅图片中可以读到一个故事,即妻子出轨后遭遇家庭暴力。然而,关于"婚外情""家庭暴力"等概念的建构,均是依赖于语言而形成的,对于这些概念的文化环境、个体经验,也是基于语言之上的。

---

① 米歇尔·W. J. T. 图像理论[M].陈永国,胡文征,译.北京:北京大学出版社,2006:3.
② 邹跃进.关于"图像转向"的思考[J].艺术评论,2008(8).

哲学史上曾发生过书面文化(或印刷文化)的几次转向,如从本体论转向认识论,从认识论转向语言学和符号学,但到目前为止,图像尚未建构起一套系统的转向理论,目前完成的仅是针对现象描述而做出的简易结论,虽然图像"浅阅读"的社会习惯已经形成,但只能看成是认识论转向语言学和符号学在图像上发生的延续效应。在视觉文化研究领域,也有不少学者持类似观点,承认图像在媒介盛行,但否认图与文的脱离和对立,如《图像时代》的作者、斯洛文尼亚学者阿莱斯·艾尔雅维茨(Ales Erjavec),用实证主义方法证明"图像转向"并不是全球普遍的,只是资本主义世界社会控制和文化传播的一种手段,理论、语言在全球仍然存在很大的生存价值,不可能被"转向"。因此,艾尔雅维茨认为"没有人能够宣称他/她——不管是个体、组织、智囊还是电视网络——掌握了与自己相关的所有'知识',更不用说是掌握世界上其他地区的所有知识了。全球化生存变得如此复杂,以至于'认知图绘'受到严重的阻碍"①。

(三)图文嵌合:互联网时代的默契

从古代文字一直到电视时代,图文对抗始终僵持,而在互联网时代,图文关系开始走向缓和。第一,文字本身就可以成为图像,而且这种现象越来越普遍化,这在上文已经展开过相应的论述,如"文字截屏""文字图片";第二,图像不再甘于身居卑微角落,图像与文字的文化地位实现了均等,"看脸的社会"即旁证了图像的社会价值提升,不再出现与中世纪反偶像(神像)运动类似的社会心理,文化地位也随之提升;第三,摄制和传播图片的便捷性,打破了法兰克福学派意义中的文化工业诅咒,标准化的文化产品也遭遇个性化作品冲击,通过复制品的售卖来控制意识形态变得异常艰难,影像的集中批量生产转变为个人生活中的随意性和情感性生产行为。在散播式的传播生态中,图像与文字均可以自由地择取各自的意义空间。

1. 文字的视觉性与"文字图片"的关系

在以上关于"文字图片"的解释中,已经论及截屏、翻拍等"文字图片"之所以属于"影像"范畴的几点理由。这是文字与图像在互联网社会中契合趋势的典型例证。文字向图像的转化,核心点是在转化过程中产生出有别于原文字的次级意义,而且这种次级意义是出自于次级传播

①　邹跃进.关于"图像转向"的思考[J].艺术评论,2008(8).

者的本意,非收受者的理解意义,并在大量的复制、转发中延续生命。

从这个意义上来观照文字与图片的关系,有一个症结需要解决,即书面文字本身是以视觉来观照的符号,那么书面文字到底属不属于视觉文化?对这个问题的理解,关键是厘清视觉文化与图像文化的区别。如果我们遵从匈牙利电影理论家巴拉兹(Béla Balázs)在《电影美学》中的理解,即视觉文化"就是通过可见的图像或形象(image)来表达、理解和解释事物的文化形态"①。这里视觉文化与图像文化基本等同,很明显,书面文字被排斥在视觉文化之外,

然而,将视觉文化与图像文化完全画上等号也不恰当,将二者类同划一有不严谨之嫌,麦克卢汉在论述技术文化时曾说过,"罗马人把拼音字母文化转换成了视觉文化""读写文化赋予人的,是视觉文化代替听觉文化。在社会生活和政治生活中,这一变化也是任何社会结构所能产生的最激烈的爆炸"②。显然,他将文字看作视觉文化的一部分,并认为这是人类文化史上的一场革命。这一观点也支持了互联网时代的"文字图片"的"图片说"观点,"文字图片"的出现不仅是视觉文化中文字的一种全新表达方式,更是图像文化的发展,图像文化不仅局限于具象的、直观的形象(image),也包括文字的借用。"文字图片"不仅是指对纸张文字的截屏和翻拍,还包括了现实生活中对文字框架的再次传播,户外广告、横幅都在其列,文字与环境共同构成社会图景,视觉内容集中于文字本身,但视觉效果却是以图像形式呈现,如2015年深圳市光明新区某部门在马路栏杆上挂的"禁摩的"横幅——"天堂之路,有一种便车叫摩的""摩的跑得快,阎王最喜爱",这些横幅引发了舆论哗然,与当地的社会交通景象形成对比,被认为是对社会底层的不尊重。在某些场合的数码屏幕中显示的"电子横幅"也遭遇到同样的情况,如2010年上海"世博会"期间,一座建筑物大厅内竖立的大屏幕上出现一行大字,"城市,让生活更美好",但在大屏幕下方则有数十名无家可归外来人员,蜷缩在行李上酣睡。从表面上看,文字与图像似乎是一种对抗关系,因为环境与文字所建构的价值观背道而驰,但从"文字图片"的次级意义上理解,网络图片发布者对文字的阐释正在于讽刺文字,这种讽刺与文字的周边环境刚好适应,环境契合其意。对文字和图像的并行阅读,将两种不同的认知

① 巴拉兹.电影美学[M].何力,译.北京:中国电影出版社,1986:18.
② 麦克卢汉,秦格龙.麦克卢汉精粹[M].何道宽,译.南京:南京大学出版社,2000:179,267.

行为合二为一,"虽然我们阅读语言文字符号同样也有看的投入,但这两种看具有不同的性质。用现象学的说法,看图是一种图像意识行为,而看语言文字是一种符号意识行为"①。图像意识行为和符号意识行为在"文字图像"认知中交叉作用,相互阐释意义。

2. 伴随性文本:文字与图片的符号互译

文字的视觉价值不仅在于文字内容本身,有时候还在于文字的形式。如在全球化背景下,现代场景往往冠以西方名字,在咖啡厅、高档社区、运动品牌中,文字的形式与场景的气氛互相传译视觉效果。这与符号学家赵毅衡教授所说的"伴随文本"有相通之处。"在相当程度上,伴随文本决定了文本的解释方式。这些成分伴随着符号文本,隐藏于文本之后、文本之外,或文本边缘,却积极参与文本意义的构成,严重地影响意义解释。"②在赵毅衡看来,伴随文本并不一定是潜在的,它的显性部分包括副文本和型文本,其中,副文本即正文本的框架因素,如书法作品的装裱、书籍的插图、商品的标签、场景的冠名等。副文本虽然处于正文本边缘地带,但起到框架性效应,相互营建文本价值。在伴随文本中,还存在着谁伴随谁的问题,依照上述举例,在书法作品中,书法(字)是正文本,装裱(视觉意义上的图)是副文本,装裱修饰书法,诠释其珍贵性;书籍插图中,字是正文本,图是副文本,插图辅助文字,协助文字的理解,提升文字的趣味性;商品标签中,商品(视觉意义上的图)是正文本,标签(符号意义上的字)是副文本,标签暗示商品价值;场景冠名中,场景(视觉意义上的图)是正文本,冠名(符号意义上的字)是副文本,冠名提升场景品味。由此看来,伴随文本中,图像与文字的相互辅助是符号的常态性生存,二者之间形成的共生关系非常明显。在后现代社会中,副文本的辅助能力大为提升,甚至在很多时候其自身价值超出了正文本,最明显的莫过于名牌现象,同样一件商品,贴上名牌标签,价格提升几十倍,符号消费使得价值远远高于使用价值。这正是文字对图像(商品的视觉效果)的过度伴随。

在网络图片中,图像与文字也是互为伴随文本的关系,在多数情况下,文字成为图像的副文本,起到点题、阐释和气氛生产的作用。存在着

---

① 肖伟胜.视觉文化还是图像文化——对巴尔反视觉本质主义之批判[J].社会科学战线,2011(6).

② 赵毅衡.符号学原理与推演[M].南京:南京大学出版社,2011:141.

以下几种情况:第一,当作为副文本的文字与作为正文本的图像并无直接逻辑关系时,文字和图像只能被作者牵强连接,也就是说孤立的图像内容并不包含文字内容中的信息,而是通过对文字的阅读,读者才能对图像产生会意,这便是副文本的"点题"。比如在上文提到的一副图像:刚出生的婴儿床头竖立"距离高考还有 6414 天"几个大字,婴儿的图像与文字不存在直接逻辑关系,但这些文字又展示了实实在在的事实,点明了图像的主题。第二,文字内容与图像之间存在一定关系,但这种关系通过单独的画面并无法生产意义,必须通过不同的组接才能相互阐释,这种情况下,副文本起到"阐释"作用。在电视画面的网络截图和组图中,此类现象非常普遍,在一组图片中,利用文字的相互阐释而生产出与电视原始内容截然不同的意义。例如,2013 年 3 月 28 日,央视《焦点访谈》栏目中,一名女子在采访画面中的身份是"北京市民·姚春芳",三分钟后,这名女子再次出现在镜头中,身份字幕却变成"长春市某商场职工·王维",同一人物以毫无关联的身份出现两次,很明显是新闻字幕出错,这两幅图片被网友截图拼接,被戏谑为"失散多年的双胞胎姐妹重逢了"。人物的图像与文字内容在两幅图的对比下出现矛盾,阐释一种新的意义:即电视媒体存在不严谨、缺乏职业道德的问题。人物身份字幕相当于赵毅衡所讲的"文本框架效应",虽处于边缘地带,但伴随着正文本,能起到辅助功能,即交代这一人物身份所代表的这一阶层和相似群体的态度,将其介入社会框架的讨论之中。第三,文字的形式(非内容)与图像之间存在关系,这往往与氛围生产有关,文字在图片中处于明显的边缘地位,是典型的伴随文本。曾经有网友发布过一副武汉大学樱花图片,并留言"如何才能使图片看起来有日本的感觉",很快收到另一位网络的修改版图像,在修改版中,原图中路边交通指示牌上的中文字样"路段"改成日文字样"ロード",图像的景物本身没有任何修改,但图像的气氛得到了烘托。作为伴随文本,文字形式的作用是暗示场景的人文环境。

小结:

本章在视觉修辞和视觉符号的理论基础上,研究了图文关系的文本逻辑和技术演变。影像是以"图"的形式来呈现,无论静态或动态,"图"

是一种原始影像形态,被认为是影像研究的起点,即对视觉的生物功能的启用与享受。同时,本章将"影像"与受众关系列入"浅阅读"范畴,认为影像本身并不追求语言美学,而是以"图"来阐释问题,这一阅读方式迎合了当代社会心理。本章最有争议且最有价值之处,在于将"文字图片"界定为"影像"范畴,这在整个研究中是非常关键的,为后面章节的符号分析和话语分析确立了前提,而且为"影像"这一概念的外延进行了清理和界定,正如本章文中所言,"文字图片"的界定,为这个一直在视觉和影像研究领域模棱两可的争议性概念设定了边界,为"影像"概念的外延进行了必要的扩容和增量,使其更契合互联网时代的影像传播实践。

第二章　影像新闻的历史与现状

影像新闻是在互联网时代从图片新闻、视频新闻中提炼出来的一个概念,它不单指传统媒体中的新闻画面,也不仅仅指涉网络中市民拍摄和编辑的视频内容,更包括报纸、电视、网络载体中的新闻图像、新闻视频、新闻动画等视觉文本在互联网环境中的变体。因此,对影像新闻的研究,离不开对"影像"与"新闻"在互联网环境中的发展研究。

一、影像载体的历史流变:技术的人文影射

(一)纸质影像:从文字辅助到视觉诱惑

1. 最初的影像新闻

影像在纸质媒介中一直存在,隋唐时期的小说便有了版画插图,明代小说则更是无图不成书,"图书"在数量上相当可观,技术以木刻版画为主,先由画家画出画稿,再由雕刻工匠在木板上临摹图样。在阅读能力低下的古代社会,插图书籍无疑繁荣了我国古代文学。

在近代报纸当中,图像仍然占据一席之地。我国报刊史上最早的新闻图片是 1821 年 5 月 10 日发表于《察世俗每月统纪传》的《事痘娘娘悬人环运图》,形象记录了发生在马六甲祭祀痘娘娘的迷信活动,并做出批评。新闻图片也常见于《申报》,根据方汉奇先生主编的《中国新闻传播史》,1876 年 8 月 18 日,"《申报》在其发表的题为《拿获九龙山匪党》的新闻中,插刊了用木版雕刻的'九龙山匪党'的臂章图样,为《申报》刊出的第一张新闻图片"①。1879 年,美国前总统格兰特访问上海,《申报》当

---

① 方汉奇.中国新闻传播史[M].北京:中国人民大学出版社,2002:66.

日即石印其本人画像 1 万张,随报附送读者,此举揭开了中国报纸新闻人物画像的篇章。此后五年,中法战争在越南北部开战,《申报》又做出壮举,随报附送越南地图,便于读者阅读战况文字时参考。在这类图像新闻中,文字是主体,图像是对文字的辅助。

除了以上"附图"式的报道,近代史上还出现了专业画报。在这种报道方式中,图像成为主体,文字则是辅助性符号。关于我国最早的专业画报,新闻史上存有争端,1927 年戈公振在《中国报学史》中指出当时画报的开端:"石印既行,始有绘画时事者,如《点石斋画报》《飞影阁画报》《书画谱报》等是。"1934 年,被誉为我国现代新闻学拓荒人的黄天鹏也在《五十年来之画报》中认可《点石斋画报》的鼻祖地位:"最早的画报当然要算《点石斋画报》了,清光绪十年(公元 1884年)创刊,到现在恰恰五十个年头。"近代文学评论家张若谷则在 1936年所著的《我国的第一种画报》一文中认为:"最早的画报,恐怕要算纪元前三十二年即公元 1880 年,上海出版的《画图新报》。"另一种说法是《寰瀛画报》,由方汉奇、谷长岭、冯近三人合著的《近代中国新闻事业史事编年》中提到了这一点:"1877 年(光绪三年丁丑)6 月 6 日(四月二十五日):《申报》附出的图画增刊《寰瀛画报》在上海创刊,不定期出版。每期十余页,售价 1 角至 2 角不等。该报图画部分由英国画师绘制,文字说明部分则由蔡尔康执笔,共出五期(卷)而止。是在我国出版的第一种以图画为主的刊物。"而关于到底谁是中国第一份画报,至今发现的史料无法给出答案。但从内容上来看,这些画报具有诸多共同点:第一,由于图画的技术和成本均高于文字,画报均难以定期刊出,版面数量也无法固定,如《点石斋画报》仅有上、中、下三旬各出版一次的宽期规定,未有具体出刊日期;第二,手绘本为主,摄制品次之,这在一定程度上增加了刊出难度,降低了写实程度,但同时也提升了画报的艺术性;第三,由于西方报人的参与,比如《申报》《寰瀛画报》《点石斋画报》的老板均是英国商人美查,这些画报内容多数青睐于"国际新闻",或与租界有关,如《寰瀛画报》第一卷共八幅图的内容如下:"英国古宫名温色加土之图""英国女子游历火船名哦士办之图""日本新易衣服之图""日本女士乘车游览之图""印度秘加普五白系恩陵寝之图""英巾帼时新装饰之图""印度所造不同铁条之火车图""火轮行山洞中之图"。

近代画报在我国新闻史上具有重要历史地位,构成了文字与图像的二元新闻报道格局,促进了新闻业务从文字到图像的系统化进步。在加强中西文化交流、普及现代文明方面,近代画报也具有独特功能。无论是在自然科学领域,还是在人文知识领域,"眼见为实"的图片往往让当时蒙昧的中国人大开眼界。在自然科学领域,一些中文报刊开始把日食、月食、地球等概念传给中国读者,并进行通俗化介绍,但如果仅仅是文字的描述,始终比较抽象,而通过图解则让人豁然开朗,因此,以图替文的做法在这类报道中非常普遍。在人文知识领域,一些报刊在宏观上刻画了世界各国的历史文明和社会现状,在微观上介绍各种先进器具,如轮船、火车、电话、电报等,这让大多数不曾走出国门的中国人来说,第一次眼见现代文明成果,从纸张中实现了"大开眼界",打破了他们长期以来受到的思想禁锢。

2. 当代报纸影像

当代报纸中,专业新闻画报在很大程度上担当了影像新闻的传播重任。世界上最为成功的专业新闻画报当属德国的《图片报》(*Bild*),这份报纸不仅在德国是发行量最大的日报,在整个欧洲也名列前茅,自 1952 年由阿克塞尔·施普林格(Axel Springer)创刊以来,至今每周仍发行六天,而且在德国境内发行 30 余个地方版。早期的《图片报》模仿英国《每日镜报》(*Daily Mirror*)的风格,只设四个版面,故事以图片叙事为主,配有简短的文字说明。在内容方面,遵从"黄色新闻"办报规律,倾向于名人轶事、犯罪故事、性丑闻、政治分析等社会新闻。在编辑方面,《图片报》的第一版是美编们认为最重要的部分,因为每天报纸折叠置于报摊,基于路人的"三步五秒"理论,头版视觉效果决定了报纸的当天发行量,具有冲击力的图像往往更能吸引路人驻足观看和购买。虽然经过半个多世纪发展,《图片报》的文字比例逐渐增大,但"让图片说话,使新闻故事形象化"这一传统风格始终未变,一直追求简化的叙事语法和传播内容,句子不超过四个词。

基于成本、时效等因素的考虑,纸质版的专业新闻画报在我国数量较少,其中专门报道社会新闻的综合性画报更是少之又少。1950 年 7 月创办的《人民画报》是我国第一家大量使用彩色胶片和运用彩色印刷的报纸,用 16 种文字印行国内外,主要栏目有《视觉中国》《特别聚焦》《目击》《旧影新说》《人民肖像》《金镜头》《高端视界》等。但实际上《人民画报》算不上一份报纸,而是每月上旬出版的月刊杂志,新闻性并不强烈。1951 年 2 月创办的《解放军画报》也是一份综合性月刊杂志,集中刊出军事训练、军事演习、军事科技、中外先进兵器等图片,实现其宣传功能,通过影像展现军事生活和军人风采。类似的纸媒类杂志和报纸中,倾向于专业内容的新闻画报占多数,如《体育画报》《民族画报》《娱乐画报》等,内容的专业性限制了杂志的新闻性扩展,更多的是将视野局限于某一领域的知识探讨和文化分析,因此基本不列入本书的"影像新闻"研究之中。

在综合性日报中,图片被广泛运用,随之而来的是报纸的"厚报时代",视觉盛宴逐渐开场,从图片的规模、布局,到色彩运用,当代报纸处处体现出对视觉消费的追求。"如今,图片新闻成了报纸版面设计中常见的新闻形式,它能在没有文字描述的情况下,给人提供一种视觉图像冲击。在报纸图片使用时,可借鉴电视图片设计的方式,合理使用图片的连贯性对图片进行组合,这样才能收到良好的传播效果。"①视觉生产和消费成为"办报新思维",在引导观众阅读之前,首先抓住读者的眼球,在这一意识的指引下,大多数报纸确立了"以图片带版面,以版面带新闻"的原则,特别是对头版封面而言,视觉生产更显出重要性。例如,2012 年 11 月 6 日,《天府早报》的封面,上下两幅图片组接,上图是一个女孩用绒帽、手套紧紧护住脸部的特写,左边两行大字"有一种寒冷叫忘穿秋裤",右边一竖行小字"天气太冷,成都一些市民已经是一副冬天打扮";下图是美国总统奥巴马呵气暖手的特写,右边三行大字"另一种寒冷叫赤身肉搏——美国总统大选今投票,奥罗最后冲刺",左边一竖行小字"天气太冷,美国总统奥巴马竞选演讲后暖手"(见图 2 - 1)。两张图片由"冷"而构成了一种内在的逻辑关系,一种是天气冷,一种是竞选冲刺制造的"冷空气"。影像冲击力在较远距离的情况下就能够刺激读者的视觉,制造了阅读欲望,"三步五秒"理论就是在这种情形下产生的,摆在报摊的报纸如何在路人距报摊三步远、五秒内之间被吸引,直观、具象的影像效果无疑是第一位的。

---

① 王超英. 视觉增效:厚报时代报纸版面视觉冲击力的营造[J]. 编辑之友,2013(9).

图 2 - 1 "冷"

（图片来源：《另一种寒冷，叫赤身肉搏》，《天府早报》，第 1 版，要闻，2012 年 11 月 6 日 http：//morning. thecover. cn/new/html/tfzb/20121106/index. html）

（二）电视影像：时空同步的集体仪式

电视的出现，可以说在人类史上真正实现了影像新闻的大众化传播，报纸图片和电影画面虽然早于电视，但在早期社会，报纸始终是精英阶层的阅读物，电影则更倾向于大众艺术表达。总体而言，电视的影像技术发展经历了五个阶段：第一，机械电视。1927 年，美国贝尔电话公司（BCT）试验在 50 公里以外传送电视图像。1929 年，"电视之父"英国的贝尔德发明发射机，进行世界上第一次电视图像信号发射，宣告机械电视的诞生，使"千里眼"成为现实。第二，电子电视。1946 年，全电子扫描电视在美国问世，标志着电子电视的高级阶段的到来。第三，录像设备。1956 年，磁带录像的发明，使电视制作发生了根本变化，画面不仅可以储存，还可以流通，解决了节目来源问题。第四，卫星传播。1962年 7 月 10 日，美国太空总署发射"电星一号"成功，并利用缅因州杜佛的巨大天线，将电视画面传送到巴黎、伦敦两地接收站，再转至当地家庭，从此,全世界共赏媒介奇观成为现实。第五,电缆电视。这是无线向有线转化的开端,画面质量高清化,其功能也逐渐从单向播出,转为点播、选播、回看、暂停等多极化。

互联网时代,移动新媒体技术的发展改变了电视的制作方式、播出方式,也改变了人们的收看习惯。首先,在制作方式上,专业的电视生产者越来越依赖于网络视频和图片,为了节约成本和提高时效性,他们越来越重视对网络影像资源的利用,特别是当一些网络话题进入传统媒体视野之中,网络影像进入电视制作程序是无法避免的。其次,在播出方式上,电视的播出越来越智能化,人们可以通过回看、点播的方式来收看某个直播节目。但是,播出方式的改变同时也改变了播出方式所附着的意义,从符号学观点来看,播出方式是伴随文本,起到框架性作用,严重影响意义解释,因此,"回看直播"已经失去了同时空观看直播所附着的神圣感,回看、点播等播出方式的改变无法替代"直播"的价值。再次,在收看习惯上,网络观看功能改变了以前的"家庭影院"式的观看模式,而将家庭成员分层化,不同的家庭成员依次在电视机、电脑、手机前各自选择自己喜欢的节目。收看习惯的改变化解了电视原有的"围聚"的仪式感,从这一角度来看,互联网时代的电视仪式感只存在于影像内容之中,与观看形式无关,互联网的多元化观看形式化解了"集中观摩"的外在仪式感。然而,虽然电视在诸多方面受到互联网冲击,但作为影像新闻的基本形态,两个重要特征仍然存在,即现场直播(live)的时空感与影像内容的仪式感。本研究从以下两个方面分别来讨论现场直播在影像传播中的意义:

1. 现场直播的时空同步

现场感(presence sense)和即时感(immediate sense)是电视在影像传播中体现出的最大价值。电视现场直播可以说在媒介史上第一次实现了影像与客观事实的同步发生。直播影像的写实、客观、即时等特征,让观众足不出户也可以身临其境地欣赏阅兵、运动会等景观,关注重大突发事件的进展,在最大限度上解放了人类的视线范围与身体位置的关系,改变了影像信息获取过程的时空边界。其实电视在诞生之初就是以直播形式存在的,由于缺乏录制技术和储存技术,影像节目均在直播后随即消失,如1937年英国BBC对乔治六世的加冕典礼进行实况直播,让无数人第一次亲眼看见了这一宫廷传统,1958年北京电视台(1978年后改名中央电视台)的新闻、电视剧、晚会均是"即演即播"的。

在我国电视语境中,"直播"概念有两种含义:一种是新闻栏目的直播,与录播对应,主要指演播厅的播出状态;另一种是新闻现场的即刻直播,影像与新闻现场在时间上同步发声,与后期剪辑的"后延式"播出相对应。在学术讨论中,一般意义上的现场直播主要指第二种,它如同打开一扇窗户,让观众直接观看窗外的画面。电视现场直播在我国的发展经历了三个阶段:第一阶段(1958—1993)从中央电视台(原北京电视台)成立至《东方时空》栏目的播出,这一阶段的现场直播主要服务对象是举国盛事或政治仪式,其中最具典型意义的是1984年国庆阅兵。时间与空间的同步才能使影像在特定情境中生产出情感、认知和意义,在这次阅兵式中,时间(国庆特定时刻)与空间(天安门广场)同时以影像的形式进入观众视野,让人感受到国家的神圣感,使虚幻的国家概念具象化。第二阶段(1993—1997),随着《东方时空》在1993年的开播,从央视到省市地方台四年之间纷纷开始了滚动播出模式,这种播出模式让新闻事件的影像逐渐呈现动态式、开放式和跟进式,将新闻事件的最新进展通过直播的方式第一时间呈现在观众面前。第三阶段(1997至今)1997年央视开启了一系列重大直播,从日全食等自然奇观,到香港回归、中共十五大开幕等政治仪式,再到三峡工程截流等重大社会事件,影像实现了同步呈现。1997年也被称为"直播年",从此开启了我国电视现场直播的篇章。迄今为止,电视直播作为一种影像传播常态,几乎介入了自然、社会、政治等具有现场感和视觉美感的所有领域。

在影像直播研究中,手机等移动新媒体工具也逐渐实现了现场直播功能,并且更具灵活性,更能实现即时传播和客观传播,但其与电视载体最大的区别,在于新媒体直播缺乏电视直播独有的仪式感,这种仪式感来自于机构的权威、技术的高端和规模的宏大。"直播权"就是机构权威的最直接体现,例如,对重要案件的庭审直播权的获得,就是电视机构本身附着的一种权威性,即使新媒体工具对电视直播进行了网络再传播,它的权威性仍然来自于电视机构本身,而非来自于网络载体;相比于手机等新媒体直播,电视直播对画质、景别的要求更高,任何一个取景都可能隐含某种意义,因此,技术与意义是相通的,电视直播超越了纯技术上的同时空传播;在重要时政活动等仪式性事件中,电视直播一般并非单极传播,而拥有较庞大的队伍,各司其位,对不同的拍摄视角都有考虑。

2. 影像内容的仪式感

电视与报纸、网络等传播形态的不同还在于影像内容的仪式感。仪式作为象征性行为举止,在人类文明进程中不但没有退化,而且逐渐嵌入媒介之中,由一种族群文化行为进化为大众文化行为,介质也由原始的现场围观转化为电视围观。在人类学看来,"仪式是一种文化建构起来的象征交流的系统。它由一系列模式和序列化的言语和行为组成,往往是借助多重媒介表现出来,其内容和排列特征在不同程度上表现出礼仪性的(习俗),具有立体的特征(刚性),凝聚的(熔合)和累赘的(重复)特征"①。电视刚好具备这种特征,它由画面、同期声、画外音共同组建多维的影像系统,通过画面的先后顺序来展示仪式的庄重感,显现事件的重要程度。"从某种意义上说,电视是当代社会的电子纪念碑和文化中心……为人们提供了一种举行集体(媒介)仪式并使之永久保存的新的形式,从而能够强烈地影响并覆盖今天这样的巨型社会的广大观众,发挥着凝聚社会、融合情感、增进团结、确认秩序、构筑和谐的重要仪式功能。"②电视的影像不仅记录一切,还给被记录事物赋予特定的文化特征。

在电视时政新闻中,"联播体制"给了电视某种神圣感,与当代中国政治结构相适应,联合播出具备了隐晦的内部逻辑,即中心地区对边缘地区的统治与控制,以及边缘地区对中心地区的仰慕与臣服,既有象征意义,也有实际价值,对播出机构而言,能够通过行政权力轻易获得了有意义的报道题材和影像素材,对被播出单位而言,被以影像的形式在中心地区展示意味着一种荣誉。这种"双赢"的联播模式建构了中国电视时政新闻的经典模式。

在电视民生新闻中,平民有更多机会获得展现形象和表达魅力的机会,使得电视民生栏目与平民组建了共同体,民生新闻成了人们生活的一部分,人们经常可以通过电视影像看到与自己类似的人,具有相同经济水平、生活经历和文化体验的人,甚至可以在电视中看到自己的朋友、亲戚,这在"联播体制"的影像中是不可想象的。在民生影像中,仪式不再是一种神圣的崇拜行为,而成为日常生活的一部分,这种仪式观解构了"联播"影像与生活脱节的弊端。"社会不仅因传递(transmission)与

---

① 菲奥纳·鲍伊.宗教人类学[M].金泽,何其敏,译.北京:中国人民大学出版社,2004:178.
② 张兵娟.媒介仪式与文化传播——文化人类学视域中的电视研究[J].现代传播,2007(6).

传播（communication）而存在，更确切地说，它就存在于传递与传播中"①，也就是说，民生影像的重要性不仅仅在于它表达了生活本质，而在于这种表达方式本身就成了生活本质。

民生影像对地方语境的深描，生产出类似于"族群"式的仪式感，具有地方特色的人物、服饰、建筑物、典故、人际交往方式，这些日常影像的重复出现，无意识地维护了地方文化的生存与延续，排斥着异地文化的渗透与融合，即使以普通话播出，外地人也无法通过观看节目轻易地融入当地日常生活的仪式共享之中。

（三）网络影像：从内容到习性的共生与互惠

网络媒介赋予了影像的主体和客体更广阔的空间。作为一种载体，网络影像的本质特征不在于将报纸图片和电视视频平移至网络渠道中来，而在于主体的解放与客体的解构，也即影像制作者的传播权力在技术上得到了史无前例的扩张，导致被拍摄对象遭遇到众多的画面阐释和语言阐释，面临着随时随地被扩散的机会和风险。

1.网络影像发展

非移动互联网时代，网络媒介以电脑为主，网络影像以"三网融合"的设计为主线，即致力于互联网、电信网和广电网在技术上实现互通，在业务上实现交叉，试图将电视视频平移至电脑播出平台，将网络技术和电信业务运用于电视播出平台。在这一背景下，作为物质载体的网络出现了两个特征，"第一是视频化，第二是搜索化"②，也就是说，视频成了三网融合的主要内容。融合之后的视频必定以网络为载体，并以互动性和点播性两个优势区别于传统媒体载体。这阶段的视频以网站商业平台为主，"高质视频网站不仅仅是指高清的画面和上乘的内容，更是指网站在营销管理方面，通过整合多方资源，运用现代商业运作模式，在社会法律和行业法规的约束下为用户提供视频"③。商业化的高质量视频网站是视频产业的主体，其传播价值在于画面高清化和"去碎片化"。按生产主体的出身背景来看，这一阶段的视频网站可分为传统媒体的衍生物和自由市场的竞争产物：前者如央视的CNTV、深圳广电的中国时刻

---

① 詹姆斯·W.凯瑞.作为文化的传播[M].丁未,译.北京:华夏出版社,2005:3.

② 黄升民.三网融合了,视频何去何从?[J].视听界,2010(2).

③ 彭华新,欧阳宏生.三网融合背景下的视频产业生存[J].国际新闻界,2011(8).

网;后者则指民间大量独立的视频制作平台,具有强劲的竞争力,优势在于资源运作灵活,市场反应迅速,如优酷、新浪视频栏目、腾讯视频等。

随着移动互联网时代的到来,特别是手机社区媒体的兴起和个性化、个人化 APP 的流行,门户网站或专业视频网站的优势逐渐退化,网络影像在很大程度上以碎片化和弥散化视频、图片占据中心地位。这一阶段的影像生产者并不依赖于某一固定的实际播出平台,而是试图营造一个致力于画面设计和意义生产的虚拟主体。其中可以分为两类:第一类是公民拍摄者,普通公民随手将看到的社会事件、自然景观、盛大场景等具有影像冲击力和视觉美感的画面拍摄后,即时上传至新浪微博、腾讯微博、微信等社交媒体,较之非移动互联网时代,这类影像没有集约化、高清化的生产规格和管理模式,但在意义生产上更符合民间情绪,更具有大众情怀。在一次传播之后,还会出现不同层级的次级影像传播,在次级传播中生产出新的意义。例如,2015 年 5 月 2 日,庆安枪击事件①发生之后,部分网络人士对市民公布的视频进行逐帧截图、细化分析、逐级传播,针对这一起事件的官方结论不断被提出质疑,虽然始终没有找到确凿证据,但这种视频解构分析的过程就是影像的次级传播,生产出与初始传播者决然不同的意义。又如,在前文章节曾经提到过的"成都女司机被打事件"视频中,网友在事件曝光以后对视频进行剪辑和配乐,将事件推向娱乐化轨道,这也属于影像的次级传播行为,通过调侃"女司机"的叙事方式来对其发起道德质问。第二类是概念类微视频,这类视频通常是指几十秒至几分钟的微电影、纪录短片、编辑短片等,相对于前述的公民拍摄视频,概念类微视频更加专业化,并且被冠以某种概念进行有序性传播。例如,美拍的微博公共账号,定期播出短片,以"美"为概念,将普通图片或视频进行美化处理,制作成韩剧或怀旧电影式的画面风格。自 2016 年开始,这一类的网络视频 APP 陆续上线,这些视频 APP 大部分专注于"软新闻"的概念类微视频,打"新闻"的"擦边球",整合社会上的个体化自媒体视频资源,从目前的观察来看,这类视频以社会上有趣的、有戏剧性的新闻事件为主要内容,聚焦"有趣"或"有戏剧性"的

---

① 2015 年 5 月 2 日,黑龙江省绥化市庆安县农民徐纯合带着母亲和三个未成年的孩子出行,在庆安火车站与警察发生冲突,被警察击毙。事发后,警方与部分网络人士各执一词,随着事件的发酵、查证与信息披露,引起了社会各界的广泛关注,并引发关于民警用枪的合理性的争议。2015 年 5 月 14 日,枪击事件调查结果公布,民警李乐斌开枪属于正当履行职务行为,符合人民警察使用警械和武器条例及公安部相关规定。

软概念,从而获得更大的传播空间,得到官方和民间的双重认可。概念类微视频具有互动性、娱乐性、快捷性等特征。互动性是指普通观众可以对这类影像进行评论、转发,甚至稍有视频处理技能的观众自己也可以成为概念类微视频的生产主体。娱乐性不仅是指主题的轻松有趣,更是指话语特征和价值指向即以娱乐为宗旨,即使是严肃的社会事件和仪式事件,在这里仍然是戏谑式、草根式叙事。快捷性不仅是指拍摄、制作和传播的迅速和敏捷,还包含了观众接受和理解程序上的"默契",节省了烦絮的解释过程。在某种程度上说,这也是快餐文化的表征之一。

2. 网络载体与传统影像的结合

传统媒体对网络载体的借用已经司空见惯,但我们从互联网视角来看这种"借用",不仅仅是指对物理渠道的借用,更指这种渠道所带来的媒体性质的改变。20世纪90年代,互联网刚进入中国便融入了普通人的日常生活,这就迫使传统媒体主动寻求应对之路,其中最重要的举措就是报纸版面主动上网。1995年1月12日出版的《神州学人》是国内最早的互联网报刊,同年10月20日《中国贸易报》也登上互联网了。但是这一阶段的互联网报纸以文字为主,几乎没有图片,由于网速所限,即使刊载图片用户也难以打开阅读。

21世纪后,网络技术的提升和用户的增多,"报纸上网"成为常态,图片阅读更为便捷,出现了一些较有名气的报刊网站,如《广州日报》的"大洋网",为了适应网络传播特点和网络受众需求,网络报纸与当天的纸质报纸在版面上还略有调整,或将娱乐化新闻的图片置于头版,或将具有视觉冲击力的社会新闻画面置于头版,与纸质报纸始终如一的时政新闻头版头条形成明显差异。这一阶段的网络报纸意味着传统媒体向门户网站发起了挑战,它们不满足于将网络版看作是印刷版载体的机械转换,而是开始思考网络传播的习性、品质、收看习惯等问题。虽然最终实践证明成功者并不多,但至少在发展方向与媒介意识上已经明朗化了。

到了2010年以后的移动互联网时代,报纸的网络载体开始向纵深化发展,不仅是文字和图片的电子化呈现,还包括了视频、音频,实现了真正意义上的网络影像,从单一影像向综合影像发展,从静态影像向动态影像发展。例如,《南方都市报》成立的"视觉中心"就是传统影像在网络载体上的当代实践。《南方都市报》"视觉中心"在2008年下半年就开始探索,为传统摄影、摄像在网络载体中找到一种全新的生存方式,既实现报纸摄影记者自身的专业精神,又区别于传统电视的网络转载,"选择'静态的影像作为支柱 + 动态的视频 + 有效声音'这种模式。这种探索是对传统影像传播方式的一种突破——它不仅仅只能在印刷媒体中生存,它还可以跨越各种不同的传播平台,影像在这里不再是单帧的呈现,而是一种'产品流'"①。

移动互联网时代,传统电视媒体也在探索网络载体的影像生产与传播,自 2010 年始,UGC(User Generated Content)在电视媒体影像生产中的广泛运用便是一种尝试。UGC 是典型的互联网概念,基本意义是用户将自己原创的内容通过互联网提供给其他用户,并不特指某一种具体业务,而是一种互联网使用的新方式。2010 年后,这种方式被直接借用至电视媒体中。例如,深圳广电集团曾免费分批量给电视记者备配手机、UGC 软件,以及技术服务,唯一的要求是记者在采访过程中,除了传统的电视摄像之外,还必须以手机为工具拍摄与新闻相关的图片、视频,并通过 UGC 网络渠道,在指定网站发表。这一操作程序正是传统影像在网络载体中的尝试,在传统电视新闻播出之前,在互联网中播出部分影像进行预热,为电视节目制造话题空间和舆论氛围。

二、互联网时代的新闻含义演进

(一)新闻的流变:从"制度"到"非制度"

新闻的概念,是本研究中必须要厘清的一个基本问题。在互联网时代,新闻的概念到底有没有发生变迁? 什么样的影像文本才能称得上新闻? 对这些问题进行精准把握,是影像新闻研究的前提和基础性工作。

1. 新闻概念的延伸

对于新闻的概念,至今莫衷一是,但陆定一发表于《解放日报》(1943 年 9 月 1 日)上的概念——"新闻是新近发生的事实的报道"——被众多新闻学科的教科书广泛引用,可见认同度是很高的,也是最权威的。但是,随着新的媒体形式和报道方式的出现,新闻概念正在受到越来越多的挑战,提出的思路也越来越广,如新闻是指"受众注意的事实"

---

①　曹轲,庄慎之,陈雨. 南都全媒体集群构想[J]. 青年记者,2010(19).

"经过媒体报道的事实""不依赖人的存在而存在的客观性"①,等等,不一而足。总之,"事实"被看成是"新闻"的前提,先有"事实",再有"新闻",这是不容争辩的。中国人民大学杨保军教授早在 2001 年就对此有过系统论述,他认为新闻事实分为"客观事实"和"经验事实",并呈现出四种状态:存在方式的"现实态";表现方式的"非常态";信息个性的"激发态";价值特征的"多元态"②。"现实态"是指传播者和收受者在空间上对时间的体验,如 2013—2014 年网络舆论再度掀起了对发生于 1994 年的"朱令事件"③的关注及其调查,虽然内容不是现时发生的,但公众普遍关注与议论的状态却是现时的;"非常态"意味着新闻事实的突出或反常,与新闻价值中的显著性要素存在逻辑关系;"激发态"是指信息的扩散状态,这一点在社交媒体的影像中特别明显,影像转发的便捷性,理解、阅读的直观性,视觉的冲击性,种种特征都刺激了影像转发的动力,从而使某些触及社会敏感区域的"事件"易于被激发;"多元态"是指新闻与受众的价值关系,有的是"有用",有的是"有趣",互联网时代受众理解能力的多元化走向也决定了新闻事实的"多元态"价值取向。

与事实论相反,对新闻概念的另一种维度是将视角更倾向于文本,而非事实本身。例如,有人认为,"只有经过记者采访整理,形成语言的客观叙述以及一定程度的主观评述,然后通过技术手段进入媒体的传播,才能够称为新闻"④,这一概念直接推翻了普通公民所拍摄影像的"新闻性",而将新闻限定于一个狭小的区域。依照这个概念,第一,传播主体是记者,即具有采访资格职业媒体人员;第二,语言是必要条件;第三,同时需要客观叙述与主观评述。很明显,这是对传统媒体时代新闻概念的一种再现。

互联网时代,新闻要素更多依据"事实"本身,在主体上打破了制度

① 赵振宇. 新闻及其时空观辨析[J]. 新闻与传播研究,2009(2).
② 杨保军. 新闻事实论[M]. 北京:新华出版社,2001:9 – 21.
③ 朱令,北京人,1992 年考入清华大学。朱令事件是指朱令在校期间离奇出现铊中毒症状,导致身体健康遭到极大的伤害,最后得助于互联网才受到确诊和救治的事件。这是中国首次利用互联网进行国际远程医疗的尝试。由于朱令没有铊的接触史,警方认定为是投毒事件,但此案经过调查之后,几度沉浮,凶手至今仍逍遥法外,尚无明确结果。且由于警方对事件处理过程中的一些异常行为,让"朱令案"成为公众事件,从而衍生出对于作案嫌疑人家庭背景的各种猜测。
④ 郝雨. 陆氏定义与 21 世纪新闻学发展——从近年的新闻定义之争谈新闻学的创新研究[J]. 今媒体,2006(7).

化媒体与记者对采访权的垄断,任何人在技术上都具有传播新闻事实的可能;在文本上打破了语言文字对新闻叙述的垄断,无论是图片还是视频,只要拥有真实的来源和客观的立场,新闻事实本身具备现实态、非常态等特征,同样能形成新闻文本;在叙事上打破了客观与主观相互结合的格局,公民拍摄的影像,作为"第三只眼"的纯客观记录,没有任何主观评述,同样能显现"新闻性",具备新闻价值,为受众提供有效、有用、有趣的新闻信息。

2. 新闻主体的进化

以上论述已经涉及传播主体的范围问题,互联网时代的新闻传播主体突破了制度化媒体的局限,打破了职业记者对新闻传播的垄断。实际上,即使在传统媒体时代,传播主体也存在着一个多元化的参与性问题,"参与性标准的基本含义是说,只要参与到新闻传收活动中的人,就可以被看作新闻活动者或活动主体"①。所不同的是,互联网时代,原来"参与"新闻传播的主体,今天在"主导"着新闻的意见流向、舆论走向。2014年开始,社交媒体平台上出现的众多的非制度化传播主体,如腾讯"新闻哥"②,作为一种依附于企业的新闻主体,逐渐获得影响力。"新闻哥"在接受"刺猬公社"③的一次采访时提到自己的传播理念:"移动互联网时代,网友的需求更加个性化,对内容的要求也更加挑剔。'新闻哥'主打轻阅读和强互动,牢牢抓住网友的心。轻阅读的主要目的是减轻网友的阅读负担,但是'轻',不代表简单,反而会对运营提出更高的要求。这可能是我们能脱颖而出的原因之一。"④由此可见,新媒体中的非制度化传播主体不再是依附于传统媒体而进行的简单重复和转载,而是有意识地区别于传统媒体,形成差异化竞争关系。也就是说,这类非制度传播主体已然成熟,足以与信息垄断的制度媒体分庭抗礼。新闻传播主体多元化是一种社会进步,在影像新闻的研究中,涉及的大量的影像文本即由非制度化媒体和非职业记者所拍摄和传播,虽然专业程度可能存在

① 杨保军.新闻活动论[M].北京:中国人民大学出版社,2006:103.
② "新闻哥"是隶属于腾讯公司的一个新闻发布平台,用互联网的语言和视角来阐释新闻事件,在自我介绍中自称"总能从负能量角度看待问题,对事件有深刻的认识与体会,喜欢麻辣点评的你值得拥有。"
③ "刺猬公社"是一个知名自媒体公众号,传媒观察原创平台。
④ 魏晓涵.鹅厂"新闻哥"如何狂卷百万用户——访谈[EB/OL].[2017 - 06 - 09].http://www.vccoo.com/v/744a48? source = rss.

不及人之处,但由于拍摄的及时性,视角的民间性,其传播的社会意义并不弱于专业记者发表于报纸或电视中的影像。

3.新闻实践的变迁

重"事实",轻"文本",是互联网时代新闻实践的特征,"文本"生产逐渐脱离了"专业摄制→技术合成→规范审查→定期发表"单向轨道,而直接进入"生产→消费→反馈"的快速循环中,简化了新闻实践的过程,但丰富了对新闻事实考察的视角,多方的影像印证和文字解释,往往更能"倒逼"真实性,彰显客观性。因此,非职业化的文本生产也被认为是一种事实上的新闻实践。当记者等职业媒体人员以私人身份在网上发表图片、视频和文字,新闻主体(同一个人)未发生变化,但行为的性质和平台的本质发生了变化,从职业行为过渡到个人行为,从公共平台过渡到个体平台,这种行为回避了技术和制度门槛,轻便地进入客观描述和意见表达程序,甚至被认为同样具有某种意义上的新闻专业主义精神。"对照中西方社交媒体功能的差别,我们可以发现,在西方以私人、娱乐信息交换为主的社交平台,在中国往往成为传递突发、重大事件的首发甚至主要媒体,这显然与我们的媒体环境有关。这也要求我们更加严肃、认真地对待微博等社交媒体发布新闻的行为,以符合专业主义的方式加以规范。"①2012年,央视主持人赵普在微博上发表一条劝告,建议市民"不要再吃老酸奶和果冻",虽然从文本上来看并不具备新闻的基本要素,但却造成了事实上的负面新闻后果。对受众而言,简化后的新闻实践生产出的文本,其真实性甚至高于层层把关后的文本。从受众心理学上来说,未经过筛选的原始信息反而更加接近于真相。

此外,制度化媒体的官方微博、微信也是新闻实践的转向表征之一。在一些社会大事件中,@央视新闻、@人民日报等微博大V们的传播效用和影响力在一定程度上超出了其母体机构。例如,2014年3月8日,马航失联事件,@央视新闻早于电视新闻发布了失联乘客的日常生活照片,包括夫妻的温馨画面、失联作家的作品等,用图片表达惋惜之情,让受众提前了解失联乘客的相关信息。在2014年3月1日昆明暴恐事件发生后,@人民日报、@新华视点、@央视新闻随时更新进展,对歹徒(报道之时尚不能界定为恐怖分子)行凶动机、警方进展、伤者救治、死者人数等信息进行

---

① 谢静.从专业主义视角看记者微博规范争议——兼谈如何重建新闻人与媒体组织间的平衡[J].新闻记者,2013(3).

定期发布,并用图片的客观性来消除人们的恐惧心理。这些都说明了制度化媒体的社交网络平台正在以一种非传统模式参与新闻实践,一方面,实现了新闻传播的事实,另一方面,增强了新媒体环境下的竞争力。"澎湃新闻"是制度化媒体参与互联网新闻实践的另一个成功模式。作为上海报业集团改革项目,"澎湃新闻"专注于时政领域,并结合互联网技术优势与传统新闻价值,快速建立开放式媒体集群,不仅有网页、Wap,还有 App 客户端等一系列新媒体平台,塑造了众多有影响力的微信公共账号,如"中国政库""打虎记""一号专案""舆论场""知识分子"等。

4. 网络新闻及其流变

网络新闻是一个泛化的概念,在目前的媒介生态下尚不能对其进行精准定义,但依据"新闻事实"这一标准,网络平台中的"新闻"呈现的特征异常明显,与传统媒体形成对立的格局,在新闻主体、传播渠道、扩散规律、文化氛围等方面,均显现出了一种独有的突破性力量,同时对"新闻事实"也造成了新的阐释方法。从某种意义上说,这是新闻传播过程中发生的一次革命性"流变"。这一类新闻并不按章法出牌,流变状态有以下几个特征:

第一,叙事手段的多元走向。将新闻文本制作成 MV 影像、说唱影像,实际上是一种新闻评论的流变。例如,2015 年"成都女司机被打事件"发生后,网友将暴力画面配上歌曲《求佛》的音乐,但将歌词改成"当拳头,打在你的脸上,你就很快住进了病房,打人者遭到无数谴责谩骂,自己跟着也进了班房"[①]。很明显,这种 MV 影像以娱乐化的叙事手段对事件进行了整体性评论,不仅将女主人公进行"丑角化",还将整个事件置于意见倾向明显的舆论场,引导了舆论的走向,潜在地实现了新闻评论的功能。

第二,传播层级的多元走向。很多情况下,新闻文本本身并不具备新闻性,新闻传播出现了不同层级,每个层级都承担着相应的新闻价值生产任务。在互联网中,新闻性往往来自于次级传播阶段,而非原始文本阶段,次级传播对新闻价值的生产具有强大功能,能在"转发""评论"中制造出民间讨论的景观,实现社会共识。例如,前文章节已提及的河南省实验中学女教师顾少强的"十字辞职信"——世界那么大,我想去看看——引发了全民关注。这十个字本身并不具备太大的新闻价值,初始

---

① 歌词来源:百毒蛊. 成都别车女司机现在火了,都出好几首歌了[EB/OL]. [2017 – 06 – 09]. https://tieba. baidu. com/p/3781334182? red_tag = 2073462000.

传播者发布的这封信的照片本身也只是一种单一的情怀表达,即洒脱的人生观。"十字辞职信"照片的轰动效应和新闻价值的提升源自于网络大V们的次级传播,@学习粉丝团、@人民日报、@扬子晚报等大V和官媒微博纷纷转发了这张照片,截至当天15日19时30分,单是在@人民日报的相关微博下面就有16 932次转发、3654条评论,收获的点赞达14 900个。可见,在互联网的多层级传播之下,"十字辞职信"引发了一场关于世界观、人生观和价值观的全民大探讨,新闻价值是在无数的转发、评论中实现的,而非在辞职信的原始文本中和初始传播者上传辞职信的过程中实现的。

第三,意义生产的多元走向。新闻本身并不阐释具体的、既定的意义,而虚无地描绘某一种精神,因此意义生产也是缥缈不定的。例如,2015年,一名5岁的越南小女孩饲养了三年的小狗"花花"丢失,几日后她路过狗肉摊时意外看到一只被屠宰并已焙干的狗,她一眼认出正是陪伴她三年的"花花",于是她蹲在狗的"干尸"旁放声大哭。这一心酸中带有滑稽的场景被路人拍下传至网上,引发了全球网友的关注,有人谴责"吃狗肉"行为,有人为小女孩的可爱忍俊不禁,有人为小女孩的爱心点赞。总之,人们对这个图片的消费并无确定的意义追求,单一图片的意义生产出现了多元化走向。

(二)新闻属性的进化:颠覆与崛起

1. 新闻本体属性

我们再来考察陆定一给"新闻"下的定义——新闻是新近发生的事实的报道。这个定义承认了一个基本事实,即"新闻是报道"。报道可以是动词,专指采访、编辑、写作这一系列动作的操作流程,也可以是名词,专指呈现在报纸、电视等媒体上的文本。无论是传播之前的报道(动词),还是传播之后的报道(名词),总之都离不开客观记录和信息传递这个核心环节。这个环节也可被看成是新闻的本体属性,区别于文学、影视剧、娱乐节目的文本性质与生产流程。

新闻本体属性是指"新闻本体固有的客观属性。正是这样的属性,在客观上或者说在实在论意义上,界分了新闻事实与一般事实、新闻信息与一般信息的范围"①。在传统媒体中,新闻的本体属性尚较好理解,

---

① 杨保军. 新闻本体论[M]. 北京:中国人民大学出版社,2008:32.

但在网络信息中,由于主体的多元、文本的开放、叙事的混乱,往往难以划清一般信息与新闻信息的界限。我们所指的网络信息中,包含了大量的以个人为主体的闲谈、窥私、泄愤等信息行为,很明显,这些信息行为与市民的"拉家常"类似,属于非专业信息行为,很难将其纳入"新闻范畴"。那为什么又有"网络新闻"这一说法,甚至将一部分"街谈式"的个人网络话语列入其中呢?这就必须区别新闻信息与一般信息,厘清新闻信息的几点特征:第一,真实性。无论是传统媒体报道,还是社交媒体中的信息发布,真实性是第一要义,是新闻信息的生命线,否则就沦为谣言。在网络信息发布中,发布者为了佐证真实性,往往尽量使用影像,以实现"有图有真相"。第二,时效性。新闻信息必定是"新"的,这个不容置疑,但在今天的网络信息中存在一种现象,即并非最近发生的事实,却突然"翻旧账",成了火爆的社会话题,如上文提及的"朱令案"就是一个典型,另外,雷锋照、火烧邱少云照等革命年代的影像在最近几年也成了网络中的焦点话题。这些"老话题"到底是一般信息,还是新闻信息,这得对其新闻由头进行考察。例如,"朱令案"在 20 年后再度成为新闻信息,其由头是近年来大学生宿舍投毒事件频发,有网友忆起往事,再次将朱令的旧照在网上发布而引发的链接式报道。在更多时候,一张图片或一个视频在网络上的突然出现,并引起网民的广泛关注和激烈争论。这种"万民聚焦"景象本身就是一种新闻由头,成为一种新闻现象。第三,公众性。新闻信息必须是与公众利益相关的,或者是可以代表某一群体利益的,在网络信息中,这一特性是区别一般信息与新闻信息的重要标准,它不但将一部分与公众利益无关的"窥私"信息进行剔除,而且还提出了公共追求,将一部分"泄私愤"信息排除在外。

从本体属性而言,网络新闻仍然是围绕着客观记录和信息传递这个环节而展开的,但这个环节却不同于传统媒体的职业化和制度化过程,它的自由、开放、散漫、对话等特征,决定了它在展示本体属性的同时,会在更大程度上凸显出它的舆论、娱乐、商品等获得性属性,导致新闻信息与一般信息之间的界限越来越模糊。网络新闻到底是不是"新闻",争议的源头正是出于此处。

2. 获得性属性的崛起

在信息来源多元化以及信息平台竞争白热化的今天,信息除了有实实在在的内容,还必须有吸引眼球的"看点",这些"看点"最终演化成获得性属性。获得性属性是生存于本体属性基础之上的,"作为新闻本体的事实信息一旦经过传播者的认识、反映、再现进入传播状态,就转换成为传播态的新闻,它便进入了各种各样的传播收受关系。在不同的收受关系中,新闻将在本体属性的基础上获得或凸现一些新的属性。我们将这样的属性称之为获得性属性"①。在杨保军教授的论述中,获得性属性包括政治属性、商品属性、舆论属性、文化属性。为什么被称为获得性属性,缘由在于这些属性并非新闻特有,其他的文化产品和信息产品中均有可能存在,也并非新闻的本体部分,而是由新闻本体衍生出来的属性,在受众的新闻本体消费过程中产生的一种社会效果或自我感受。

  互联网时代的新闻发展中存在一种奇特现象,即获得性属性虽然依附于本体属性,但在很多时候其地位已经颠覆了本体属性。我们称之为"获得性属性的崛起"。网络新闻的几个比较突出的获得性属性包括:娱乐属性、舆论属性、政治属性等。很多时候,新闻本体信息只起到"导火线"的功能,而随后的娱乐消费、舆论斗争和政治争论,才是整个传播过程中具有实质性意义的部分。首先看娱乐属性,一张搞笑图片或事件性MV 作品可能引起人们对某一新闻事件的关注,人们是在娱乐消费过程中获得某件新闻事实的,娱乐消费在前,信息消费在后,娱乐消费是传播行为的初衷,信息消费只是附带过程。再看舆论属性,网络突发事件频发,这些新闻信息最终的落脚点在于舆论斗争,一部分人急于扩散舆论,引起更广泛社会的关注和支持,一部分人则力争引导舆论,将其破坏力控制在一定范围,在这过程中还衍生出水军、舆评员(在网络中被谑称为"五毛党")等专业性力量,传播者、当事人、目击者等与新闻信息有关的力量反而在争辩中被淡化了,导致话题不断扩散,论点不断迁移。最后看政治属性。这在新闻中属于较为敏感的属性,表达隐晦、争议模糊,也往往是新闻信息最终的牵引方向,积极建构和推动政治文明。传统媒体的政治属性自不必言,特别是在《新闻联播》等栏目中,每一个画面的景别、角度的运用,都蕴含有政治寓意。在网络新闻中,政治属性同样强大。例如,在 2014 年 3 月 1 日昆明火车站暴恐事件中,网络新闻(特别是@ 央视新闻、@ 人民日报等官方微博和社会大 V)在第一时间还原真相,对有关不利于普通新疆人形象的信息进行辩驳,避免将暴恐事件与新疆人形象混为一谈,这其实就是政治属性的显现,维护民族团结是一

---

  ① 杨保军. 新闻本体论[M]. 北京:中国人民大学出版社,2008:49 - 50.

个大的政治前提,与打击恐怖分子同样重要,可见该新闻中的政治属性与暴恐信息本体属性居于相等的地位。

(三)影像新闻的"新闻性":主体、功能与边界

在前面章节的论述中我们已经知道,影像新闻的外延较广,涉及报纸、电视、网络等立体化平台。在互联网时代,它真正的意义还在于这一概念是对报纸图片新闻、电视新闻的发展,在新闻理论上突破了传播载体,演绎了新媒体环境中"影像"与"新闻"的关系、传播者与受众的关系、传播技术与传播制度的关系、新闻信息与新闻艺术的关系。在以单纯载体为标准的报纸新闻和电视新闻中,无法对这些关系进行整体和系统的梳理。影像新闻的"新闻性",不仅来自于事实本身,还来自于与文字截然不同的文本符号,通过互联网的开放式浸染,影像新闻正在推动传统新闻理念进入一个新的视野。

1.影像新闻的主体多元化

新闻的传播主体一般是指新闻的报道者,包括选题决策、文本制作和对外发行(播出)的行为人和行为机构。鉴于专业壁垒的存在,传播主体往往专指那些熟谙摄影、摄像、编辑技术,懂得合理开展采访活动和架构文本安排的职业媒体人员。在这一背景下,职业媒体人员属于社会精英,参与社会话语建构,引导舆论、解读政策、释放信号。然而,随着影像技术的智能化,摄像、摄影、编辑工具逐渐"一体化",简单且快捷,普通大众随时可从容地传播自己遭遇或偶遇的社会事件,在传播遭遇的社会事件之时,传播主体是当事人,在传播偶遇的社会事件之时,传播主体是目击者。同时,编辑软件的普及使传播主体的新闻活动空间越来越广泛,普通大众不仅可以客观传播所见所闻,还能通过影像文本设计,巧妙性地生产出隐含意义的新闻事件 MV、新闻图片"连连看"、新闻图片"找亮点"等。"随着媒介技术进步,人们对摄制、剪辑等专业技能的接近更加便捷,能第一时间记录新闻并向外供稿,这在技术大众化以前是不可能的。"[①]我们甚至很难说普通大众的影像新闻生产行为,是对报纸、电视记者的职业化和专业化技术的"山寨"式模仿,因为前者不是后者的简单替代和延伸,而是一种从阶层到立场的突破:第一,扩展了新闻传播主体

① 彭华新.从"职业报料人"看新闻活动主体的境遇变迁与身份变异[J].国际新闻界,2015(1).

的社会层次,使其结构更加多元化。从目前情形来看,传播主体包括了传统媒体职业记者、网络大 V、职业报料人、业余报料人、职业撰稿人等。在社会分层上,职业记者根据平台地位和用工方式的差异,徘徊于精英阶层与大众阶层之间,网络大 V 是由学者、律师、企业家等组成的意见领袖,往往居于社会精英阶层,而职业报料人则仍然居于社会底层,为了挣稿酬,活跃于各类社会突发事件之间,拍摄视频向传统媒体供稿。第二,拓展了新闻传播主体的立场。传播主体的多元化,给影像新闻注入新的思维方式和话语立场,形成传统媒体的官方立场和新媒体民间立场的二元结构,影像新闻的出发点也依照自身发生了变化。传统媒体始终站在官方立场构建社会核心价值观,宣传党和政府及工作人员的积极、健康的场景,坚持"正面报道为主"的方针,即使是负面报道,也不会从整体上和宏观上否定形象,而是采取"小骂大帮忙"的态度。但是,网络大 V 等出没于网络媒体的传播主体,自称"为民请命",传播的更多是社会底层不和谐的画面,如城管打人、强拆冲突、进城务工人员讨薪等,真实且赤裸裸地通过画面和视频呈现这些社会底层所存在的种种痼疾,而往往这类事件是转发量最大的影像资料,在转发过程中,每一个人都可能成为次级传播主体,导致影像新闻传播主体不仅仅是横向扩散,而且还纵向发展,使主体立场的二元结构也更加复杂化。

2. 影像新闻的功能转换

新闻功能是一个与新闻属性密切相连的概念,主体属性和获得性属性分别对应着不同的功能。不仅不同媒介载体上的新闻功能是不一样的,不同的符号文本的新闻功能也是不一样的。新闻功能,通俗地讲,即新闻"有什么用"的问题,人们阅读新闻,是为了掌握政策变动,判断社会发展方向? 是为了获得信息,测评生存环境变化? 是为了围观他人苦难,获得心理平衡? 是为了消磨时光,愉悦眼球? 这些都是当代新闻的功能。随着新闻载体的变化和信息渠道的发展,新闻功能发生了一定程度的转换。例如,微博、微信等社交媒体出现后,根据年龄层次和兴趣层次的不同,新闻功能对受众的差异化越来越明显,"长文字图片"提供政治或文化的深度分析功能,新闻 MV 提供娱乐功能,社会冲突事件视频提供环境测评功能。

此外,新闻功能不仅仅是针对受众一方的"有用性"而言,也与传播者(包括传播主体和控制主体)的"有用性"存在一定关系,如传统媒体时政新闻的"宣传"功能特别明显,这种功能与控制主体(相关政府主管机构)直接相关。在影像新闻中,不少新闻通过植入品牌商标等方式实现"广告"功能,这是与传播主体有关的。用杨保军教授的话来说:"越来越多的新闻文本(报道),用传统的新闻形式去衡量,已经不像新闻了,更像是文学故事,更像是散文,更像是发表主观见解的议论文章,更像是一般的资讯通报,更像是广告和公关文案。"①

具体而言,影像新闻在当代社会环境中,最显著的功能有以下三个:第一,证据功能。佐证新闻事实真实性,即"有图有真相",这一功能与受众和传播者的相关性同时存在,受众通过图片和视频来判断新闻是否可信,传播者通过它来"说服"受众。在针对行政部门的监督性报道和针对社会治安的推测性报道中,影像新闻的证据功能更加显著。第二,刺激性功能。影像的刺激性附有聚拢围观者、强化意见冲突的内在动力,如同街头暴力事件吸引人们围观的效果一般,血腥、暴力、标语等画面都在受众大脑中强化破坏性秩序的"标出性",与单纯的娱乐功能和环境测评功能不同,刺激性功能不仅指视觉刺激,更指涉心理刺激和文化刺激,即对某一阶层和群体所制造的极端情绪,无论是同情或仇恨。第三,隐晦性功能。这一功能是与文字新闻的功能直接相对的,在文字新闻中,短、平、快、简要、直白等特征是基本要求,但对于某些评价性描述和意见性论断,无法用直白的文字进行表达,否则将有违新闻的客观性原则,此时,影像的特殊功能得以发挥,通过某个画面的特写,某个组图的顺序,某个背景的选择,都有可能隐晦地表达意见,在形式的客观中实现隐藏的主观。

3.影像新闻与艺术之间的边界模糊化

正如前文所说,以传统的新闻观来衡量,今天的许多新闻文本根本无法列入新闻范畴,而更类似于文学、诗歌、MV、微电影等艺术形式。这正是影像新闻发展的另一个纠结之处:到底是新闻,还是艺术? 二者之间的界限是否存在? 或者真的有必要去区分二者? 这些问题至今没有明确的答案。

后现代主义的惊人之处,在于最大限度地贯彻了"眼见为实"理念,将一切视觉化,电话视觉化、网络聊天视觉化,文案设计视觉化,似乎无视觉体验即现实不曾存在。"作为后现代文化的典型代表,网络文化更

① 杨保军.新闻本体论[M].北京:中国人民大学出版社,2008:201.

是彰显了这种视觉性。在网络文化里,艺术和艺术家们已成功地使我们相信,事实上任何事物都能称之为一件艺术作品。"①在日常生活中,摄影设备和编辑软件的便捷以及发布渠道的畅通,促推了人们对图像霸权的依赖,不仅是阅读图像的行为依赖,还包括通过图像进行表达的心理依赖。如果说印刷媒介促进了抽象的理性思维,以图片和视频为主要文本符号的新媒体则相应地促进了人们直观的感性思维,以视觉美学为基础的艺术由此而来,并且成为一种最基本的表达习惯。影像新闻存在两种艺术形态:其一,纪实的生活艺术,影像能夸张地将某一帧画面阐释成新闻事物的整个常态过程,艺术性地描绘场景。其二,夸张的表演艺术,包括拍摄层面的表演艺术和编辑层面的表演艺术,前者指模拟现实、体验生活的影像拍摄,如以微电影的拍摄方法来模拟正在发生的新闻事件,并借此表达意见;后者指通过音乐、配音编辑成影像文本,如新闻MV,通过排比语法编辑形成的影像组合,如"新闻连连看"等艺术化的新闻表达手法。

鉴于此,本研究认为以艺术形态出现的影像新闻仍然属于"新闻"范畴,前提是艺术表达形式并未撼动其真实性,或者说这种艺术形态仍然建立在新闻事实的基础之上,是对真实事件的艺术化的评论叙事,"艺术"行为仅限于表达手法这一层面,"艺术"指涉物仅限于对"意见"的委婉表达和隐晦呈现,并不触及事实本身。因此,这种艺术也可以看成是一种"假艺术",即对艺术的模仿,或者说,影像新闻的艺术形态只是一种"工艺品",而非"艺术品"。二者之间的区别,就在于艺术品是从生活经历的"偶然性"中提取的,而工艺品则是对生活经历的复制。很明显,新闻MV等影像新闻的艺术形态正是企图通过模拟新闻事件来表达制作者的意见和观点,在事实上实现了新闻评论的功能,文本基于事件的"新闻性"而发生。

三、影像新闻类别的三种维度

影像新闻是一个宏大概念,其内容包罗万象,因此在描述之前,必须将"影像"与"影像新闻"的概念进行区分。前文已对"影像"的几种分类方法进行了归纳,同样,此处也试图系统性地从不同维度对"影像新闻"

---

① 皮海兵.图像文化:网络文化的实质[J].广西师范大学学报(哲学社会科学版),2010
(6).

进行归纳,厘清内容的各种关系,然后再分门别类地开展内容研究。本研究分别从动机层面出发,将影像新闻分为突发影像(非策划)与策划影像,从手法层面出发,将其分为主观影像与客观影像,从工具层面出发,将其分为摄制影像与手绘影像(新闻漫画)。

(一)动机论:突发影像与策划影像

1. 突发影像

顾名思义,突发影像是指某些在突发事件中拍摄的图片或视频,其特点包括及时与纪实,而且在多数情况下具有刺激感和冲突感,如自然灾害的爆发瞬间、街头斗殴的爆发瞬间。从动机上来说,新闻事实的突发状态不容拍摄者进行任何摆拍设计、角度调整、背景选择,甚至稍纵即逝的紧迫性让拍摄者无法考虑拍摄效果的优劣,因为事实内容的真实性价值和及时性价值远远超过了画面的美学价值。

需要指出的是,突发影像是指突发事件发生的一瞬间所拍摄的画面。例如,2015年,尼泊尔地震发生之时,游客拍摄到了这一刻的惊心动魄场景:建筑物剧烈摇晃,山体轰然垮塌,街道上乱石横飞,路人们惊恐万状地四处奔逃。这属于突发影像新闻的内容,具有及时性、纪实性、冲突性特征,让人触目惊心。然而,地震发生之后的灾难场景描述性画面则不属于突发影像。例如,在断壁残垣的大背景下,受灾者哭号,伤亡者横卧废墟中,救援者陆续进驻开展抢救。在拍摄这些画面之时,拍摄者有足够的时间进行构图选择和立意思考,从而使影像偏离了"突发"的轨道。

正是由于突发影像"一瞬间""一刹那"的特殊性,它的拍摄者往往是刚好路过的路人、事件当事人、行车记录仪、监控录像等,职业记者反而较少。职业记者处于庞大的机构当中,信息获取、设备调度等反应程度根本无法适应突发事件的时间要求,只能在后期编辑中适当运用网络图片或报料人提供图片。当然,也有职业记者为了拍摄突发影像,采用"守株待兔"方法,这就引发了关于突发影像新闻拍摄的伦理问题探讨,其中有一个经典案例曾引起过新闻学界的注意:2005年5月9日下午,福建厦门某报记者冒雨在一处藏有水坑的路段"蹲点",有不少市民骑自行车经过时前轮陷坑,身体失去平衡当场摔倒在积水中,该记者也因此拍摄到不少"突发影像"。这一系列图片在报纸刊登之后,争议四起,人们并没有为记者的"敬业精神"叫好,而是指责职业记者不应该置身事外。试想一下,如果将事件推至 2010 年以后,在自媒体普及的今天,目击者、市民发出的类似图片已是司空见惯,职业记者无须"守株待兔",而只需转载目击者发出的这些"突发影像"即可,目击者拍摄的突发场景并不会遭遇此类伦理诘问,原因在于市民对突发过程是真正的偶然目击,而非事先预知而进行的"策划"。

突发影像的时间严谨性决定了拍摄者的身份,狭小的时间区间限制了拍摄者的数量,一般而言,突发影像是"一图难求"的。然而,当抛弃拍摄的时间性,进入编辑的空间性之时,突发影像又展现出了另外一种魅力。这种空间性最常见的情况是以"新闻链接"的形式出现,以跨时空的方式来整合突发影像。一起突发事件发生之后,编辑者运用排比句语法,将发生的类似突发影像进行组接,形成"影像群",无论发生在何时何地,只需要事件方式和原因存在类似因素即可,并在系列组接之后形成强烈的视觉效果,提炼出组合影像中的"相同点"。这种类型的影像新闻的独特魅力在于:第一,场面宏大、壮观,视觉上的冲突性、刺激性集中爆发,给人视觉震撼感,如将不同时期、不同地点的洪水造成的房屋倒塌瞬间画面进行组接,宏大场景让人惊叹大自然的威力。第二,众多的破坏性画面足以让人产生警惧心理,从而寻找原因,避免类似事件发生在自己身上。例如,新浪微博中广泛流传的交通事故 GIF 组图,就是网络编辑将电视新闻或交通监控中的瞬间画面进行再次编辑而成。这种 GIF 组图实际上是通过画面排比来强调事故原因的"相同点",引起观众的重视。第三,一些破坏力较弱的突发事件中,影像的集中组合具有滑稽效果,这是一种比较轻松的突发影像,在互联网环境中比较受欢迎。

2. 策划影像

策划影像是相对于突发影像而言的一个概念,指通过组织、策划而有意拍摄的影像,拍摄现象并非"偶遇"。从动机上来说,策划影像新闻在拍摄和编辑之前,已经决定要通过这一系列传播行为表达某种意愿、实现某种效果,前提条件是时间区间较大,不是稍纵即逝的瞬间画面,也就是让传播者有足够时间进行策划。再以上文的地震为例,地震震感只会持续几秒钟,这几秒钟之间拍摄的画面属于突发影像,这几秒钟之后的后续拍摄则与"突发"无关,而是"突发"延续之后的"策划",对画面的选择、角度的取舍都有大量的时间来进行斟酌。例如,在灾难场景中要选择最有冲击力的画面,突出地震的威力,对死者尸体集中的画面要有意回避,以免引发观众心理障碍,对救援队伍要进行正面拍摄,以表达政府态度、给予灾民信心。这就是影像策划与传播动机之间的关系。

策划影像并不陌生,在电视时代即已广泛运用,甚至在照片拍摄流行的年代就已开始运作。用历史的眼光来看,策划影像新闻可分为两类:第一类是突发事件发生在前,人为策划发生在后,即"策划"是"突发"的延续,是被动的"策划",是对突发的应对和疏导。自然灾害如地震、洪灾、台风,在灾害爆发瞬间之后的救灾报道,均在"策划"之列。当然,也存在后续"突发",如地震之后的余震,余震过程中拍摄的画面仍属于突发影像。社会突发中如斗殴、车祸、火灾,在冲突状态结束之后的拍摄画面,均属于策划影像,斗殴的善后、车祸和火灾的原因调查,与利益相关,均可由人为操纵。第二类是纯粹的策划,事件为了影像而发生,影像是事件的形式,同时也是事件的目的,因而被称为媒介事件(media-event)或"假事件"(pseudo-event)。在电视时代,媒介事件被看成是为了电视而生存的事件。20 世纪 60 年代,美国学者丹尼尔・布尔斯廷(Daniel J Boorsting)在其专著《形象》(The Image)中提出"假事件"概念,认为它是经过设计而刻意制造出来的新闻。70 年代,丹尼尔・戴扬(D. Dayan)和伊莱休・卡茨(E. Katz)开始关注具有典型意义的媒介事件,并于 1992 年出版《媒介事件》,被认为是"在人们认识电视影响力方面的一个里程碑"[1]。由此可见,媒介事件与电视时代的影像特征有着重要关系,因为影像具备了再现事件与重构事件的功能。戴扬和卡茨将媒介事件分成三种类型:庆典类(coronation),如国庆阅兵、春晚;征服类(conquest),如探索自然类节目;竞技类(contest),如运动会等。当纯粹的策划影像新闻延续至互联网时代,影像的"策划"获得了更泛化的主体和更灵活的机制,"策划者"的门槛降低了,"策划"的形式多元化了,议题也更为广泛。

从总体上看,纯策划影像又可分为两类:其一是策展分离,策划者与传播者分属两个不同主体;其二是策展合一,即策划者与传播者的身份合体。第一种情况多出现在大型的社会活动、宣传任务中,这些事件由政府、企业来进行整体规划,媒体(报纸、电视、海报)只是提供策划的归属,即最终的展出平台。例如,20 世纪 60 年代的"雷锋照",背后的推动

---

① 闵惠泉.我们都在见证历史——《媒介事件》中译本序[M]//丹尼尔,伊莱休・卡茨.媒介事件:历史的现场直播.麻争旗,译.北京:北京广播学院出版社,2000.

者正是国家号召"向雷锋同志学习"的意识形态,在全社会弘扬"雷锋精神",有意推动全民道德建设。雷锋的事迹被制作成各种影像资料,给人"眼见为实"的真实感,也让雷锋形象深入人心,"雷锋精神"不再是一种虚化的说教,或让人无法触摸的传说,而成了有血有肉的真人真事,将"神话"具象化和实物化,相比于虚化的说教,影像不仅可供人描述,还能成为民间话语中的谈资。在当时的政治语境中,这是一系列成功的影像策划,是策划后的"合理"修饰,而非"偶遇"式拍摄。当时专门给雷锋拍照的摄影记者张峻也承认这种"策划"行为:"雷锋的很多照片,都是在不违背真实性的原则下事后补照的,或是经过摄者的导演后抓拍出来的。"①张峻在接受媒体采访时表示:"他的创作灵感也有不少是从雷锋的日记里受到启发而酝酿构图,为雷锋摆拍的。摆拍在当时,甚至是一种任务,而读者也乐意地去接受这些。应该说,有史以来,雷锋是中国被摆拍最多的人物之一。"②同样,20 世纪 90 年代"希望工程"的"大眼睛女孩"照片,同样属策展分离类型。"希望工程"是国家层面在教育领域的积极策划,意在解决贫困儿童的上学问题,《中国青年报》记者解海龙拍摄的这张照片,最后成了整个策划工程的具象化记忆,以至于 20 多年后,人们提起"希望工程",仍然追问"大眼睛女孩"苏明娟的现状(对苏明娟的现状,2008 年全国范围内的媒体曾有大量报道)。在策展分离的影像中,策划者与拍摄者不属于一个平台,虽然"策划"的归属在于"传播",但传播者只是"策划"的附属物。

随着互联网时代的媒介权力下放,第二种情况出现了,即策划者与传播者的合而为一,社交媒体的出现,清晰地划分了策展分离与策展合一的界限,普通人可以随时随地将自己"策划"的事件通过拍照的方式"传播"出去,即使是非权威信息源和策划者,"眼见为实"逻辑也给人以真实感。任何人,无论政府或企业、团体或个人、善人或恶人,均拥有同时开展策划与传播的权力。恐怖组织的影像策划正好印证了这一点。"9·11"事件后十年中,网络社交媒体尚未盛行,本·拉登和其他基地组织领导人的录像声明多次在卡塔尔半岛电视台播放,这种引起全球关注的视频当然也在一定程度上成就了这家电视台。策划者(恐怖组织)和传播者(电视台)处于分离但依赖的状态。互联网时代,社交媒体提供了

---

①② 新华网. 雷锋照片背后的真实故事,——为您呈现[EB/OL].[2008 - 07 - 23]. http://news. xinhuanet. com/it/2008-07/23/content_8752062. htm.

自发传播的平台,同时自建网站也提供了平台,因此 2010 年以来,恐怖组织的事件传播多见于网络,2014 年,美国记者被 ISIS 斩首前画面在网上公布,2015 年 1 月 31 日,日本人质后藤健二被斩首的视频也被传至网上。策划者与传播者的身份合一提升了策划影像新闻的便捷性,扩大了"策划"影响力。由此可见,策展分离与策展合一是基于不同媒体形态之上的两种策划影像,在媒体形态和媒介技术进步的基础之上,"策划"的社会号召力和社会刺激力也明显提升。当然,这是一把双刃剑,当"策划"和"展出"的主动权同时被"坏人"(如恐怖分子、犯罪团伙等)掌握时,影像的破坏力也提升了。

　策划影像新闻并非完全意义上的"媒介事件",它与"策划新闻"不是附属关系,"策划新闻"是"假事件"的媒体呈现,而策划影像新闻则还有除了"事件"之外的更广泛的意指。例如,摆拍、现场体验等影像形式就不属于"媒介事件"范畴,本身并不存在"事件",而是影像对虚有概念的临摹。"摆拍"并非一般意义上的贬义词,而是中性的画面模仿,前提是影像必须设定一个虚拟的框架,让观众观看之时知道其虚假性,并以此在虚假信息中提炼出真实意义。例如,2015 年,日本人质后藤健二被斩首视频传至网络之时,日本网站上突然出现大量的日本年轻人模仿斩首视频而策划的 Cosplay 图片。Cosplay 本身就是一种基于游戏心态的角色模拟,这些 Cosplay 影像有一个虚拟框架,即受众在接受这些影像之时已经知道其内容并非真正的恐怖事件,而是一种游戏式的模仿,稍有判断力的观众即能看出这是年轻人的恶作剧和游戏心态,其意义也出现了多种解读:愤怒、谴责、轻浮等,这就是虚拟框架中的新闻真实。这种"摆拍"影像是对恐怖组织策划的"媒介事件"的再解读,其本身并非虚假影像。

(二)手法论:主观影像与客观影像

　在电影拍摄中有主观镜头和客观镜头概念,主观镜头是指以剧中人或动物的视线区域为拍摄意图的镜头,客观镜头是指以"第三方"视点为机位所拍摄的镜头,重点在于客观记录和叙事。但在影像新闻中,主观的意义绝不仅在于被拍摄对象的视线,更在于拍摄者的心理,因此,客观的含义也更为严谨。既然以拍摄者的主观目的来取景和构图的影像都属于主观影像,那么纯粹的客观影像多数存在于"无人拍摄"的影像,如监控录像(人工控制的除外)、行车记录仪等。在影像新闻中,为何存在主观影像或客观影像的差异？如何在镜头逻辑中有效地运用主观影像或客观影像？这是叙事手法上的问题。

1. 主观影像

根据前面章节论述，我们知道"读图"的魅力来自于三个方面：读图者（受众）与记录者（拍摄者或绘画者）之间的默契、读图者消费影像带来的快感、"浅阅读"背后深邃的思考空间。默契、消费、沉思的"三层次说"证明影像并不一定是"眼见为实"的客观过程，而更多时候是记录者和读图者的主观体验。在这个视角下，记录者有意识的影像生产能达成默契、激发快感、引入沉思的影像，即为主观影像，在新闻中，主观影像是最常用的工具，以此来表达新闻立意、舆论导向、价值观等。主观影像的主观性或主观手法可从时间上和空间上来进行二维解读。

"时间主观"是指影像新闻记录和传播过程中在时间线上的主观把握，主要包括"发生的时间"和"发布的时间"。对于影像而言，除了绘画意义上的写生和素描之外，被记录的事物总是处于一个动态的过程，因此，截取哪个时间点的图像是一种主观行为，也就是说，记录者有权决定新闻事件"发生的时间"。2013 年 3 月 7 日，《南方都市报》、新浪微博等传播平台均刊登了几幅广州城管打小贩的图片：虎背熊腰的城管队员抢起粗臂挥打一名身材弱小的女摊贩，并掐住女摊贩脖子，女摊贩的三岁女儿则在一旁大哭。这幅图片给人"以强凌弱""仗权行暴"的意见倾向，这段影像暗示很容易与读者的刻板印象达成默契，并共同享受暴力带来的视觉刺激和快感。但是，记录者对事件"发生的时间"进行了主观操作，有意识地忽略了前面的时间线，即小贩用坚硬的番石榴打砸城管，从而人为剪断了事件的因果关系，实现了记录者的主观性。相对于"发生的时间"，"发布的时间"是"时间主观"的另一个层面，即传播者选择适时公布影像。前面论述的新闻的"现实态"已经解释了"旧闻"的新闻价值，"现实态"是指传播者和收受者的一种时间体验，从影像上来说，旧时所拍摄的图片，在今天才被发现或发布，只要能引发传播者和收受者的共鸣，同样也具有新闻价值。例如，2011 年，某重要领导人物在我国一所著名高校视察的工作照中，该校校长满面笑容的形象非常显眼，照片在网上发布之后，新浪微博适时出现了另外一幅图：时任北大校长胡适在蒋介石面前跷腿平坐，怡然闲谈，表情略显出文人的倨傲。这张拍于民国时期的照片，与 2011 年某领导人物视察著名高校的新闻图片的比照中,民国"老照片"起到"伴随文本"①的作用,为第一幅图建立了意见框架,其"发布时间"的主观动机不言自明。可见,"发布的时间"也是影像新闻中"时间主观"的一个重要方面。

"空间主观"是指在影像记录过程中,记录者对实际空间的把握,以及收受者对虚拟空间的想象,包括构图空间、构建空间、符号空间、阐释空间四个方面。

第一,景别、角度、镜头运动的方向,都体现了记录者的心理活动,通过不同的空间部分来表达主观感受,这就是构图空间。网络中曾经流传着一幅图片(见图 2 - 2)很好地阐释了"构图空间",图名为"How the Media can manipulate our viewpoint",中图是这幅图片的完整结构:着军装的男子仰头坐在中间,右边一名美国大兵在给其喂水,左边另一名美国大兵用枪顶住他的头部,避免其反抗。左图是中图的左边部分,即美国大兵用枪顶着对方士兵的头部,右图是中图的右边部分,即美国大兵在给对方士兵喂水。同样一幅图片,由于对不同空间的取舍不同,表达的意义完全对立,空间与主观的关系显性化。

How the Media can manipulate our viewpoint

图 2 - 2　"媒体如何控制观点"

(图片来源:Viktorija G. How The Media Can Manipulate Our Viewpoint [EB/OL].[2017 - 06 - 09]. https://www. boredpanda. com/image-cropping-change-everything-3/? utm_source = baidu&utm_medium = organic&utm_campaign = organic)

---

① 赵毅衡. 符号学原理与推演[M]. 南京:南京大学出版社,2011:141.

第二,构建空间与构图空间的不同之处在于,后者是在客观上已经存在的事物,只用对其的构图取舍上进行主观表达,而前者则是在客观上并不存在,需要人为地进行主观策划。前面章节叙述的"策划影像"即是在主观性地建构空间和氛围,并通过影像进行再现和重构。

第三,影像是一种非语言符号,以"只可意会,不能言传"为符号空间的逻辑起点,构建想象空间。非语言符号的器物影像和体态影像两方面也为主观空间塑造了更多的意义,上文说及服饰、建筑、劳动工具等器物影像与社会语境相关,这就是对这些器物符号的选择,本身就是对空间主观的表达。体态影像也通过空间体验暗示着主观含义,前安监局长在交通事故现场的"微笑",农民工紧攥火车票的"老茧"脏手,均在控制关注的思维导向。

第四,阐释空间也属于想象空间。在影像的"浅阅读"中,人们击破了任何道德权威和道德楷模,否决了任何强加于读者的意义阐释,更愿服从于自身体验带来的个体理解,因此也释放了对事物的阐释空间,造成了意义的多元化。"一图多解"说明了影像并非客观的事实表达,而是主观想象空间的多维阐释。

2. 客观影像

无论是拍摄者、绘画者,还是收受者,他们很难抹除自身赋予影像的主观色彩,"人"的主观心理无时不在影响着影像的记录与解读。对于影像新闻而言,纯粹的客观只存在于监控录像(人工控制的除外,此处讲述的为自动控制监控设备)、行车记录仪等"机器"所拍摄的内容中。实际上,监控录像视频在今天电视新闻和网络新闻中的广泛"借用"已是不可否认的事实,笔者通过对多家电视民生新闻栏目的调查中了解到,在大部分的案件、纠纷、事故题材中,"有没有监控"甚至成为取舍选题的标准,纯粹的语言上的当事人回顾、目击者讲述显得冗长乏味,缺乏视觉冲击力和"眼见为实"的真实佐证,策划后的现场模拟也无法完全还原初始素材的冲击力。例如,鉴于现场的破坏力,肢体冲突过程、火灾燃烧过程皆不可通过现场模拟来"重演",而客观、中立的监控录像、行车记录仪则能忠实地记录一切,使故事重现。

客观影像的客观性来自于两个方面:第一,记录过程是无意识、无认知、无立场、无价值观的机械化作业,保证了影像的绝对中立与忠实,监控录像的视角、景别、运动方向,均不会因为内容的改变而发生变化,也不会刻意去展现或突出某种因素或某个主体,而是平等地记录一切,如交通事故中通过监控录像很容易判断出事故原因和责任,"拍摄者"(监控)不会偏袒于任何一方。第二,被记录者的无意识状态使被记录过程没有"表演"痕迹,而展现出纯客观面目。当一名摄像师肩扛一台摄像机进行拍摄时,被拍摄者总会出现紧张情绪,并设法展现出希望别人看到的一面。这涉及社会心理学上的"霍桑效应"①,即人们意识到自己正在被他人观察之时,都会产生改变自己行为的倾向。而监控设备(一般是隐性的或不张扬的)则不存在这方面的问题,被拍摄者意识不到自己正在被拍摄,因此行为是在相对真实、客观状态下完成的。例如,2015年,"成都女司机被打"事件的整个过程皆由第三方的行车记录仪拍摄,当事人在打人之时并不知道自己正在被拍摄,因而才有了这起闻名全国的新闻事件,以及引发了关于"路怒"的全民反思。试想,如果当时当事人意识到自己正在被拍摄,也就不会将此暴力冲动赤裸裸地表现出来。

对新闻制作而言,监控录像等客观影像为何显得如此重要呢?特别在一些涉警案件性新闻中,监控必不可少,其中的原因是多方面的,客观记录不仅足以还原现场、提供证据,同时还增加了新闻事件的戏剧性,画面将带有戏剧色彩的细节和情节跃然屏幕中。

第一,还原现场。在主观影像中,由于拍摄者是在新闻信号发出之后才接收到拍摄请求和激发拍摄欲望的,因此除了策划影像,新闻记录的过程一般在新闻事件发生之后进行,没有"眼见为实"的基本事实,影像无法像文字那般仅凭旁述就可以自由地开展叙事,而基本事实一般是无法还原的。"现场模拟"的表演不仅扼杀了新闻的真实性,而且也无法"模拟"具有巨大破坏力的画面,"动画模拟"也缺乏必要的真实性和视觉美感。客观影像则解决了"还原现场"的问题,监控录像弥补了这一时间线上的空白,将不可回收的时间拉回来,客观地呈现过去时间中所发生的一切。

第二,提供证据。这属于监控的附带功能,为新闻事件的描述和判

---

① "霍桑效应"是指那些意识到自己正在被别人观察的个人具有改变自己行为的意识和倾向,属于心理学上的一种行为特征。20世纪20—30年代,美国研究人员在芝加哥西方电力公司霍桑工厂进行的工作条件、社会因素和生产效益关系实验中发现了实验者效应,称霍桑效应。例如,让员工将自己心中的不满发泄出来;由于受到额外的关注而引起绩效或努力上升。霍桑效应的基本条件是,重要的工作环境属性能够被大量捕获,没有暗藏的或隐晦的信息。

断提供"物证",而非带有主观意识倾向的"人证",监控录像的客观性比任何主观性的评论、说辞更有说服力,也比可以自主选择拍摄时段和角度的"人为拍摄"更有公信力。

第三,增加戏剧性。戏剧性是影像新闻的魅力之一,如前面章节所论述,影像新闻发展的一个趋势是"新闻与艺术的界限模糊化",当今媒介环境中信息源的海量存在,使影像新闻不得不随时寻找影像中可挖掘的戏剧性元素,监控录像的客观性祛除了被记录者的表演成分,在对方不知情的情况下,用一种"窥视"的心态来观看别人的悲剧、戏剧、闹剧。例如,2014年2月6日,广州增城的一名打工女在路边拾到电话簿,电话簿中不仅有银行卡,还附有银行卡密码,于是一家四口前往ATM机前取款,监控录像全程录下了一家四口取款时欢呼雀跃的面孔,与后来四人涉嫌"盗窃罪"被刑拘的悲剧后果形成戏剧性呼应。

需要指出的是,无论是在电视或互联网中,监控录像的客观性也不是绝对的,虽然它的记录过程是纯客观的,但它的发布时间、发布片段却是人为控制的。例如,商场为了维护声誉,拒绝将一段精彩的偷盗案视频公布,警方为了避免引发示范效应,拒绝将某段巧妙的作案视频公布。在"发布时间"的选择上,监控录像的相对客观也引发了新闻伦理的探讨。

(三)工具论:摄制影像与手绘影像

以生产工具为标准,影像新闻又可分为摄制影像和手绘影像,这两种影像不仅仅是文本呈现方式和技术发展阶段的不同,也涉及社会文化层面的价值取向。工具与文化关系密不可断,就像培根在《新工具》指出印刷术改变了文学,波兹曼在《技术垄断》中根据工具发展程度将人类文化分成工具使用、技术统治和技术垄断三个层面。虽然摄制与手绘并非像竹简与纸张这样的技术递进关系,但二者在影像内容中所建构的话语表达完全是两种结构,不能混为一谈。在技术上,摄制影像并非是对手绘影像的超越,在文化上,手绘影像也并非高雅于"傻瓜式"的摄像,二者在新闻中都能显现出各自的个性与专长,不能互相取代。

1. 摄制影像

顾名思义,摄制影像包括利用所有现代摄影、摄像、编辑设备而制作的影像,依赖机器的录制。无论是人工摄像(主观影像),还是监控录像摄像(客观影像),都属于摄制影像范畴。相对于手绘影像,摄制影像在客观纪实功能方面具有绝对优势。蒙太奇与长镜头是摄制影像的两种常用的叙事方法。

蒙太奇(montage)是法语里"剪接"的意思,后来发展成镜头组合理论。当不同镜头组接在一起时,往往会产生单个镜头无法表达或根本不存在的含义。蒙太奇叙事的特点在于将时间与空间进行重新编织,根据拍摄者或编辑者的主观意愿重构时空关系,从而形成与真实时空不同的影像空间,有时是时间的倒退、错乱或穿插,有时是空间的跳跃、变幻与跨越。这是蒙太奇与长镜头最大的区别。随着影像新闻"故事化"的发展,电影艺术中蒙太奇种类,如抒情蒙太奇、平行蒙太奇、交叉蒙太奇、对比蒙太奇、隐喻蒙太奇等,均陆续被运用至新闻之中,甚至在社交媒体平台的网络图片中,各种类型的蒙太奇都被运用到极致。例如,一幅组图,图上部分是东部发达地区小学生坐在苹果电脑机房中学习电脑知识,图下部分是四川凉山彝族自治州山区儿童的生活学习照,这就是很明显的对比蒙太奇,表达了中西部发展不平衡对儿童的影响。又如,《苹果杂志》在2014年发布的两幅图,一是《动物世界》电视栏目中的羚羊群全景截图,二是春运火车站人群全景,并附有一段文字:"CCTV9说,150万只角马,35万只瞪羚,20万只斑马在非洲旱季开始迁移,这是世界上最大规模的哺乳动物的迁徙。我只想问,你见过春运么?"两幅图片用平行蒙太奇方法戏剧性地描述了我国春运的现状。在蒙太奇创作中,作者常常以评价者或参与者的姿态出现,表露主观反应,直接影响观众的观点,有意以艺术手段展示矛盾和冲突、刻画人物心理。以上文的主观影像与客观影像的标准来衡量,蒙太奇镜头更倾向于主观影像,长镜头更倾向于客观影像。

长镜头是指用较长时间对一个场景进行连续拍摄,形成一个完整的镜头段落,构成独立句子,时间长度可达几分钟到十分钟不等,不同于由若干短镜头组合成的蒙太奇句子。长镜头被广泛运用于新闻纪录片中,而在追求短、平、快的电视新闻和追求快餐文化的网络新闻中,较为罕见。长镜头可分为固定长镜头、景深长镜头和运动长镜头等,后两者又是较为常见类型。景深长镜头使由前至后的纵深处景物一目了然。例如,在阅兵仪式中拍摄方阵走过,用景深长镜头,可以使远景中的方阵逐渐走近,相当于全景、中景、近景、特写都能在画面中出现。运动长镜头,使用机器的推、拉、摇、移、跟等运动拍摄方法形成多景别、多角度的长镜头，使时间与空间紧密吻合，在相同的时间中展示相应的空间，而非用编辑手段将时间与空间的关系打乱，因此长镜头具有不容置疑的真实性。长镜头理论起源于照相本体论，法国电影理论家巴赞（André Bazin）认为电影摄像的本性仍然是照相，它的最大魅力来自于影像的客观性、真实性。虽然巴赞研究的是电影艺术，但客观性、真实性似乎对"摄制影像新闻"更有价值，他提出的"电影要表现未经组织的真实"是其理论核心，"未经组织的真实"即没有经过分镜头和后期剪辑的真实记录，因此，巴赞的长镜头理论也被称为记录派、写实派或再现派。长镜头的作者往往以不间歇摄制为基础，保护影像的时空完整，使之更接近于生活原型。

无论是蒙太奇或长镜头，摄制影像的现代工具为纪实提供了可能，远远突破了"笔画影像"的虚拟性，摄制工具的进步，也给摄制影像带来了新的现实问题，如网络新闻中的 PS 现象，到底算不算虚假新闻？有时候为了增强新闻的戏剧效果，故意将人物头像进行 PS，突出新闻主题，使新闻意义尖锐化，在这些影像中，PS 的编辑行为被注明和强调，形成既定的虚拟框架，让受众对影像的 PS 行为一目了然，这种行为是否将影响到新闻对真相的表达？这个问题关系到摄制影像的工具性能，与后面章节中的政治、经济、社会、文化等部分均存在关联，也就是说，PS 行为可在上述诸多领域中产生影响和后果，因此后文将继续引申。另外，互联网编辑软件的便捷化、多样化发展，使影像编辑制作更加普遍，摄制影像的门类也越来越多，如 GIF 动图、截图、拼图等，不一而足，摄制影像正在往更加复杂的领域发展，这些都将给"摄制影像新闻"的现实生存提出新的命题。

2. 手绘影像

在本研究中，手绘影像新闻主要是指新闻漫画等绘制的影像新闻文本，区别于依赖摄像和编辑机器的摄制影像。新闻漫画以人工绘画为手段，以原始画笔或电脑画笔为工具，临摹和描绘新闻场景、人物关系、社会意见等。虽然漫画制作也有绘画软件等现代工具，但"画笔"始终是无法回避的基础工具，"手绘"也是独立的基础技能，因此，在影像新闻内容研究的"工具论"部分，将"新闻漫画"独辟出来进行专门探讨。

新闻漫画在我国发端于清末民初，到 20 世纪 30 年代发展至高潮。我国最早的漫画集是 1909 年由上海《时事报》编辑的《寓意画》，最早的漫画刊物是 1918 年的《上海泼克》。在当时的反帝反封建民主革命时期,漫画的主要功能是针砭时弊、揭露讽刺。到了互联网时代,新闻漫画的秉性并未更改,以刻薄、讽刺的风格求生存,与摄制影像形成明显的二元对立关系,无论摄像、编辑和传播的技术如何发展,摄制影像仍无法替代手绘工具的原始力量。2015 年 1 月发生的法国左翼讽刺漫画杂志《查理周刊》遭恐怖袭击事件,从反面证明了新闻漫画的讽刺力量的强大,在特定事件中足以引发政治极端事件。

　　与摄制影像的客观纪实不同,手绘的新闻漫画以主观描绘为特征。摄制影像必须尊重被拍摄对象的事实,而新闻漫画可以天马行空进行空间想象和话语设计,将阶层概念化,将人物脸谱化。因此在新闻体裁上,新闻漫画更类似于新闻评论,以幽默、夸张的修辞方式来表达对新闻事件的意见。从认知传播学的视角来看,新闻漫画是一种多模态隐喻修辞,即由两种以上模态符号传递隐喻,运用图案、文字等形式,共同呈现新闻场景,并以夸张语态解释新闻事件、新闻人物、社会关系,完成认知学意义上的概念整合。例如,多数"进城务工人员讨薪"漫画中的人物身份是这样的:戴着"乌纱帽"无动于衷的是官员,戴着安全帽形象瘦小的是进城务工人员,腆着大肚子异常高大的是老板,这些非语言符号勾勒出了社会阶层关系,从而建构起多模态隐喻,影射出官方责任和政治图景。多模态隐喻依赖转喻表征物(如乌纱帽、公章、安全帽、补丁工作服)影射出对应的概念场,不同概念场共同构建场景,如讨薪前家人的期盼、讨薪时官员的冷漠、讨薪后老板的报复,均通过漫画构建了概念场,这些概念场通过多符号的空间整合,生产出丰富意义。尽管如此,新闻漫画的多模态隐喻也有诸多弊端,根源在于意义抽象化和阶层概念化,也就是说,多模态隐喻的含混性和非语言符号的模糊性难以针对具体的人物和事件,而只能从宏观视野加以意义评说,它的批判精神也只能停留于阶层之间的对抗性上,而不能解决具体个案。例如,一副讨薪者跪地拜菩萨求"保佑讨薪成功"的漫画,它隐喻了讨薪之艰难、无奈,以及管理方之无力。仅是一种从政治、社会等宏观层面出发的反讽修辞,虽涵盖"劝说"中的三种修辞策略,但并无具体的"诱使行为",不能从微观上解决具体问题。

　　在内容上,新闻漫画针对的都是当下社会关注度较高且具有敏感性的议题,在某些得到普遍认可的议题上,漫画的讽刺功能也能转化为宣传功能,在针砭社会丑恶现象的同时,也提出解决问题的方案,或对现存的解决问题力量进行肯定,这是新闻漫画的两面性。2013 年,河北邱县农民的"反腐漫画"得到中纪委的肯定,并使"邱县廉政漫画展"作为专栏登上中纪委监察部网站。"韩国新闻网昨日报道称,中纪委征集廉政漫画这一举措意在把漫画打造成反腐利器,引发人们兴趣和关注。漫画一直是指向腐败丑恶现象的匕首投枪,因此也成为漫画家们针砭时弊、痛批假恶丑的'文艺武器'。"①讽刺和批判当今腐败现象的漫画,同时也在力赞国家的反腐政策和力度。

在形式上,无论是纸质的、动图的或视频的新闻漫画,抑或当今互联网中流行的"暴走漫画"等后现代模式,它们都有一个共同点,即图像离不开文字的阐释。这就涉及前面章节论述的"文字图片"概念,即我们将以图片形式出现的文字定义为"图像"范畴,图像不仅是具象的、直观的形象(image),也包括文字的借用。在新闻漫画中,文字是漫画中核心图像的"伴随性文本",为图像建立了叙事框架,与核心图像融为一体。因此,漫画新闻中的文字并没有打破"影像新闻"的"影像"身份。

小结:

本章虽然以互联网时代的影像为研究对象,但影像的"媒介融合"由来已久,因而在阐释互联网影像时,并未绕开传统影像的生存状态,而是围绕探讨"影像新闻"概念的流变,从历史以来的影像新闻的生存状态与传播形态,而互联网的出现,特别是个体化、个性化的移动互联网的出现,导致了影像新闻在历史流变中出现了革命性的转机,这种转机不仅仅是载体的转机,更是环境的转机,这种环境就是互联网影像新闻所影响的政治、经济、社会与文化。然而,载体却是本研究的起点,这也是本章的价值所在。影像载体指向纸质图片、电视画面、网络视频,及其以新的技术手段为基础的全新媒介的演进。

本章最有争议之处,在于对"新闻"含义进行全新的审视,将非新闻工作者在网络上传播的具备新闻事实要素或新闻评论要素的影像素材

---

① 新华网.邯郸邱县农民画反腐漫画王岐山批示办"网展"[EB/OL].[2015 – 11 – 07]. http://www.farmer.com.cn/dfpd/hbs/xw/rdjj/201311/t20131107_907976.htm.

也视为一种"新闻"。这种审视的理论依据是新闻事实论、新闻主体论和新闻实践论。互联网时代,新闻事实、新闻主体和新闻实践均发生了翻天覆地的变化,这些非职业新闻人在网上传播的影像素材给受众带来的影响力并不低于职业新闻人所传播的信息。也就是说,这些影像是一种"事实上"的新闻,它的出现,在新闻主体上削弱了职业新闻人对采访权的占有,任何人在技术上都具有传播新闻事实的可能。同时,影像的传播不需要文字描述,只需要按动"快门",因此在文本上打破了语言文字对新闻叙述的垄断,降低了新闻准入的门槛,而且"有图有真相"加强了新闻的客观性,从受众的角度而言,也更愿意接受有效、有用、有趣的新闻信息。

　　本章最有价值之处,在于对影像新闻进行了三个维度的创新:动机论、手法论、工具论。如果没有一种维度来界定,影像新闻的分类将五花八门、错乱无章,且毫无意义。分类的目的是为了更清晰地观察研究对象的本质,更全面地理清其脉络,并为后面的研究提供更为具体的、可靠的依据。

第三章　权力话语:影像新闻的政治隐喻

一、影像的权力基因

(一)影像与图腾:权力的视觉象征物

图腾崇拜以一种原始的宗教形式存在于人类基因中。"图腾"一词作为书面语言最早出现于 1791 年,一名游记作者在他的一本记录北美印第安人的书中提到,"野蛮人的宗教性的迷信之一,就是他们每个人都有自己的 totem(图腾),即自己所钟爱的精灵。他们相信这精灵守护着自己"①。totem 从印第安语中音译过来,有两个含义:其一是亲属,氏族信仰的图腾一般为动物、植物、想象物等,氏族成员相信自己与图腾存在着血缘关系,将群体命运与图腾物形成纽带关系;其二是标记,即以符号来标志某种存在,将集体想象具象化,"图腾是一个符号,是图腾本原或神的外在可见形式,也是氏族的符号和旗帜,图腾标志是宗教生活的最首要来源"②。图腾的"标记"内涵建立在视觉形象的基础之上,对图腾信息和信仰的传递,几乎也是完全以视觉符号为介质的,如族徽的图案、服饰的色彩等,图像的非语言符号为图腾仪式增添了宗教神秘感,同时也强化了神秘感所赋予的权力,为群族的存在和行为习性建立了"共同体"的心理归属,为首领的统治和管理注入合法性。

在历史长河中,图腾逐渐发展成集体意识和共同信仰的"化石",其非语言符号的具象特征不仅打破了不同群族之间的语言障碍,使不同群

---

① 转引自:蒋栋元.动物·图腾·崇拜[J].大连民族学院学报,2004(2).
② 黄淑娉.图腾的意义——读列维 - 斯特劳斯《今日图腾制度》[J].思想战线,2004(4).

族的相互认知成为可能，也为族内成员的集体记忆提供想象物，从而强化了群族的存在感。"被认知"是存在的最好证明，群族的凝聚力正是在"被认知"的过程中逐渐形成的，人们通过图腾的非语言符号区别了自我与他者。此时，原始人的主客体意识开始形成，松散形态被一种超自然力量所震慑而开始组织起来，对实际上"不可见"的"超自然力量"的认知，正是由"可见"的图腾来进行传递的，此时，图腾的"具象"便是在实现其管理职能，即对外的沟通与对内的宣传。英国人类学家弗雷泽（Frazer）曾说："图腾不仅仅是一个超自然的象征，也是一种社会组织结构。"①图腾的视觉标志具有权力的神圣感，不容亵渎，稍有不敬即会引发公愤，血亲复仇就是权力征服和权利维护等意识的表征之一。图腾的视觉象征无处不在，占据了人们对血缘和共同利益的想象，并形成种种社会规范，维护血缘关系和共同利益。这样，图腾的自然属性开始消退，社会属性逐渐形成，"超自然"力量即使被怀疑，社会规范已是既成事实，并由氏族首领享有实际的社会规范权力，图腾的视觉象征用来阐释权力的合法性。这一权力的进化，即现代政府的公共权力，今天的国旗、国徽、仪式、政府大楼，都是由图腾的视觉象征演化而来，从超自然意识中的神赋权力转化为社会规范、公共事务管理的权力。

　　图腾的视觉象征在不同的族群之间也会存在理解差异。以"dragon"而言，中国的"龙"符合图腾的各种标准，它的形象与吉祥、权力有关，金黄鳞体，口吐神珠，张牙舞爪，威严但不显凶恶，被中华民族奉为祖先，自称"龙的传人"，古代皇族更是自称"龙子龙孙"。在现代中国，"龙"的影响力仍然存在，与国家形象直接相关，对"龙"的集体想象并非一种抽象的存在，而是具象思维在国家形象上的应用。譬如对中印关系的描述，一般运用新闻漫画的形象描绘"龙"与"象"的二者形象，将国家形象符号化，同样的还有美国的鹰、俄罗斯的北极熊。中国的"龙"是一种积极的、善意的形象描绘，不具有攻击性，但与之相反的是，西方语境中的"dragon"却是邪恶的代称，其形象一般以黑体、小头、两翅为主要特征，往往是义士勇者屠之而后快的对象，特别在《圣经》中，"dragon"是邪恶的象征物。因此，仅仅凭借字面上的"龙"或"dragon"，无法分清"善恶"，语言的模糊性难以辨识"龙"或"dragon"的真正语义，在西方话语体系中必定会透露出"恶意"，而以图腾象征物出现的"龙"，视觉差异明显，一

---

① 　弗洛伊德.图腾与禁忌[M].杨庸一,译.北京:中国民间文艺出版社,1986:130–131.

则金鳞附体,一则蝙翅插身,"善恶"分明,比起文字而言,图像更容易消解文化差异带来的政治歧义。在新闻漫画中,以中国的"龙"还是西方的"dragon"来代表中国,可以影射出作者给中国附着的想象意义。语言文字中的"龙"或"dragon"无法成为中国与西方世界相互联系的纽带,但以影像形式出现的"龙"则带有这一功能,让其他国家通过对"龙"的形象的观看,来理解中国"威而不邪、王而不霸"的形象。

(二)历史景观:意识形态的视觉象征物

无论是政治话语抑或学术话语,意识形态(ideology)这个词常常被提出来加以讨论,但我们很难对其下一个准确的定义,《意识形态:起源和影响》的作者巴拉达特(Leon P. Baradat)也承认它的复杂性而不敢冒失地给其下定义。他在论述意识形态的起源时引用了马克思的观点:"意识形态不是什么'理念的科学',只不过是特定的一群人用来自我辩护的一种虚构。"[①]他认为任何社会中的支配性意识形态,均是对统治阶级利益的反映,对共同敌人的想象,以及对政治本质的诠释。

"意识形态"这一词汇出现较晚,巴拉达特认为,法国学者特拉西(Antoine Louis Claude Detutt de Tracy)最先在19世纪正式使用"意识形态"一词。但这并非就说明"意识形态"直到19世纪才出现,实际上,"意识形态"作为一种政治想象和政治阐释,一直存在。例如,中国封建时期的儒家思想,孔子提出后逐渐发展成以"仁"为核心的思想体系,并最终成为中国封建文化的主流意识形态。孔子逝世300多年后,汉代思想家董仲舒将"仁""礼"等核心思想中有利于统治者的部分进行发扬光大,伦理上主张"三纲五常",政治上主张"大一统"。这种意识形态符合封建帝王统治的需要,因此无论是汉族、蒙古族、满族,在统治中国时均沿袭了这一思想。作为一种想象和虚构,儒家思想必须通过视觉象征物来进行具象化传递,此时,孔子的画像成了最佳选择。统治阶级对"仁""礼"的推崇,"孔子"自然成了莘莘学子的图腾物,孔子画像则无疑是这一图腾的视觉象征物。将想象的"孔子"(儒家思想)与视觉化的"孔子"(画像)结合,伴随着皇帝到孔庙祭拜孔子画像、学堂中必挂孔子画像、学童们必行尊孔大礼等仪式行为,孔子画像更凝聚了神秘感与神圣感,画像附着的意识形

---

① 利昂·P.巴拉达特.意识形态:起源和影响[M].张慧芝,张露璐,译.10版.北京:世界图书出版公司,2010:7-8.

态也不言自明，即使尚未认字的初学幼童，也从这一仪式中感受到了画中人物的重要性，从而在"教化"中确定了曲直是非的价值标准。

与古代社会相比，近代和现代社会的意识形态存在更显著的视觉象征物，统治者也更善于利用视觉象征物来对其理论或政策进行阐释和说服。一方面，这有赖于摄像和复制传播技术的发展和成熟，另一方面，工业社会生活习惯的快节奏进化，使人们对影像的依赖程度更大。从巴拉达特在《意识形态：起源和影响》中的观点来看，现代意义上的意识形态包含了民族主义、自由民主政治、无政府主义、社会主义理论、法西斯主义、女性主义等方面。任何一种意识形态，均有相应的视觉象征物对其进行阐释、说明或鼓励。例如，在二战中，摄于1941年的经典照片《温斯顿·丘吉尔》激励了英国人反抗德国法西斯的斗志，愤怒的表情使英国人的民族主义精神上涨，也成了盟军的精神力量。这张照片之所以能有如此强大和广泛的影响力，能让人对法西斯主义的仇恨和对民族主义的同情渗透于心，主要在于摄影师的技巧：1941年的12月30日，英国正在德国法西斯的蹂躏之下，四处战火，岌岌可危，这一天，英国首相丘吉尔和美国总统罗斯福在加拿大首都渥太华参加会议。当时的丘吉尔叼着雪茄，悠然自得。摄影师优素福·卡什当然对此不满，于是上前突然将雪茄从丘吉尔唇间夺下。被激怒的丘吉尔愤而瞋视，左手叉腰，雷霆大怒前奏的瞬间，卡什按动快门记录了这一刻。这张照片当年在《生活》杂志发表后，其中传递出的丘吉尔威风凛凛、果敢坚定的气势，成了英伦反法西斯精神的象征。同理，纳粹头子希特勒的照片，在二战期间也曾是法西斯主义的代言物。作为领袖人物，希特勒的标志性造型——夸张的边分头和独特的上唇胡须——成为法西斯主义的象征，纳粹宣传家戈培尔更是将这一形象不断地引入新闻读物版面，引发当时德国民众的狂热崇拜。但在二战后，随着法西斯主义给世界造成严重后果，希特勒图像被"恶魔化"处理，人们看到其图片，便开始了对法西斯意识形态的邪恶化构想，"恶魔化"处理后的希特勒图像承载了人们对法西斯主义的集体记忆。

（三）自然景观：政治审美的寓言隐喻与视觉象征

人们总是把具有某种特征的自然物与人的意识联系起来，赋予自然物人格象征，确立人与自然物在思想上、意识上的某种关系，给自然物赋予审美价值。从政治哲学的观点来看，存在着两种不同的意识形态审美:其一是理想主义。人们从自然物中发掘出某种精神,并与自己的理想世界相映衬,如白杨的挺拔身影代表着坚韧、正直,梅花的雪中独傲景观代表着高洁独立的人格和奋发立志的精神。无论是在文学作品,还是在美术艺术中,自然物的理想主义人格魅力跃然纸上,这种精神往往是对普遍认同的价值观的批判,形成独具一格的风格,从而走向主流意识形态的反面。其二是实用主义。自然物与人们在日常生活中的期待与愿景是一致的,自然物成为某种意志的视觉象征物,在民间剪画、年画中特别典型,如"鱼"与年年有余、"龟"与延年益寿、"桃"与寿比南山,人们希望通过这些视觉消费来实现自己的某种愿望。实用主义的自然物描绘与民间主流意识形态吻合,温和地表达民间诉求,建构起既符合官方意志也符合民间利益的幻景。无论是理想主义或实用主义,二者均体现了中国古典哲学中"天人合一"的思想,是古代主流意识形态在民间社会和日常生活中的视觉化呈现,即肯定了人与自然之间的内在统一性,同时完成了客体主体化和主体客体化的过程,即使在现代社会中,这两种民间的意识形态审美依然作为传统文化被流传下来。

在官方意志中,意识形态对自然景观的适时阐释,使其印证统治者的意志也是常有的事。古代帝王为表明自己权力的"君权神授",利用自然景观进行神化,虽然当时没有摄影和摄像设备,对景观的描述以语言文字或图画居多,无法以视频进行叙事,但描述的对象却是各种极具视觉刺激性的影像素材:龙、蛇、红光、紫气、太阳。这些可视性极强的素材足以构成一幅幅神秘、奇异的景观,传递潜在的视觉美感。对这些事物的描述具备了原始影像素材的基本要素,虽然并非真正意义上的影像,但与意识形态的苟合却是依靠"影像"的素材来实现的,对其的影像描绘充满了视觉美感,如帝王梦境中的描述一般具有以下元素:色彩(五色、紫云)、形状(车盖、大树)、异物(龙),这些元素均是构成影像的基本条件。例如,史载汉高祖刘邦出生时正值雷电交加、风雨大作,其母梦见神仙,蛟龙破窗而入,盘旋于产床之上;蜀主刘备初为布衣时,"舍东南角篱上有桑树生,高五丈余,遥望见童童如小车盖"(《三国志·蜀书·先主传》),路人见后相互传颂此家必出贵人;宋武帝刘裕出生时有神光照耀产房,一室尽明;宋文帝刘义隆出生时有黑龙见西方,五色云随之;明太祖朱元璋出生时红光照亮房间,夜晚不断有光直透屋顶,邻里望见以为发生大火,前来相救时却并未发现异常。类似超自然虚拟景观,无一不是在阐释政治的合理性。这也是中国政治与欧洲政治在意识形态起源上的区别。在中国,皇帝是天之子,是神灵在人间的化身,有"政教合一"的意思,帝王出生之前的神幻图景正是在证明"天之子"的合法身份,为"普天之下莫非王土,率土之滨莫非王臣"寻找事实依据。欧洲则无需对君王进行类似的图景式神化,原因在于君王与诸侯之间只是契约关系,而且教权常常高于王权。

当然,以上对自然景观的描述是基于摄影技术缺席的状态而言的,所谓"影像"也只是对其原始素材进行牵强附会地解读,以国画、剪纸等具备视觉审美形式来描绘自然物的意识形态诉求。摄影摄像技术出现并成熟以后,这种诉求顺理成章地被移植到现代图片中来,特别是移动互联网技术兴起之后,对意识形态的阐释权不再集中于公权力手中,而是稀释到分散的自媒体个体中,因此对自然景观的政治阐释也出现了多元化趋势。多元化中存在最明显的两个分歧,即官方话语的"无神化"与民间话语的"有神化",后者是前者的虚构与延伸,将自然景观想象成超自然力量的存在,并借用政治美学意义上的概念,影射政治暗喻,表达政治诉求。例如,2014 年 12 月 23 日傍晚,北京上空出现了一朵奇异云彩,无论从哪个角度看,云彩在夕阳的映衬下都极似一只展开双翅翱翔的火凤凰,持续了较长时间,市民们纷纷从自己的角度开始拍摄、上传网络,引起全民围观和惊叹,官方媒体也为此发声,人民网在第二天的报道:"据中央电视台新闻中心官方微博'央视新闻'消息,昨天傍晚,北京西部天空呈现奇异而美丽的晚霞:连绵白云和落日余晖的印染下,一只作展翅奋翼状的'火凤凰'遨游天际,壮丽华美。"全文只是对自然景观的客观描述和评价,未做任何牵强附会的想象,执行"无神化"原则。但在社交媒体中,民间人士却对此开始了意识形态构想,将其看成是党的十八大以来国家发展和社会进步的积极象征和美好预兆,对政治制度和社会前景的乐观表达。如著名微博博主@北京人不知道的北京事儿写下祝福:"凤凰涅槃,浴火重生。传说中,凤凰是人间幸福使者,每五百年,它要背负着积累于人世间所有痛苦和恩怨情仇,投身于熊熊烈火中自焚,以生命和美丽的终结换取人世的祥和与幸福。同样在肉体经受了巨大的痛苦和轮回后它们才能得以重生。不畏痛苦,义无反顾,执着追求,共勉。"(见图 3 - 1)将自然景象与古老传说结合,隐晦地表达人们祈盼美好生活的愿望。

图 3 - 1　凤凰晚霞

（图片来源:@北京人不知道的北京事儿［EB/OL］.［2017 - 06 - 09］. https://s. weibo. com/
weibo/% 25E5% 2587% 25A4% 25E5% 2587% 25B0% 25E6% 25B6% 2585% 25EF% 25BC%
258C% 25E6% 25B5% 25B4% 25E7% 2581% 25AB% 25E9% 2587% 258D% 25E7% 2594% 259F%
25E3% 2580% 2582% 25E4% 25BC% 25A0% 25E8% 25AF% 25B4% 25E4% 25B8% 25AD%
25EF% 25BC% 258C% 25E5% 2587% 25A4% 25E5% 2587% 25B0% 25E6% 2598% 25AF% 25E4%
25BA% 25BA% 25E9% 2597% 25B4% 25E5% 25B9% 25B8? topnav = 1&wvr = 6&b = 1.)

（四）社会景观:政治图景的空间描绘与视觉象征

任何社会阶段都有自己的典型场景,形成特有的人文景观,无论是古代的水墨画还是现代的摄影图片和视频,都参与了对这些人文景观的提炼和浓缩,进而表达意识形态。政治图景的展示对任何一个国家都具有积极意义。凝聚社会生产力、团结不同的社会阶层,这些政治图景的展示经常是通过海报、年画、报纸图片、电视画面来实现的。例如,20 世纪冷战时期,分别以苏联和美国为首的社会主义阵营和资本主义阵营撕裂了全球版图,也形成了两种主要意识形态的对立。以无产阶级利益为主体的社会主义和以资产阶级利益为主体的资本主义,在全球构成截然不同的政治图景。苏联的宣传图以领袖、工农兵等人物为核心,以工业、农业生产和战争为背景,代表着集体主义和国家利益至上的理念;美国的宣传图则以星条旗、自由女神、娱乐业、麦当劳标志、现代工业社会场景为背景,代表着资本主义的自由民主、科技进步的特点和及时享乐的理念,以至于后来麦当劳的大型"M"成了美国式民主生活的"图腾",直至 1990 年麦当劳进入中国,在深圳开设第一家餐厅之时,还引起了广泛争议。

政治图景以公共空间的展示为基础,从公共空间中提炼出具有符号价值和典型意义的社会景观。在不同的媒介环境中,官方描绘的社会景观与民间描绘的社会景观总是以二元对立关系呈现,前者致力于整合社会资源、宣传主流价值,后者则从社会经验和生活体验出发进行现实主义叙事。这一点在中国当代语境中表现较为突出。在官方媒体描绘的社会景观中,黄升民教授以1949年后的中国现实为例,研究了社会景观与政治图景之关系:"60年以来的中国公共图像,在不断追寻大国理想的过程中,除了富国强兵的主要脉络之外,对其他领域的事物描绘同样也倾注了浓厚的政治色彩。科技、体育等题材也不断出现在公共图像传播中,而且无一例外地承载了国家的意识形态。"①影像集中地显现了当时最具有典型意义的人物和社会关系,并从中提炼出主题,影像载体也随着技术进步而发生改变,从户外海报、室内年画、报纸图片、电视画面,发展到今天的网络影像。1949年中华人民共和国成立,标志性影像是《开国大典》的巨幅油画,由画家董希文于1953年完成,描绘1949年10月1日中华人民共和国开国大典上毛泽东在天安门城楼上宣读中央人民政府公告、宣告中华人民共和国成立的一刻。随后农业合作化运动开始了。1951年一副宣传画描绘了普通农民一家过新年的景象,家中高挂的毛主席像和政治对联成为画面背景,烘托了当时的意识形态氛围。1958年"大跃进"后,出现在公共媒介中的影像以工人、农民的生产场景为主,如油画《高举总路线、"大跃进"、人民公社三面红旗奋勇前进》(见图3-2),画中以头戴探照灯的工人、手捧麦穗的农民、紧握钢枪的士兵、肩扛量尺的教师(知识分子)为主体,勾勒出当时的社会主体力量和阶层关系。在"大跃进"中,影像还对工业和农业的成果进行夸张式描绘,如《菜绿瓜肥产量多》宣传画(见图3-2)中,菜地中少女身边的南瓜、西红柿、玉米、茄子等瓜果堆积如山;《猪肥粮丰》是上海人民美术出版社出版的连环画,封面上吹笛牧童坐在身高如牛的猪身上,背后的猪群映衬着农业生产成果的丰硕,空中挂着的红色太阳对当时的意识形态起着隐喻作用。1976年,粉碎"四人帮"的宣传画成为社会景观和政治图景的主体,如《痛打"四人帮"》宣传画以四个哪吒形象的孩童,手握红缨枪,身系凌天带,用枪尖按住地上的"四人帮"头像。1978年改革开放之后,"建设四个现代化"成为影像主体。

---

① 吴学夫,黄升民.大国图腾:承载六十年国家理想的公共图像[J].现代传播,2011(8).

图 3 – 2　宣传画①

　　必须要指出的是,在此之前中国的泛政治化色彩使任何社会景象都披上了意识形态的外衣,国家对媒体机构、信息资源和解释权力都有意地进行了政治化引导,再加之缺乏文字阅读能力的群众不在少数,对报纸的接触习惯未曾养成,因而普通大众的信息渠道极其有限,海报、年画、黑板报、宣传画反而成为了解国家政策动向和社会热点的重要渠道,这些"图像"也具备了某种意义上的新闻功能。可以说,在新闻平台和信息资源匮乏的年代,宣传画本身就是一种"时政新闻",宣传画的更替性较快,与新闻的"时效性"对应,让民众及时了解党和国家的最新政策,营造一段时期的社会话题,并在社会功能上实现了"时政新闻"宣传政策、解读政策、预测发展和提升凝聚力的功能。80 年代末 90 年代初,随着电

①　张汝济.高举总路线、大跃进、人民公社三面红旗奋勇前进![EB/OL].[2017 – 06 – 09].http://art. ifeng. com/2014/1120/354532. shtml;金梅生.菜绿瓜肥产量多[EB/OL].[2017 – 06 – 09].http://xh. xhby. net/60/html/2009-10/01/content_62737. htm;叶善绿.人人防疫,粉碎美帝国主义的细菌战![EB/OL].[2017 – 06 – 09].http://art. ifeng. com/2014/1120/354532. shtml.

视的普及,社会景观和政治图景开始从"宣传画"向电视转移。1997 年
香港回归、2008 年北京奥运会,以及数次"神舟"飞天,都是以电视为载
体进行传播的,通过壮丽、宏大的场景画面来建构大国形象。

　　2002 年电视民生新闻的兴起和 2010 年社交媒体的出现,可以看成
是民间话语介入社会景观和政治图景的重要契机,使民间描绘的社会景
观与官方描绘的社会景观形成对立统一关系。民间话语一方面参与官
方影像的"二次传播",对其进行解读或评论,另一方面自觉地关注身边
的社会景观,进行影像制作和传播。2015 年 6 月 7 日,微信公众号"亮点
资讯"发布了《"大跃进"时期的图片,只看不评》,将当年的报纸图片、宣
传画、漫画等进行了搜集和整理。这就是一次典型的社交媒体对官方影
像的"二次传播",在不同的社会语境和政治环境中"重读"这些图片,用
新时代的眼光来重审历史,为当下社会的政治文明和经济发展提供思考
空间。相比泛政治化图景,民间话语自我体验的社会景观是另外一番模
样,出现频率最高的不是建构的政治愿景,而是日常生活中的体验,如犯
罪、明星、打工人群、乡村污染等,电视民生新闻对负面新闻的青睐就是
一个例证。

二、影像新闻的权力身份与政治关系

　　权力是一部分人作用于另一部分人的能力。丹尼斯·朗在韦伯、吉
登斯和罗素等人的基础上,将权力定义为:"权力是某些人对他人产生预
期效果的能力。"[①]他从有意性、有效性、潜在性、单向性和实际效果五个
方面阐述了权力的身份与手段,将权力的实现形式分为武力、操纵、说服
和权威,也就是说,既包括物理因素,又有心理因素,拥有使用武力的权
力,但是不一定使用武力。媒介与权力的关系由来已久,"'权力'是西
方新闻传播学的一个核心概念,'媒介与权力'、'新闻与权力'则是西方
传播学者们长盛不衰的话题"[②]。传播者的"说服"和传播机构的"权
威",无疑是新闻权力的来源。

---

①　丹尼斯·朗.权力论[M].陆震纶,郑明哲,译.北京:中国社会科学出版社,2001:3.
②　尹连根.现实权力关系的建构性呈现——新闻定义的在辨析[J].国际新闻界,2011
　　(4).

（一）权力身份：影像新闻的话语框架

1. 传统媒体的权力身份

传统媒体的权力身份来自于两个方面，其一是新闻专业主义带来的权力；其二是传统媒体作为官方媒体的权威感。

第一个方面，传统媒体时代，新闻的专业门槛成为一种权力象征，无论是专业摄像机拍摄的画面，还是主持人的专业形象，都可以看成是新闻知识体系支撑的高级职业领域。"'专业'不是由一套现成的专业标准规定的，而是由某种社会权力因素界定的。"[①]目前，虽然对专业主义的理解尚存差异，但始终无法脱离"技术—组织—伦理"这一框架。戴维德·卡尔（David Carr）归纳的专业主义五个标准范围得到了学界的广泛认同，他认为专业的五个标准是"提供一种重要的服务；既有理论背景又有实践背景的专门技能（expertise）；有特别的伦理维度（dimension），一般都明确写在实践规范中；有组织和内部约束的规则；职业人员要有较高程度的个人自治——独立判断权力"[②]。以这五个标准来考察，传统媒体的影像新闻侧重于专门技能和伦理约束。例如，对景别、角度、色温考究严谨的央视《新闻联播》，其严肃性和权威性明显高于公民记者拍摄的手机视频新闻，这是受到专门技能门槛的限制。在伦理约束上，传统媒体也受到更加严格的规范，如保护他人隐私权、名誉权往往是新闻报道的前提，对于敏感画面也会适度进行马赛克处理，一般也不会采用网络影像中的"恶搞"手段。严格的伦理规范也在一定程度上确立了权力身份。

第二个方面，传统媒体作为官方媒体，与政治权力有一种天然的亲近关系。我们在此可以将传统媒体影像新闻分为两类：一类是《新闻联播》等时政新闻；另一类是《南京零距离》等民生新闻。在与政治权力的关系上，前者更具有倾向性，因此一般被称为"官方媒体"[③]。和内在的专业主义精神相对应，政治权力的附体是时政新闻权威性的外在来源，"权威"成了传统媒体权力身份的象征。"在权威中，不是意见的内容，

① 芮必峰.新闻专业主义：一种职业权力的意识形态——再论新闻专业主义之于我国新闻传播实践[J].国际新闻界,2011（12）.
② 吴飞.新媒体革了新闻专业主义的命？——公民新闻运动与专业新闻人的责任[J].新闻记者,2013（3）:11-19.
③ 彭华新.论当代媒介环境中舆论监督的权力嬗变[J].国际新闻界,2014（5）.

而是它的来源，即使人可以感觉到的说话人的身份、资源和个人品质引起遵从。"①传统媒体的官方身份附体，不仅中国特有，早在 19 世纪的英国，《泰晤士报》被誉为上流社会的舆论权威，主笔辞职后不少被吸纳为内阁阁员，"无冕之王"尊号也是从那时开始的。传统媒体的"贵族"身份未曾离席，作为官媒，权力身份不在于叙说的内容，而在于仪式化的符号阐释。例如，对一个社会问题的舆论监督，通过手机拍摄的网络影像也许收不到预期效果，但《新闻联播》或《焦点访谈》介入后，即使报道长度和叙事强度都不及网络影像，会引起更广泛的社会关注，乃至最终推动政治权力的介入，这就是传统媒体权力身份彰显的效果。这类媒体的LOGO、主持人、出镜记者，甚至屏幕中主持人身后正在作业的编辑团队都成为权威而神秘的符号，实践政治权力的"仿真"。鲍德里亚将"仿真"视为虚拟的模仿，官媒在行使监督权力时，贵族心态促使其模仿现实权力，结果也的确实现这种权力。

特别是在"四级办电视"的行政架构之下，电视机构与行政级别相互对应，从而在各级时政新闻中出现了一种具有中国特色的"联播制"，以《新闻联播》为金字塔尖，由此而下，每一级的电视机构在新闻画面上对下一级别具有统领权和整合权，如不同级别领导的出场顺序有既定规则，甚至在严格情况下，他们的人物构图景别都必须与政治身份一致，必须体现出"中心"的权威身份。电视新闻的集体仪式是"联播体制"的重要表征，是"礼乐"形式在电视影像中的再现，在现实中，这种"联播"与权力的等级关系是息息相关的。"所谓'联播'新闻，有这样几个特点：第一，'联播'的新闻节不少是从各地方电视台提交的节目中挑选出来的，选择的标准之一，是否站在'全局'的立场上报道'地方'。体现了'中心'与'地方'的位阶关系和'中心'对'地方'的控制关系。第二，联播新闻要求各地方电视台在特定的时间集体地、整齐划一地联合播出，显示了'中心'对时间与空间的筹划和控制。第三，联播新闻离日常生活比较远，多数是政治性的大事件、大人物，大叙述、大话语的呈现。之所以需要'联播'，就是因为其重要和重大。第四，联播新闻对于新闻的播报方式有着庄严、肃穆、端正、'去口语化'的要求。联播新闻的出现，是和那个需要倾听一种声音、按一种步调行动、以一种方式思维的时代相

---

① 丹尼斯·朗.权力论［M］.陆震纶，郑明哲，译.北京：中国社会科学出版社，2001：42.

配合的,与计划经济时代的生活方式相联系的。"①联播体制在长期的传播中建构了我国电视机构的权力格局,形成了中心权力和次级权力,固化了阶层概念和权力传统。

随着 2002 年民生新闻的兴起,传统媒体与政治权力的结合程度开始弱化,在官民二元结构中,权力的天平开始偏向于"民"。民生新闻的画面仪式感也远远弱于《新闻联播》等时政新闻,民生新闻所针对的读者是权贵与平民的折中。这类媒体人开始放低身价,与平民互动,如大量借用平民提供的视频,画面的严肃性、伦理规范也远低于时政新闻。

专业主义精神和"官方媒体身份"从内外两个方面建构了传统媒体的权力身份,它们时常从意识形态宣传、政策解读、舆论引导层面入手,履行权力身份的职能。以影像为手段,树立政府的正面形象和展示官方的积极态度。虽然时政新闻与民生新闻存在着程度上的区别,但从根本上而言,作为传统媒体,二者的权力身份是一致的,只是在叙事手段和表达技巧上存在差异。在互联网时代,传统媒体的权力身份受到一定冲击,民生新闻更能灵活地适用新的媒介环境,而时政新闻在画面上的专业追求和伦理追求,正在互联网的戏谑中逐渐消解。在此背景下,传统媒体开始了战略性转向,开始以"亲民"的权力身份出现在互联网之中。

2. 权力身份向互联网的延伸

当@央视新闻等传统媒体的认证账号出现在互联网中,传播主体既承载了政治权力的代言人身份,也展示出了"与民对话"的"亲民"姿态。我们可以将传统媒体称为母体,而将在互联网中对应延伸的官方账号称为母体的附属物,附属物遗传了传统媒体的权力基因。例如,@央视新闻的认证是"中央电视台新闻中心官方微博",微博中发布的信息和表达的意见就同时代表中央电视台新闻中心的身份。

社交媒体的"对话性"特征限制了文字新闻的字数,从而使图片和视频成为关键的传播内容。从前文对互联网时代"新闻"含义的探讨中,我们已经将网络中公民记者发布的社会信息看作是"新闻"概念的延伸。在此,有必要从影像的角度来探讨这种新闻属性与权力身份的关系:首先,传统媒体官方社交账号以母体的 LOGO 为图标,这具有"图腾"的意义,暗示了母体与附属物之间的血统关系,作为视觉象征,不仅使传播者

---

① 姜红."仪式"、"共同体"与"生活方式"的建构——另一种观念框架中的民生新闻[J].新闻与传播研究,2009(3):68-76.

产生身份认同,自觉接受相应的伦理约束,同时也让受众对官方社交账号产生权威性的共同想象,将其与对应的政治权力进行联想。其次,传统媒体官方社交账号在以文字形式发布重大新闻之时,往往配以标志性图像,以示传播者的权威身份。例如,@央视新闻在第一时间发布的重大新闻下方均有一张图片,图片左侧蓝底白字写着"最新消息",右侧面积较小部分是央视标志性"地球"图案和"CCTV新闻"字样,这一标志性图像附着在文字新闻下方,为文字新闻标注了"权威性"的注解,为其披上了权力的外衣。再次,传统媒体官方社交账号所发布的新闻类图片或视频很大一部分来自于母体内容,即对母体的"二次传播"。又如,@央视新闻在2015年6月9日关于少数民族高考的报道,文字内容如下:"昨天20多个省份已结束高考,今天全国部分省份仍有考试,其中新疆、西藏、内蒙古、青海、四川及东北三省的部分少数民族考生,今天还参加藏语文、维吾尔语文、蒙语文、朝语文和彝语文等民族语言文字考试。祝少数民族考生考出好成绩!"文字简洁明了,但报道的主体部分则在图片,对央视新闻频道报道视频进行了大量截屏,有少数民族学生在考场外的场景、考场内的答题现场,也有监控录像的全景展示和文字的特写镜头。值得注意的是,此处的"二次传播"在意义上属于复制传播,原因在于二者权力身份的一致,与前文所讲的民间话语对官方影像的"二次传播"有所不同。

相对于母体,传统媒体官方社交账号的权力身份更加隐晦,它的"对话式"表达也体现出了更多的谦虚与体贴。在图片与视频的运用上,它除了较大部分利用了母体的"二次传播"之外,在一些不涉及意识形态的软性新闻也经常借用民生新闻的图片或民间大V图片。例如,2015年6月9日,@央视新闻报道了四川攀枝花无臂少年彭超的高考经历,并引用了《华西都市报》的大量图片,通过图片来展示彭超脚趾握笔参加高考的坚毅精神。

与传统媒体官方账号附着于政治权力的身份不同,民间大V作为正在成长的一种新型权力身份,他们既不同于平民的民粹性价值取向,也不拥有官方政治权力的强制性特征,而是在官民之间争取话语空间,以精英身份出现,为社会事件提供理论依据、提出解决途径,因而也能获得民间拥戴。"他们由学者、律师、企业精英等知识分子组成,其公共精神类似于封建社会的士绅,或闲居江湖,或退归山野,不攀权贵,却又不甘寂寞,希望保持在乡村社会中的影响力。网络'大V'是当代'士绅'典型的媒介身份,旗号是'传播公共精神,维护公众权益',手段则是通过挑战官方权威来树立自身权威。"①在新闻事件中,民间大V传播的信息在题材上更类似于"新闻评论",因而在影像的运用上,存在以下三种情形:第一,通过自身影响力胁迫证据性影像的出场,在新闻事实并不明朗的情况,为了追问真相,呼吁权力方及时公布监控录像,并对已公布的影像片段进行专业分析。例如,2015年庆安事件发生后,监控录像最终在网络呼声中公布,但即使如此,众多大V基于自身的专业,对其进行了倒帧、抽帧的影像学分析或犯罪心理学分析,并提出质疑,虽然大V的影像质疑最终没有推翻官方结论,但这种"质疑精神"正是网络大V话语抗争的一次实践。第二,对不同时间或不同空间的同类新闻影像进行整合,突出其严重性和规律性,从而将偶然性的新闻事件演示成常态性的"拟态环境"。当某一类影像规模化出现时,人们对影像的主角也会产生刻板印象,其中最典型的是城管与警察两类人群,他们的群体形象在网络中集中出现,并被截取的画面均以"暴力执法"片段为主要内容,这种暴力逻辑正是大V对这两类群体"污名化"的实践,也是他们与权力进行对抗的手段之一。第三,对某些不适宜用文字来表达的观点,通过影像来进行影射,影像的隐晦表达功能对某些敏感性话题有积极意义,这是对前文所讲的"自然景观与政治审美"的实践,将自然物与人的意识联系起来,确立人与自然物在思想上的某种关系,如上文说的网络大V发布的晚霞"火凤凰"图片,这就属于民间话语对国家发展和社会进步的积极象征的愿望的表达,这是一种建构性、建设性的意义表达。

(二)权力结构:"精英"的传统影像与"民粹"的互联网影像

在影像新闻的政治话语中,有两种身份结构无法回避,它们是官方媒体的社会精英身份与民生新闻和网络新闻的民粹身份,二者分别通过影像来完成自我形象的塑造过程。

1.影像的"精英"与"精英"的影像

继续以上述"官民论"观点来对新闻进行分层,官方媒体始终处于权力金字塔尖。首先,从其影像内容看,出现在屏幕中或纸质照片中的人物身份,与影像新闻平台本身实现了一致,新闻人物的精英身份是通

---

① 彭华新.论当代媒介环境中舆论监督的权力嬗变[J].国际新闻界,2014(5).

过影像描述来实现的,他们对社会的控制权力嫁接至新闻平台,从而使新闻平台看起来成为这些权力身份的代言或化身。C. Wright Mills 认为,"权力精英由这样一些人组成:他们的地位使他们独立于普通人的普通环境而生存;他们所处地位对决策具有重要影响;与他们占据着这样关键地位的事实相比,他们是否会做出这样的决策并不那么重要。因为他们控制着现代社会的重要等级和组织……权力精英并非团结一致的统治者。顾问、幕僚、代言人和意见领袖经常是其高明思想和决策的指挥者"①。这个概念与网络中的大 V 们的特征基本一致,他们或是知识的解释者,或是权力的解读者或执行者,或是生产资源和社会资源的占有者。在具体的人物素描中,影像中的"精英"一般以西装、制服(着装)、书架(背景)、国旗(象征物)来进行表达。西装、制服代表知识精英的经济能力和权力身份;书架代表着对知识的占有和解释权力;书桌上或书柜前的国旗代表知识精英与政治权力的利益一致和取向协同。在一个特定的社会结构中,知识与权力的关系是相通的,这也吻合了福柯的权力解读。在福柯看来,权力是微观的、弥散的、非中心的,从"数不清的角度出发,在各种不平等的和变动的关系的相互作用中运作着"②。权力不仅是一种以实力或外力进行的简单禁止或否定,而且是一种生产过程,这个过程与知识密切相关,这种权力不仅是武力或武力威慑,知识也隐喻着权力。新闻权力隐藏在其知识身份(文化研究范式)、接近把控(社会学范式)、内容生产(传播学范式)等各个细节之中,它的微观、散状、关系、知识,正是福柯意义上的权力写照。在不同的理论范式观照下,新闻的权力隐喻被立体地呈现出来。

其次,知识也赋予了新闻制作者以精英身份,特别是对于官方媒体的影像新闻而言,之所以外人难以获取这些知识,皆囿于自身专业门槛的障碍,如摄影专业背景知识的匮乏、影像获取工具的缺失,以及与专业知识团体的距离较远(如一般人难以近距离接触到专家、学者)等原因。吉登斯(Anthony Giddens)认为,由技术和知识组成的"专家系统"是现代社会的重要"机制",以至于"仅仅坐在家中,我就已经被卷进了我所依

①　Mills C W. 权力精英[M]//戴维·格伦斯基. 社会分层. 王俊等,译. 北京:华夏出版社, 179.

②　米歇尔·福柯. 性经验史[M]. 增订版. 佘碧平,译. 上海:上海人民出版社,2005:61.

赖的一种或一系列专家系统之中"①。在我国,影像新闻工作者的知识身份更多的在于与知识控制和解释团体(包括政府、精英和各领域专家)的接近,新闻媒体自然具备这一便捷性,"与民宣讲"的过程就是权力身份的形成过程。例如,央视对某些重要人物审判过程的独家直播权,对此类影像资源的占有是其他媒体所不可企及的,对影像的独占与对事件的独家解读同时进行,这种"知识霸权"正是源自于官方媒体的权力身份。

电视民生新闻的出现,在一定程度上打破了传统媒体的"精英"身份,也可以看成是为了提升收视率而采取的"精英"与"民粹"的折中策略。一方面,民生新闻中出现的人物不再全是知识精英的化身,农民工、走夫贩卒、小偷大盗等社会底层或负面人物的形象出现在电视屏幕上,他们成为被知识精英控制和驾驭的对象,在形式上打破"精英"的符号;另一方面,民生新闻的操作手段也不再以知识精英的形式出现,如地方电视新闻甚至关注消防员摘下马蜂窝、小猫被困涵洞这一类"琐事",不仅在内容上弱化"精英式"追求,而且将制作者本身也归入平民阶层,与平民拉家常,"讲述老百姓自己的故事"。这种折中方式在特定时期收获了较高的收视率,但付出的代价是降低了影像本身的知识精英身份,而更倾向于娱乐化、戏谑化,甚至庸俗化的叙事身份,从而在一定程度上消解了民生新闻的权威地位。

2. 网络影像的民粹性倾向

与作为传统媒体的官方新闻和民生新闻相对应,网络新闻(信息)呈现出三种特质:嗜血、抗权和援弱②。网络新闻(信息)以民众的视角、思想和表达方式为基础,以民间大V、意见领袖为引导力量,信息更为多元化,出现全民狂欢的媒介景观,他们在嗜血、抗权和援弱等行为中更为兴奋。从媒介效果上来看,这三种特质更倾向于以影像为表达工具和表意符号,网络影像的视觉刺激性、"浅阅读"习性以及对敏感意见的隐晦性,使其比文字更合时宜。网络影像总是热衷于流血事件,无论是天灾还是人祸,只要关乎人员伤亡、暴力行为、肢体冲突,影像的再现便具有了类似于电影的情节和高潮。"嗜血"特质是在海量信息中,通过视觉刺激引起"第一眼"关注的策略。在基本事实被关注之后,网络影像开始进行深

① 安东尼·吉登斯. 现代性的后果[M]. 田禾,译. 南京:译林出版社,2000:24.
② 彭华新. 论当代媒介环境中的"城管之殇"[J]. 现代传播,2014(1).

层次关注，将意见的触角伸向"抗权"和"援弱"两个极端，并对其进行政治化叙事。泛化的"抗权"与"援弱"将网络影像拖入非理性的泥潭，对社会阶层和政治群体进行标签化处理，在连续的影像中寻找符合标签意义的瞬间，在广角的影像中寻找符合标签意义的细节。这正是"民粹主义"的行为倾向。"从本质上说，民粹主义是一种极端平民化的思潮或运动，它不相信代言人和代议制，具有反制度、反精英、反权威等特点。互联网上的民粹主义不是民粹主义的进化物，其根本内涵没有发生变化，只是其栖居的空间发生了变化、形式相应发生变化而已。"①事实上，民粹主义往往是对精英权力的抵制与对抗，通过话语空间争夺的方式来获取更大的话语权力，其全民性、娱乐性和暴力性倾向与生俱来，不错过任何时机来奚落以"精英"身份自居的官方媒体，以及官方影像中的"精英"形象和"权力"形象。民粹主义的"全民性"特征，使得挑衅行为更加便利，也更具有道德优势，如在图片的搜索过程中，筛选目标更为精准；"娱乐性"特征便于挑衅意见的扩散，在影像消费中实现挑衅目的；"暴力性"特征则使这种挑衅行为走出理性和道德的边界，特别是在以截图表达意见的挑衅行为中，"图"并不是言论，无法对其进行言论规范，但其暴力后果却远远高于言论。总的来说，网络影像中的"民粹性"对精英阶层（包括官方媒体的代言人身份）的权力消解表现在以下两个方面：

第一，网络影像挑衅官方媒体的"精英"身份，主要体现在对其知识权力的图片"挑刺"和技术权力上的图片"找茬"，并试图以此消解"精英"在政治上的"官方"地位，破坏其影响力，从而弱化其在时事解读中的权威性。在针对官方媒体知识权力时，曾有某民间大 V 以截图形式，指出了 2015 年 4 月 16 日央视新闻频道播出的"主播关注"：《工信部承诺：今年将提网速、降资费——数据解读：我国"网速""网费"现状》，该节目在 23 点 32 分的画面上同时出现中国移动、中国联通和中国电信的LOGO，但误将中国移动的 LOGO 冠于中国联通栏，将中国联通的LOGO冠于中国移动栏。该微博博主认为，央视对图标的认知失误说明新闻工作者对社会基本知识的匮乏。这样一则简单的电视新闻，被网络大 V 进行影像的"二次传播"之后，成就了"新闻的新闻"，众多新闻评论者依照

---

① 陈龙，陈伟球.网络民粹主义传播的政治潜能[J].山西大学学报（哲学社会科学版），2012(3).

这一观点,进而深层次地得出"对基本常识缺乏的人何以解读国家大事"的论调。在针对官方媒体技术权力时,曾有民间大 V 用截图方式揭示了2013 年 3 月 28 日央视《焦点访谈》栏目制造的人物称谓失误:在节目的第 30 秒和第 3 分零 43 秒处出现同一受访者,但称谓标注分别是北京市民姚春芳和长春某商场职工王维。这种图片"找茬"行为采取"用图片说话"攻略,指出官方在技术上的不严肃,从而引申出更深层次的意义,将严肃新闻的"不严肃"细节扩大化。在当今的网络环境中,此类"民粹式"的反精英行为越来越常见,在一些案例得以广泛传播之后,大有全民参与之势,众多"找茬"图片纷纷出现在网络之中,另一起典型案例是央视新闻频道《朝闻天下》栏目《关注云南盈江 5.8 级地震:航拍灾后盈江县城全貌》中的鸟瞰全景图,与同一频道《环球视线》栏目《日本:地震、海啸、大灾难》中的鸟瞰图为同一画面,甚至连画面中圈注的标识都无二致。由于"全民性"特征,官方媒体有意或无意的失误行为在"全民目击"情形下无以遁形。另外,这种"找茬式"截图在网络传播中具有超强喜感,娱乐特征明显,并在后续的评论中使用了语言暴力工具,将图片的意义引入深层次的政治领地,弱化官方媒体的政治身份,破坏其时事解读能力和政治影响力,并试图剥夺其官方代言人地位。

第二,网络媒体还在尽可能地排斥官方影像中的"精英"形象,无论是政治精英还是知识精英,对其形象的破坏是移动互联网兴起之后的一大媒介景观。在对政治精英的排斥中,主要针对官员(特别是民警、城管等底层公务员)形象。随着政治文明的推进,民众对官员的监督越来越全面化、细节化,甚至在互联网中将这一群体符号化,将他们的视觉部分也纳入监督和评论的范围,包括着装(如对手表、皮带、名牌西装的监督)、身材(如对大腹便便、肥头肥脑、油头粉面的嘲讽)、表情和行为方式(如对灾难现场仍然嬉笑表情的评论)。与官方媒体呈现的官员形象不同,互联网中呈现的官员经历了全民拷问、戏谑调侃和暴力搜索等过程,甚至遭遇普遍性的"丑角化"叙事也是基本事实。陈龙认为这一现象是网络叙事中民粹主义母体折射出的社会诉求:"'城管扇环卫工人耳光'、'城管打死瓜农'、'延安城管暴力执法'等围绕'城管罪与罚'的议题,则早已酝酿成了社会'反派'形象的刻板印象。网络空间关于'反派'形象的叙事在网络空间引发网络戾气,久而久之形成固定母题。这些母题的产生背后往往都伴随着民粹主义的影子,它提供了简单的是非判断,而忽略了事件本身的复杂性。"①在影像新闻中,民粹主义的影子更是随处可见,"反派"的标志性符号一直被固定在影像的耻辱柱上。再以前文提及的一则新闻为例证:2015 年,长江航船"东方之星"灾难事发后,6 月 5 日央视新闻频道《船体扶正,穿引钢缆克服重重困难》节目中出现了长江航务管理局副局长朱汝明的报告画面,由于朱汝明身着红色服装(可能为橙色救生制服,在拍摄和播放时发生色温变化所致),这一画面被网友截图,并受到广泛批评,这些批评主要针对"官员缺乏对罹难者起码的人文尊重、官方缺乏灾难伦理"等基本常识。红色在中国文化语境中寓意喜庆,而身着红色服装出现在这种悲剧事件中明显是不合时宜的,这一细节被网友抓住,并进行了深层次质问,其预设的答案无疑是"当事人冷漠与无知"。此外,通过画面对官员名表、名装、名鞋的曝光不能仅仅看成一种"监督",实际上,在"仇官仇富"的民粹性心理作祟下,这种"监督"很快演化为全民"狂欢"。例如,陕西省原安监局长杨达才的名表遭遇网络搜索,这种曝光行为具有全民性、娱乐性和暴力性特征,从提供图片到名表、名装的行家考证,网络的全民参与使事件成为焦点,再通过 PS 图片、GIF 动图等娱乐化手段的调侃,使事件在轻松氛围中扩散,并实现泄愤效果。虽然后果往往是积极的,但这种暴力手段却是消极的,抵触了作为社会精英的普通官员的生存空间;在对知识精英的排斥中,主要指出知识精英对官方的附庸与谄媚,最典型的案例莫过于在以上章节中提及的胡适照片与某校长照片的比较,对当代知识精英形象进行"犬儒化"描写。民粹主义在批判"精英"的同时,也为网络争取民间话语空间。

(三)权力建构:官方话语与政治默契

1.国家形象中的权力话语

影像是建构国家形象的最基本手段。人物、景物和社会事件的影像描述,隐喻国家形象的正面意义。这种形象建构主要体现在坚持"以正面报道为主"的传统媒体中。一般而言,有以下几个方面:

第一,对典型人物的叙事,以积极正面的人物为国家形象代言,如体育报道中夺得奥运冠军的健将,对其表情、形体、行为的描写,是建构国家形象的一个环节。2011 年制作完成的《中国国家形象宣传片》的"人

---

① 陈龙.当代传媒中的民粹主义问题研究[M].北京:中国广播影视出版社,2015:154.

物篇"中汇集了吴宇森、宋祖英、刘欢、郎平、姚明、丁俊晖、袁隆平、吴敬琏、杨利伟等 50 多位具有较高国际知名度的当代人物。这些人物在新闻中的出镜率极高,用他们的面孔来塑造国家形象,借助他们的社会知名度、不同领域的成就以及人格魅力,来代替中国人的精神风貌,从而达到提升国家形象的目的。

第二,在新闻中对景物、标志物的使用,使其发挥政治图腾的效力,让人对国家形象产生一种积极想象,图腾的视觉标志本身具有权力的神圣感,区别我者与他者,使人们对血缘和集体共同利益产生想象。例如,国旗、国徽、仪式、政府大楼,都是政治图腾的视觉演化,从超自然意识中建构起神圣力量。《新闻联播》中出现的天安门广场,其庄重感象征着国家形象的庄严肃穆,国庆新闻中的天安门花篮,象征着国家的欣欣向荣。

第三,将社会事件嫁接到某种具体的政治意义上,并将话题引入政治话语框架,从而使国家形象宣传搭上正面事件的"便车"。建构国家形象的影像既有正面的、人造的"媒介事件",如大型赛事活动,也有负面的、自发的事件,如汶川大地震。这些影像集中了人物、景物和事件的画面处理。体育赛事反映了举办国的综合国力,在赛事过程前后,国旗、国徽等政治图腾是国家象征和国民记忆。在仪式中,这些图腾的出现,可以建构国家形象主体和形象认同。此外,在开幕式或闭幕式上,各国运动员跟随国旗入场的仪式画面,也是在向世界传递浓缩后的国家形象。体育赛事也影射出胜出国的国民素质。2008 年,北京奥运会上中国代表团获得 51 枚金牌,不仅向全世界展示了体育强国,更展示中国的国家软实力,获得了更多的国家认同,证明了一个政治经济大国正在崛起。对汶川大地震这类灾难性事件的恰当应对也能在一定程度上提升国家形象,其中必须依赖于人物(领导人、解放军)、景物(废墟、国旗、帐篷、救灾物资)和事件(救灾案例)的画面处理,而"人物"是核心部分,是"景物"画面的主体,也是"事件"的承担者。

总的来看,在影像新闻中,有三个方面的"人物"因素能够正面建构国家形象:首先,国家领导人对灾难性事件的重视程度,对生命的尊重程度,特别是国家领导人冒着余震危险在灾区视察的画面,震撼力很强,引起了国际社会对国家领导人的领导魄力和人文情怀的积极认同;其次,救灾人员的积极形象,在众多的救灾画面中,体现出的不仅仅是国家的救灾能力,还有象征国家力量的解放军的奉献精神;再次,国家媒体人的积极形象,这主要是指官方媒体,央视和各地方卫视的及时、客观而且充满着人文关怀的报道,代表着国家力量在媒体层面的集中显现。

在影像新闻与国家形象的关系上,地图对国家形象的呈现是一种更为务实的视角。无论是天气预报(气象新闻)所展示出的地图形象,还是居于某种目的而特意发布的地理新闻,地图代表了一个国家的形貌、主权、软实力和国际地位,这些内容与国家形象息息相关。首先,地图展示了国家版图,如中国版图似东方雄鸡,具有政治上的寓意;其次,地图中的地理归属是国家主权的象征,意味着国家在地缘政治中的实力,如据2015年5月24日的中国新闻网报道,加拿大温哥华市面上出现了一款1947年版的世界地图(美国地图绘制公司 Rand McNally 制作),该地图将不少南海岛礁标明主权属于中国,这就是国家主权的佐证;再次,地图中的人文标注和自然景象也是国家软实力的一种内在暗示,如古迹标注与国家的历史文化有关,长白山的白雪皑皑、岭南的郁郁葱葱等地图色彩与国家的区域文化多元有关。

2. 政权形象中的权力话语

与国家形象类似,影像新闻对政权形象的建构也依赖于对典型人物、景物(图腾)和特殊事件的叙述,以此来证明政权的优越性和正当性,阐释政权行为取向与人民利益的一致性。在当代中国语境中,影像新闻对政权形象的建构,即指各类影像对中国共产党执政地位的积极阐释和建构性解读。不同于文字的逻辑性说理,影像的说服性功能着重点在于"证据说明"和"感性认知",用场景复原来展示积极的政权形象,又通过剪辑后的排比镜头来产生情感共鸣,让观众对政权形象的认知形态超越了逻辑说理,而产生出情感上的依赖与信任。

政权形象是政治的根本问题,"而政党是代表一定阶级和阶层的利益,为实现自己的目标和理想,力求取得或保持国家政权而进行活动的政治组织。政党与国家政权有着密不可分的联系,以夺取、执掌或参与国家政权为目的是政党的本质属性,也是政党区别于一般性利益集团和社会团体的根本特征所在"[①]。在中国语境中,中国共产党代表着中国最广大人民的根本利益,是中国特色社会主义事业的领导核心,因此,媒介对中国共产党的影像传播维系着政权的形象。在这一点上,政权形象与

---

① 李慧勇,马尚云.建党九十年来中国共产党与国家政权关系的演变及启示[J].内蒙古大学学报(哲学社会科学版),2011(6).

国家形象的传播是相通的,叙事手法同样是通过典型人物、政治图腾和典型事件来进行证据阐释(理性)和情感烘托(感性)。例如,雷锋影像是典型人物的经典案例,虽然这些影像在互联网时代曾遭遇"证据真伪"的辩论,但在当时的社会背景下,这些影像以讲故事的形式给人留下极深刻的印象,加之雷锋和蔼可亲的外部形象更增添了情感成分,雷锋的军人身份(以及中国共产党党员身份)也为政权形象的维护提供了支持。

无论是官方或民间,以维护政权形象为目的的影像创作都不在少数。例如,作者为"复兴路上工作室"所创作的《中国共产党与你一起在路上》是一部以"新闻纪录"为手段的小型宣传片,在短短三分钟时间内,融入大量的政治图腾和典型事件,因此这段影像视频在某一时间被网络称为中国共产党"最霸气"的英文宣传片。党徽、党代会地址、入党仪式等画面是政治图腾的展示,特别是最后一个镜头,印章戳上党徽图案,暗示着权力的神圣。影像展现古老而欣欣向荣的国家景象,通过农田、工厂和港口等画面来表达农业、工业和贸易的和谐发展,通过农民、务工者、老人、学生等人物来表达人与人之间的和谐相处,这种和谐局面是党和政府领导下的成果。同时也通过影像展示当前中国遇到的各种问题,这些问题正是党和政府需要解决的,如瘫痪的道路(交通问题)、冒烟的烟囱(污染问题)、密集的人群(人口问题),因而这个宣传片被认为具有"直面问题"的务实特征,印证了党和政府在中国发展中的使命感。

(四)权力抗争:民间话语与"大众的反叛"

"大众的反叛"是西班牙学者奥尔特加·加塞特(Jose Ortega Y. Gasset)提出的概念,他认为,在任何社会形态中,有一些活动按其本质来说是需要资质来划分界限的,"没有非凡的天赋是实现不了的,比如说某些艺术和审美的活动、政府的功能,以及公共事务中的政治判断等等"[①]。依据"天赋"这个"界限",社会被划分为"大众"与"精英"两部分,大众是平庸和懒怠的,精英则拥有管理和安排大众的能力。但随着社会发展,"界限"逐渐模糊,大众不甘于服从精英的安排,"决定登上社会生活

---

① 加塞特·奥尔特加.大众的反叛[M].刘训练,佟德志,译.长春:吉林人民出版社,2004:8.

的前台,攫取地位,使用设备,享受迄今为止只为少数人所保留的乐趣"①。互联网的到来,大众获得了更多的表达机会,媒介也被注入更多的大众情绪,释放了大众的"反叛冲动",大众开始表达与精英对立的意见,形成民间话语与精英话语的对立。"人们对上帝和君主的顶礼膜拜,对贵族、军队和专业人士的尊敬,对老年人具有的所谓的'睿智'的关注,都在日渐削弱。民粹主义的媒体史记录了这一抵制文化精英阶层领导权的'群众反叛运动',从而为总体性的历史叙事做出了原创性的贡献。"②大众的反叛精神也体现在反对精英主义"深邃文字"和"咬文嚼字"的形式之上,基于对"文字"的抵制,以图像为核心的影像成为重要的反叛工具。影像的直观、易读、娱乐、戏谑、隐晦等特征,契合了"反叛"的潜质。特别是针对一些"敏感事件",以大众为主体的民间话语正是以影像的隐晦来规避"敏感",同时通过影像的直观来达到视觉刺激。

1."敏感事件"的视觉刺激

在权力抗争的政治话语中,"敏感"是一个无法绕开的概念。"敏感"概念源自生物学意义上的神经防护,初始意义集中于两方面:其一是指通过神经的疼痛向大脑预警外部入侵或内部病变等破坏性因素的出现,比如伤口遇到触摸会疼痛,预警正在接受再次伤害或感染;其二是指通过神经的兴奋度向大脑暗示体内紧缺物质因素的出现,如饥饿看到美食会流口水,暗示食物出现。当神经对这些潜在因素的反应过于敏锐,预警或暗示信号过于强烈和夸张,则被称为"过敏"。在修辞演进中,"敏感"概念被引申至社会学范畴,社会中枢"大脑"依据对权力身份和利害关系的分析自觉建构"敏感",设定"敏感"的区域范围,比如触及公共安全、社会稳定、价值观秩序、统治者利益的事件或人物。"敏感新闻"为社会神经预警外部入侵或内部病变等破坏性因素设定制度范畴,避免新闻话题刺激社会神经而导致社会的凝聚形态崩离。这属于"敏感"初始意义的第一种类型。当一起新闻事件有可能引发广泛的行为效仿、舆论批判,从而破坏社会的稳固性和制度的凝固性,它有可能被纳入"敏感"范畴。鉴于敏感性,被纳入敏感范畴的事件往往被排除在新闻传播的通道口,即使在以个人为主体的社交媒体的新闻发布中,也会设置"敏

---

① 加塞特·奥尔特加.大众的反叛[M].刘训练,佟德志,译.长春:吉林人民出版社,2004:9.
② 詹姆斯·卡伦.媒体与权力[M].史安斌,董关鹏,译.北京:清华大学出版社,2006:19.

感词"而进行屏蔽。

　　基于影像在视觉符号上的原始特征,影像通常代替"敏感词"进行事实的客观呈现和意义的隐晦表达,从而规避了"敏感词"的技术筛选,这正是影像在"大众的反叛"过程中大行其道的原因之一。例如,第一章中言及的"世博会"案例,同样可以证明这一观点:上海世博会期间,上海某室外大型 LED 屏上显示"城市——让生活更美好"的标语,这个标语是对当时"世博会"的政治意义的建构,是上海市对世界展现"和谐城市"的一种态度,但在网络中流传的一张照片耐人寻味:此 LED 屏幕的正下方横七竖八躺卧着几个无家可归的流浪者。屏幕中为理想,屏幕外是现实,摄影者将两种冲突的景象糅合在一起,合成了极不和谐的政治图景,表达了网民(发布者和转发者)对虚构的理想的抗议与愤懑,解构了城市所希望实现的政治愿望。实际上,在上海"世博会"活动期间,无论是媒体还是个人对"世博会"的负面表达均将产生极大的社会负效应,破坏"世博会"的氛围,进而刺激社会神经导致社会凝聚力下降,并将这些负面情绪快速传染至其他关注"世博会"的社会成员,因而具备了"敏感"特性。但是,影像的巧妙在于,从画内至画外,没有出现作者的任何文字性评述和态度性语言,所有的意义都隐晦在两种对立图景的比较之中。用残酷的现实来批判精英理想,这正是"大众反叛"的一种方式,这种"反叛"触及"敏感",却未使用"敏感词",影像成了隔离"敏感性"的一层"窗户纸"。

　　2.解构"神话"的亢奋

　　从上文可知,影像具备了通过典型人物、政治图腾和典型事件建构权力形象的功能,并通过这些符号来暗示政治权威,如徽标、建筑物、制服、站岗的武警等。但在互联网环境中,这种权威很容易遭遇解构,其中最典型的案例是网络中发布的政府大楼群图。自古以来,官府建筑物的庄严、气派是一种权威符号,今天的政府大楼亦是如此,电视影像或报纸图片中的政府大楼作为一种文本,不仅阐释建筑物形象,还承载了文化、政治的想象意义。这种权威建构类似于罗兰·巴特所言之"神话",借助图像的多义性来混淆其能指和所指,"在最终意义附近,总有各种虚像的光环,而其他的意义是浮动的……神话可以轻易将自己潜入其中,并固守该处"①。在一般意义上,"历史决定"与"自然法则"共同构成"神

---

　　①　罗兰·巴特.神话——大众文化诠释[M].许蔷蔷,许绮玲,译.上海:上海人民出版社,
　　　1999:192.

话",也就是说,"神话"的目的隐藏于日常生活之中,就影像文本而言,影像内容的真实性背后隐藏着传播者的本能和企图。在罗兰·巴特眼里,这种真实性不再是一种简单的"真实",这些简单的事实构成隐匿了不同的政治立场、价值判断和道德诉求。神话在一个已存在的符号链上再次形成符号意义,形成"第二秩序的符号学系统"。在这一层意义上,政府大楼远非建筑物和基础设施那么简单,而是对政府权威的符号暗喻,是精英阶层和权力阶层管理社会的指挥中心,是社会体系得以均衡发展和正常运转的核心地带。

然而,当政府大楼图片呈排比语法出现在互联网中之时,其"想象意义"开始偏离原始意义,影像的"神话"寓意也消失殆尽,传播者和受众甚至沉醉于这种偏离原始的亢奋之中。在互联网的民间话语中,政府大楼的宏伟气派往往对应着民居、校舍,特别是贫困地区的基础设施,强化"官民对立"的两种话语空间,描绘出冲突性的社会图景。作为"神话"的符号暗喻简化为花费巨资的建筑物,剥除了权威、神圣的精神属性,遗留豪华、奢侈的物理属性,务实的民间话语使其从神圣的权力符号中走出来,由威严的"官府"回到耗资巨大的基础设施的真实话语空间,各种虚像的光环顿然消失。与此同时,解构"神话"的意见性画面隐藏于两种比较之中,一种是以上所说的豪华政府大楼与破旧民居校舍之间的比较,表达的是对某些地方政府的奢靡之风的批判,类似于反腐话题中常见的比较蒙太奇;另一种是政府大楼与国外建筑物(特别是白宫)之间的比较,表达的是意识形态上的批判。例如,2006年启用的湖南省某市政府办公楼,主体建筑占地247亩,造价超过5亿元,被当地人称为"白宫建筑群"。以影像而言,白宫的形象符号是西方意识形态的实体象征物,建筑风格对白宫的模仿,即是符号学意义上的泛艺术化,"泛艺术化让艺术超出文化和日常生活的范畴,渗透到经济、政治中去"[①]。说到底,这种泛艺术所附加的政治意义是建筑物的外形所生产的,脱离了"神话"之后的影像又被卷入另一个漩涡,即意识形态的附着与争议。这也正是网络传播者的真实意图所在,通过两类冲突性文本比较,形成"大众反叛"的两条路径,使民间话语更具有批判色彩和冲击性格。

3.批判制度的隐晦

在影像的权力视角中,制度是一个宏大话题,是政治话语的终极议

---

① 赵毅衡.符号学原理与推演[M].南京:南京大学出版社,2011:319.

题,涵括了对敏感事件的隐喻和对"神话"的解构。在任何社会中,批判制度都是一种谨小慎微的行为,一方面,制度是维系社会有序进行的伦理规则和行为准则,批判制度意味着对现有社会伦理的部分否决,因而具有破坏社会有序性的风险;另一方面,制度在某种程度上是一种公共信仰,是集体"神话"的表征形态,是社会凝聚力的黏合剂,批评制度无疑是对凝聚力的破坏。鉴于此,"制度批评"总是居于"敏感"范畴,文字的触角难以伸入其领地。然而,制度又是随着社会发展需要不断革新的一种状态,"政治制度随着我们的世界越来越现代化、专业化和复杂化,差异也越来越大"①。在这种情形下,民间话语占有极大的话语权,特别是影像的隐晦为其规避了"敏感"的风险,它们利用一些语焉不详的图案,以观照微观影像的手段来叙述宏观意义。例如,2013 年 4 月 30 日,大旗网发布了一组图片——《史上最催泪的 30 张照片》(原作者不详),其中一张经典照片是:一个朝鲜老人在车站月台送别自己的韩国兄弟,朝鲜弟弟在车窗外痛苦地拭泪,韩国哥哥在车窗内表情无奈,挥手告别,都是耄耋之年,这一别不知道何时能再见,图片没有多余的评论性文字。本身只是从微观视角对兄弟俩骨肉分离的一种客观记录和故事化叙述,让人产生关于生死别离的感慨,人伦情怀和对"人性"的反思放之四海而皆准,与政治敏感议题没有直接关系。然而,在朝韩南北分裂、国家体制迥异的大背景下,这张图片不得不将所指意义牵引至对两国关系的制度化思考中来。虽然朝韩两国在 21 世纪以来多次举行离散家属会面活动,韩国政府也在 2012 年 7 月发表"促进离散家属交流计划",但这种临时性的会面活动无法解决骨肉分离的现实,而这种照片正是在批判两国制度,促进加强理解和融合,避免图像中的生死别离悲剧发生。因此,这张图片是对国家间制度问题的隐晦批判,两位老人属于对象(object),朝韩关系制度属于解释项(interpretant)。"解释项是'指涉同一对象的另一个表现形式'。也就是说,解释项要用另一个符号才能表达"②。"对象"只是保证其规避"敏感"的一个切入口,而"解释项"才是批判制度的真实目的,虽然较为隐晦,但不失其锐度。

影像的制度批判不限于国家间制度,对于国内的现行政策和制度,影像的批判力度同样兼具隐晦(降低风险系数)和直观(提升刺激效果)

---

① 罗斯金等.政治科学[M].林震等,译.北京:中国人民大学出版社,2014:233.
② 赵毅衡.符号学原理与推演[M].南京:南京大学出版社,2011:104.

的特性,如教育制度、住房制度、医疗制度、文化制度,这些制度虽然不直接关涉政治制度,但与执政者的管理水平有关,与具体的政策有关。例如,2013年新浪微博上曾经流传一张图片——《一张图读懂中国的住房、医疗、教育》,图片内容是一个穿黄色衣服的男孩匍匐在土坯房的狭小窗台上,一边写作业一边打点滴,额头上还插着点滴的针头。图片消极呈现了中国西部贫困地区的住房、医疗和教育现状,批判了此三种政策的弊端,暗喻了政府在改革道路上的困难与艰辛。

就制度批判而言,影像的优势在于"无声的抗议",正是由于"无声",它规避了大量的关键词,它的"解释项"需要人们具备一定的知识储备和理解能力,否则无法实现从"对象"到"解释项"的转化。因此,在新闻体裁上,影像的制度批判应属新闻评论的一种,而非简单的新闻消息,这一领域的影像新闻的受众层次也应略高于他类。相应地,无论在避免客观干扰上还是提升主观理解上,此类影像新闻的传播效果也高于他类。但问题在于,它们偏重于"破坏性批判",缺乏"建设性批判",在批判过程中虽然规避语言的"敏感性",但由于通过图像无法提出相应的解决通道和有深度的建构路径,因而对社会凝聚力的破坏是无法避免的。这是影像新闻在制度批判上的不足之处。

4.民间话语对官方话语的解构

从以上论点看,互联网中的影像新闻正在构建民间话语空间,并以此来实现"大众的反叛",与官方话语共同建立"话语构型"[1]。依照这种观点,影像可以被看成是人们观照世界的倒影,特别是它的证据功能,使其成为一种符号真实,因为社会事实以及人们对社会事实的认知,都是借助特定的文本符号建构起来的,而话语正是文本符号呈现出来的某种方式。"民间话语价值建构呈现多向性的特点,既有正向的、积极的话语建构,也有消极的负向建构"。而在与官方话语对应的意义上,民间话语以消极的、负向建构为主要内容,并以此来强调自身与官方话语不同的生成机制和叙述规则。"官方话语由于社会角色的确定性、权力的垄断性,而在社会话语实践中逐渐形成了一种受限于权力关系的结构化、稳定化的一元话语模式。"[2]

① 谢里登.求真意志:福柯的心路历程[M].尚志英,许林,译.上海:上海人民出版社,1997:129.
② 奚冬梅,隋学深.网络热点事件的民间话语模式构建[J].青年研究,2014(4).

互联网中公民记者和大V们所发布的影像新闻属于典型的民间话语范畴,其与官方话语对峙的底气来自于它的表达隐晦。在这种环境中,传统媒体等官方话语主体总是遭遇影像的"无声"嘲讽、戏谑和隐喻。总的来看,作为民间话语的影像新闻对官方话语的权力解构包括以下几个方面:

第一,官方主持人的"丑角化"。电视主持人在我国具有特殊的权力功能,他们的中规中矩和四平八稳印证着他们的官方立场和身份,并且建构了国家或地方政府的形象,"他们(按:赵忠祥和倪萍)为了共同的目标,交叉着各自的路径。一个成为国的象征,一个则成为家的象征,两者巧妙地缔造了国/家同构的模式"①。然而,在互联网中,对官方主持人进行权力解构的影像不在少数,如"央视直播爆笑失误集锦",这种民间团队制作的视频每年都有更新,在搜狐视频等门户网站和新闻微博等社交媒体播出,对主持人偶然性的口吃、口误、忘词、语法错误等片段进行组接,试图将严肃、庄重、权威的主持人进行"丑角化"处理。2015年,央视《新闻直播间》女主播戴着最贵版本的苹果手表出镜,这一细节也被网友截图,并冠名"央视表姐",这同样是将主持人"丑角化"的一种方式。

第二,报纸版面的对比图。国家和党中央在重大问题的决策上必须进行统一思想和集中意见,实现民主集中制,这也体现在《人民日报》《光明日报》《经济日报》《解放军日报》等官方权威报刊的头版上。这一点同样成为互联网话题,有网友将同一天的四份报纸的头版集中制作成图片,不言而喻地显现出四份报纸无论在内容和布局上的统一。但在民间话语中,这种"统一"转变成"雷同",即个性化的消失,并以此来解构官方话语权威。

第三,与传统媒体相关的社会议题的炒作。例如,传统媒体的一些宣传类新闻中,常见的图片新闻有"XX正在认真学习XX会议精神""XX正在阅读XX日报",图片中的人物正在神采奕奕地阅读某份机关党报,为了使图片显示出该党报的报头,或显示出"头版"中的主要标题,新闻人物往往将"头版"正对着摄像机(见图3-3)。这种传统媒体的宣传形式遭遇了网络中民间话语的质疑,即涉嫌摆拍。这些影像一旦被发现破绽,立即成为民间话语中的热门话题,进而转化为网络空间的消费

---

① 彭海涛,潘知常.一种声音系统的权力实践——从赵忠祥、倪萍、李咏谈起[J].东方论坛,2006(2).

110

目标,这种舆论消费正在消解传统媒体官方身份的话语权威。

图 3 - 3　哨所女兵学习十八大精神①

(图片来源:人民网.《今日早报》头版刊登女兵学习十八大精神摆拍照 值班编辑受处分[EB/
OL].[2017 - 06 - 09].http://media.people.com.cn/n/2012/1118/c40606-19613436.html.)

三、影像新闻的权力手段与政治表达

(一)新闻人物的"行为政治"与"表情政治"

1."行为政治"影像的主客观表达

"行为政治"是指人们在开展某一活动、采取某一措施的过程和细节
中所蕴含的政治符号意义。任何与人物有关的影像新闻都可以影射出
"行为政治"的含义,站姿、握手、出场顺序都能代表行为者的政治态度和
政治立场。影像新闻的"行为政治"效果是作为影像内容的"人"(新闻
人物)与作为影像传播的"人"(拍摄者)共同作用的结果。一方面,新闻
人物的行为选择有可能是刻意为之,有意识、有策划地展示出自我态度,
也有可能是不经意流露出的客观本能;另一方面,新闻人物的行为又是
一个连贯的过程,拍摄者有权利进行主观地"断章取义",选择其中的一
帧画面或一段画面,而这个片段有可能恰恰是符合拍摄者的政治态度和

① 2012 年 11 月 17 日《今日早报》(杭州)在头版刊登一幅摆拍的"哨所女兵学习十八大
　精神"照片,在微博上被广为传播,引发网友"抵制摆拍"。随后,浙江日报报业集团图
　片新闻中心对此事表示歉意,并对值班编辑做了处分。

政治立场的。因此,"行为政治"影像是行为者和拍摄者互为主体的表达方式,融合了主观性和客观性两种属性。

然而,相比于"合理想象"的心理活动,影像新闻中的"行为政治"相对客观真实。1953 年 5 月 18 日,《人民日报》发表了长篇通讯《伟大的战士邱少云》,其中的一句话在学界引发了关于"合理想象"的质疑:"在这个生死关头,邱少云紧握着压满子弹的冲锋枪,看看前面不远的敌人,很想冲上去和敌人拼了,但是他没有这样做。"①在"合理想象"中,读者可以通过对主人公的行为描述来了解其政治态度,文字与影像不同的是,它的心理活动来自于作者的叙述,具有绝对主观性,而非"有图有真相"的客观呈现。而在影像中,对于心理活动的理解,读者只能依据影像中的客观符号进行二次翻译,具有相对客观性。影像的主人公与拍摄者共同建立"行为政治"文本的价值正在于此,无论这种行为是否是表演,它只要发生,只要被拍摄记录,都不属于虚假新闻的新闻文本,"其间所描述和展现出来的故事,不管经过新闻记者的筛选过滤后失真度如何,它至少都是在现实世界中真真切切发生过的,其时间、空间、人物和故事等要素都不是凭空虚构出来的"②。

随着影像技术的发展,在画面中注入"合理想象"成分也成为可能。我们再以"雷锋"的影像为例,其中有一张图为"修车照",原图是雷锋同志仰卧在卡车车底,手握扳手,面带微笑,在前胎的泥板下作业,这种"行为"有一定的政治建构功能,隐喻中国人民解放军军人具备公而忘私、为人民服务、不怕脏不怕累的共产主义精神。而在社交媒体上,网络话语的随意性和情绪性为这种照片制造了过多的主观想象空间,有人将原图中雷锋手中的扳手 PS 成一部反握自拍的单反相机。这就是一种典型的将作者态度和情绪强行注入客观影像中的现象,并虚构出一种"行为政治"来代替客观文本,使其契合作者的主观理念。在这个案例中,PS 后的图片即在解构原图中的政治寓意,并质疑"行为"与"政治"之间的必然关系,指责修车"行为"属于刻意摆拍,因而用单反自拍的"行为"进行反讽。此类 PS 影像破坏了客观性原则,类似于语言文字当中的"合理想象",不同的是,这种"合理想象"的评论意见是通过后期画面编辑来实现的。

影像新闻中的"合理想象"思维具有一定的负面效果,它的戏谑、直

---

① 郑大藩.伟大的战士邱少云[N].人民日报,1952 – 12 – 04(1).
② 李玮.新闻符号学[M].成都:四川大学出版社,2014:65.

观的特征和便于复制、粘贴的优势使其传播效力异常突出，从而导致"反叛情绪"逐渐在网络社会中形成并高涨，给政府的网络政治表达带来了严重的信任危机，凡是所谓的"正能量"传播，均会在这种氛围中遭遇质疑，指出主人公的"策划痕迹"，其中，最典型的要属领导的"偶遇照"。社交媒体兴起以来，上网者经常可以在微博中看到"在公交车上见到某某市长""上班路上看到某某领导骑自行车""凌晨六点看到某某副市长正在扫大街"的新闻信息，这些新闻都附有照片予以"证明"，试图以"有图有真相"的逻辑来叙述新闻事件。类似这种影像新闻一般以普通市民的身份发出，并发出"偶遇"的惊叹。很明显，发布者想表达的是一种积极的政治建构，体现了领导人与民同甘共苦、体验民情、心系民生的政治抱负。但在今天的网络氛围中，这些影像并不能实现其证据功能，而被广泛质疑"作秀"，即指出"行为政治"的主观性，这种主观来自于"主人公"的策划。

在互联网中也存在纯粹客观的"行为政治"影像，而这些影像在"二次传播"中经常性地被注入主观意义，在内容上形成政治的解构功能，其中大部分是公民记者抓拍到的某些特写镜头，如下属给领导打伞、下属背视察灾区的领导蹚过积水区。这些行为看起来是日常生活中的细节，但带有一定的政治指向性，隐喻了强烈的官尊民卑价值取向，是封建等级思想的现代写照，予人以"华盖"的权力符号想象。因此，领导人自己打伞或下属打伞，成为权力符号想象的关键性因素。从这个角度来看，"打伞照"是某种政治态度的象征，属于典型的"行为政治"，因此《新京报》于2013年5月19日曾发表一系列"打伞照"组图，题为《当政治人物需要避雨，伞，便开始"讲政治"》：

> 当政治人物需要避雨的时候，伞，便开始"讲政治"。16日，奥巴马因为让一名海军陆战队员为自己打伞，触犯了军规（见图3-4）。而此前其他政治人物，也多有伞下"政事"。英国首相卡梅伦为昂山素季撑伞，优雅之余，更有"支持"之意（见图3-5）；小布什2004年遭遇"伞崩"事件（见图3-6），当年的他执政也颇多不顺。当然，还有更为直接的"政治用伞"，法国前总统萨科齐就有一把防弹伞（见图3-7），防弹防蛋防老拳。①

---

① 王晓易. 当政治人物需要避雨，伞，便开始"讲政治"[N]. 新京报，2013-05-19.

图 3 - 4   2013 年 5 月 16 日,海军陆战队员为奥巴马撑伞①

图 3 - 5   2012 年 6 月 22 日,英国首相卡梅伦为来访的缅甸反对派领导人昂山素季撑伞

①   图 3 - 4 至图 3 - 8 均来自:新京报. 当政治人物需要避雨,伞,便开始"讲政治"[EB/OL].
[2015 - 07 - 11]. http://news. xinhuanet. com/world/2013-05/19/c_115820582. htm.

图 3 - 6　2004 年 6 月 1 日,时任美国总统的小布什在登机时"遭遇不测"

图 3 - 7　2011 年 4 月,时任法国总统萨科齐的保镖开始使用一种新的
　　　　防身利器——防弹伞,每一把防弹伞价值 1 万英镑

图 3 - 8　2011 年 2 月 7 日,英国王妃卡米拉在英国威尔特郡
访问时突然被伞夹住

　　从国际政治人物的"打伞照"来看,"打伞"确实是一种"行为政治",隐喻了某种政治态度和政治立场,而这些态度和立场可能是政治人物自己有意识的暗示,也有可能是拍摄者、转发者的刻意解读,也就是前文所说的,"行为政治"影像是行为者和拍摄者互为主体的表达方式。除了运用于国际政治人物,"打伞照"等"行为政治"影像在我国的网络空间也大量存在。"背领导蹚过积水"①(见图 3 - 9)是一个经典案例,这类影像具有很强的视觉冲击感,它的"行为政治"功能在于隐喻上级"压"下级,或官员"压"民众,在这种语境中,"压"与"欺"属同义。这种影像客观性使其具有证据性功能,当事人甚至无法否认。这正是影像的"合理想象"与文字的"合理想象"的不同之处,它的主观表达以客观的符号为载体,用一种"具体真实"或"现象真实"来代表"本质真实"②,试图通过不同的"真实"来说服受众。在网络民粹和"大众反叛"情绪盛行的氛围中,这种"具体真实"和"现象真实"正契合了受众心理,人们会选择性地相信自己内心所倾向的"具体"和"现象"。

---

　① 2014 年发生在江西贵溪市白田乡的"救援现场有干部为避免蹚水叫同事背其过河"新闻,被网友公布图片后,虽然当事人王军华反驳说"背人过河"由下属主动提出,但最终仍然被免职。
　② 杨保军.新闻真实论[M].北京:中国人民大学出版社,2006:35 - 39.

图 3 - 9　水灾现场背人蹚水图①

2. "表情政治"的三种视角

"表情政治"是基于非语言符号在政治领域中产生的传播效用。对于政治人物而言,即使面无表情,也是一种最引人注目的镜头,都会被解读出不同的意义。我们可以从三个方面来考察影像新闻中的"表情政治"含义:

第一,"察言观色"是影像新闻受众的基本媒介素养。从政治人物的表情读懂官方态度。在传统媒体中,我国政治人物总是以不苟言笑的表情出现,它象征着官方话语权力的严肃性,这是"君子无戏言"价值伦理在当今政治传播中的显现。从另一个角度看,"不苟言笑"限制了受众对表情的解读,缩小了受众展开"表情解读"功能的空间,是对受众获取更多信息的一种变相阻拦,因此对受众的洞察力的要求更高。而西方政治人物在影像中的表情更为丰富,其民间对"表情政治"的研究也有更多素

---

① 该图在新浪微博上广为传播。摘自:新浪网.江西贵溪官员水灾现场为避免蹚水要人背被免职[EB/OL].[2015 - 07 - 11].http://news.sina.com.cn/c/p/2014-06-22/190830403754.shtml.

材,如美国神经学者深入研究了比尔·克林顿在"性丑闻"事件上对陪审团陈述的证词,研究者发现克林顿每四分钟触摸一次鼻子,在陈述过程中一共触摸了 26 次,而在神经学中,触摸鼻子是撒谎的表征之一,原因是撒谎会使血液上升,进而引发鼻腔神经末梢传送出刺痒感觉。这种研究有助于提升受众解读"表情政治"的基本能力。

第二,"神情表演"是影像新闻"主人公"的道德要求。在任何社会,政治人物是社会主流价值观的化身,他们的表情在公共事务中代表着官方态度,因此,社会责任要求他们在特定场合必须以相应的表情出现,使其符合政治话语的特征。例如,重要领导人出现在灾难事件现场时,这类人物本身就具有符号意义,他代表来自官方层面的积极因素,不仅是安全感,还有关键时刻"我们在一起"的心理暗示。因此,他们既要以凝重、悲痛的表情出现,表示对受难者的人文关怀,同时也不能过于低沉,应在表情中显现出振作和信心,以此来鼓舞士气、推动救援、温暖人心,为灾民和救灾者注入希望和动力。例如,2015 年,法国航空事故发生后,法国总统奥朗德、德国总理默克尔和西班牙总理一起到现场看望搜寻者,作为女性的默克尔表情显得最为憔悴和悲痛,因此,BBC 在这一报道中的大部分镜头都是以默克尔的表情为主体的,增加了事件的悲情氛围。在互联网时代,拍摄和传播的便捷化使"神情表演"常态化,因为镜头的无处不在,"表演"稍有放松,将被镜头捕捉,陕西省原安监局长杨达才的微笑表情即是一个典型案例,他的主要问题在于"表情"与事故氛围的不协调,凸显出官方对生命的冷漠态度。"杨达才事件"在一定程度上提升了官员在面对镜头时的媒介素养,如该事件发生后不久,国家安全监管总局副局长王德学视察连霍高速义昌大桥垮塌事故现场时当场流泪,并多次用手绢拭泪。无论网络评论如何,这种表情表达了官方关注民生、珍重生命的态度。

第三,"气氛烘托"是影像新闻制作者的心理诉求。"出门看天色,进门看脸色",这句言语说明"脸色"与氛围有直接关系。一个人的"脸色"可以起到心理暗示作用,改变一定空间内的人际关系。而影像新闻制作者往往依据自身希望实现的空间氛围来选择主人公的表情。例如,拍摄某个在任官员,尽量选择积极、健康、亲和力的表情,以此来烘托一种阳光的政治氛围,而如果这位官员在反腐中"落马"以后,拍摄者选择照片往往是沮丧、惊恐、失落的表情照片,暗示该官员的政治生命的结束,烘托一种负面氛围,以此来警示和教育在任者。制作者总是在生产新闻之前即形成主观目的,希望该影像来实现既定的传播效果,而被拍摄的人物形象所散发出的"气氛"决定了传播效果的走向。

(二)影像新闻中政治事件传播路径研究

1.政治事件:冲突与仪式

政治事件是政治行为主体之间发生的冲突性或仪式性过程,这也是政治传播的核心部分,"政治传播研究让我们关注政治行动酝酿与实现的过程中三个要素之间的关系",主体包括"政治组织、政党、公共组织、压力集团、恐怖组织、受众、媒体、国际舞台"[①]。为什么说媒体(包括公民记者)也是政治事件的行为主体呢?因为社会当中的大部分人不会偶遇到冲突性的政治事件,也无法亲临政治仪式现场,他们对政治事件的理解方向来自于媒体(包括公民记者)的设置,对事件发生过程的视觉想象也以影像为依据。也就是说,媒体不是排除在政治事件之外的单纯的旁观者,而是真切地参与政治事件过程的主体之一,甚至在某些时候还改变了政治事件的起点、轨迹和结局。"媒体对政治事件(以及其他任何类型的'事实')的叙述充满了价值判断、主观臆断与偏见",最终形成"主观政治事实"[②]。无论是冲突性政治事件,还是仪式性政治事件,媒体根据自身立场选择影像片段、象征符号,并依此来组建自己的倾向性文本。例如,2015年9月3日是世界人民反法西斯战争胜利70周年纪念日,当天开展的所有的纪念活动都可看成是"仪式性政治事件",这些事件也理应成为媒体的报道重点,但正是在这一天,一起"冲突性政治事件"的影像却让全世界的手机和电脑"刷屏",即土耳其的海岸边发现了一名俯卧的3岁小男孩尸体。这名叫 Aylan Kurdi 的小男孩和他的父母以及5岁的哥哥原本居住在叙利亚北部的一个城市,但由于被极端恐怖组织 IS 围攻多时,他们一家四口计划渡船逃离叙利亚,偷渡前往欧洲。在偷渡过程中,他们所乘坐的船只被地中海吞噬,除了他们父亲幸存下来,母亲和两个孩子全部遇难。Aylan Kurdi 的尸体就是这样被海浪送上了土耳其的沙滩。在原始图片(见图3-10)的震慑下,全世界网民参与了 PS 行动,有的将小孩的俯卧姿势 PS 到温馨的床上,有的将其 PS 到父母怀中,有的将其 PS 上天使的翅膀。总之,PS 照影射出人们的善良的

①② 布赖恩·麦克纳尔.政治传播学引论[M].殷祺,译.北京:中国新闻出版社,2005:5-15.

愿望,同时也表达了他们对战争、恐怖主义、疆土分裂、难民危机等政治事件的无奈和抗议。在这一事例中,冲突性政治事件以仪式性政治事件为背景,同时又激发了人们在这一背景中对战争等政治话题的关注,并从中剪取了一个极小的影像片段进行发酵,引起全世界的反思。

图 3 – 10 "小难民之死"的 PS 图[①]

冲突性政治事件包括战争、动乱等,媒体(包括公民记者)在其中扮演着截取信息、传递理念、表达态度的重要角色。媒体在这种关键时刻对暴力场景、冲突后果、政治图腾等事物的实景传递,将增强受众对冲突双方的形象认知,引起受众对冲突后果的情绪变化。无论是报纸、电视或网络,其传递出来的符号均具有敏感性,能触及任何一方的"按钮",加速或延缓冲突的发生。因而,公众往往热衷于对冲突信息进行"次级解读",预测动态。赵月枝教授用框架理论解释了美国报刊在战争中的主导性叙述,"20 世纪 60 年代中期,新闻媒体总是将反越战抗议放在这样的框架里:它们是对海外战争胜利目标和国内法律秩序的非法威胁。媒体报道对暴力、共产主义和飘扬在示威地点的'越共'旗帜等话题的强调,有助于建构如下形象:这些运动偏离常轨并具有威胁性"[②]。其中,旗帜就是一种政治图腾,但是将其放入当时的抗议性新闻文本中,图腾便起到了相反的作用,不是引起人们的崇敬,而是激发人们对这一图腾产生亵渎欲望和厌恶情绪。由于冲突性政治事件的特殊性,公民记者、普通市民一般无法接近实体场景,更无法通过手机拍摄等方式获取影像,因此在这方面不具备话语权。

仪式性政治事件包括全国性会议、竞选演讲、政治谈判,随着政治话

① 新华网."小难民之死"震惊世界网民制图盼其成天使[EB/OL].[2015 – 09 – 04]. http://news.mydrivers.com/1/445/445483.htm.
② 赵月枝.传播与社会:政治经济与文化分析[M].北京:中国传媒大学出版社,2011:62.

语的泛化,国际性的体育赛事、航天飞机起飞也可以被纳入其中。这类事件一般由官方主导话语权,公民记者难以得到影像的拍摄机会。例如,全国"两会"是一年一度关于国计民生大讨论的盛会,属于典型的仪式性政治事件,镜头尽量显现出会议的严肃、庄重、和谐氛围,从建筑物的景别和构图、代表们和委员们的形象,到服务员的大红外套,都有一定规范性要求。例如,会议开始时人民大会堂的建筑物全景、廊柱的中景、国徽的特写,都是政治权力建构过程,暗示着神圣一刻的到来;开会镜头尽量避免参会者打瞌睡、走神、看手机的区域;会议报道的花絮中尽量突出服务员的大红外套,一方面烘托和谐的政治氛围,另一方面彰显官方视角对普通人(服务员)的关注。在一定的历史机遇中,政治谈判也能成为一种仪式事件,影像将这种隐性的"冲突"平静呈现,抹去了谈判的内在斗争,它的直观性特征突出了仪式化的非暴力场景,同时,它的隐晦性特征用另一种方式来表达"暗流"。例如,1945年9月重庆谈判期间,毛泽东、蒋介石、美国大使赫尔利三人并肩而立合影,这张珍贵的照片显现了合作关系,赫尔利居中,表明了美国的"中间人"角色,蒋介石的微笑透露出东道主的优越感,但拍摄者的位置成为这张照片最重要的玄机,拍摄者从蒋介石一侧展开,突出了蒋介石的视觉主体地位,而另一侧的毛泽东在画面中则被边缘化。无论这种角度是蒋方的有意安排,或者摄影师的偶然灵感,但其中的政治隐喻是历时幽远和耐人寻味的。

虽然仪式性政治事件仍由官方主导,但在互联网社会中,与这类事件有关的话题并非与民间话语绝缘。这种情况之所以出现,其根源还在于职业记者的官方与民间的双重性。在工作岗位上,记者们代表官方,他们发表的文字报道和影像资料均以官方话语展开,但在生活状态下,他们又是普通市民。因此,在生活状态之下的职业记者,可以利用工作状态中拍摄的照片和视频来参与社交媒体交流,实质上也就是民间话语对官方资源的借用,使仪式性政治事件以民间话语呈现出来,从而出现与官方话语形成二元结构。近几年微博、微信中传播了大量的这方面影像,如"两会"中人大代表、政协委员们的瞌睡照、名表名包照、代表们的仰天大笑照,这些照片契合了民间话语的特性,抵制了官方话语的严肃性,因而传播力度很大。这也是仪式性政治事件影像发展的一个重要特征。在社交媒体中,记者之间私下已经形成一种"联盟"[1]关系,进而成

---

① 彭华新.社交媒体中的自发式"记者联盟":身份、环境、伦理[J].国际新闻界,2017(7).

为一种对抗精英阶层的"职业共同体"和"阶层共同体"。在生活状态中,"无论是职业共同体还是阶层共同体,记者都表现出强烈的抗争意识。在网络空间中,记者不被律师、医生等专业精英们和网络大V们所信任,记者探讨专业问题时表现出的'非专业性'甚至常常遭遇网络戏谑和嘲讽,在现实生活中,记者们又面临着各种生存困境。由此,在底层记者的微信群中,可以观察到一种'反精英'的情绪,表现之一是时刻声称自己代表公共利益,但这种公共利益往往是弱势群体的利益;表现之二是对权力群体和精英群体表现出不屑或不满,包括对新闻机构管理层的不满情绪;表现之三是容不下社会名人和精英对记者群体的批评,哪怕是就事论事的客观批评"①。他们在微信群、朋友圈、微博中以私人身份转发自己所拍摄的仪式性事件,并以非职业身份对其进行评论,这是传统媒体资源向新媒体的渗透,也是官方话语向民间话语倾斜的一种现象。

2. 非政治事件的"政治化"过程

"去政治化"是新闻发展的理想状态,也是职业记者追求的一种趋势。陈力丹教授认为新闻文风呈现出从"政治化"到"专业化"的演变过程,"其变化是与整个国家和社会、与新闻传播业的结构和形态的变迁息息相关的"②。这是一种叙述风格的变化,主要体现在传统媒体新闻报道领域,是社会进步的一个方面。然而不容乐观的是,相对于"文风"的"专业化"与"去政治化",新闻内容的价值取向却越来越趋向"政治化",特别是在社交媒体中,给公共事件披上政治外衣的事例比比皆是。将公共事件引入政治场域,主要目的在于模拟传统媒体强调"政治敏感性"的话语方式,模仿"政治家办报"的思维意识,借用官方话语的逻辑工具,"以彼之矛,攻彼之盾",并提升民间话语和官方话语之间的可比性。

"政治化"的具体方法主要由"看图说话"来承担。一方面,"图"(包括视频)的客观性能规避某些"敏感"因素,使其对"政治敏感"的表达处于一种隐晦状态,不会如语言那样莽撞地直逼敏感区域,以至于使官方话语和民间话语之间冲突过于激烈而遭遇外部干扰。例如,2014年圣诞节前夕,当湖南等地大学生身着汉服、高举"抵制圣诞"牌匾的照片在网

---

① 彭华新.社交媒体中的自发式"记者联盟":身份、环境、伦理[J].国际新闻界,2017(7).

② 陈力丹,黄伟.从"政治化"到"专业化"——新中国60年来新闻文风的演变[J].青年记者,2009(16).

络中传播之时,著名大V@学习粉丝团立即推出某政治人物在国外考察时与"圣诞老人"握手合影的一组照片,全图无任何文字注解,但其中的隐喻意义却十分清晰。2017年,关于圣诞节的"图片争论"(或者说"以图片为工具的争论")再次在互联网中上演。实际上,这是一个将文化问题"政治化"的过程,"文化侵略"与"文化融合"既是一个国际政治议题,也是国内政治文明进程的重要领域,在这个问题的探讨中推出重要政治人物,无疑是将纯文化问题探讨引到政治争论中。并且,"文化"向"政治"的转移还不能"明目张胆"用文字形式来告白和宣扬,它的微妙之处还在于必须保护那层"窗户纸",不能扣上一个"泛政治化"的上纲上线的帽子。在这种"欲说还休"的尴尬境地,影像成为最佳介质,它沉默而客观地呈现了事实,同时表达了政治态度,以"去政治化"的修辞来表达"政治化"倾向,以"去敏感性"的方法来突出"政治敏感"。

　　另一方面,"图"的直观性能强化视觉冲突性,通过特写、渲染的手法,使一些社会事件看起来像冲突性政治事件。在影像中,受众一眼就可以洞察到两种截然不同的身份和立场,一种是身强力壮(暴力象征)、身着制服(官方象征)的执法人员(警察、城管等),一种是身材弱小、衣着草根的小贩、农民或务工者。在影像中,这是在强化阶层对立,纯粹的经济纠纷或社会冲突,转而被赋予了政治色彩。例如,在拆迁暴力中,被拆迁的农户面对合法性暴力,选择自焚方式来抗议,这种极端性影像无疑会在新媒体平台中扩散,形成"以死相争"的政治隐喻。此外,被拆迁户在屋顶挂国旗和爱国横幅也是一种常见的对抗措施,从2007年重庆"最牛钉子户"在孤岛般的自家二楼插上国旗,打出"公民合法私有财产不受侵犯"横幅开始,到2017年这十年间,在拆迁现场高举国旗或爱国横幅的案例颇多。这种行为在本质上是将非政治化事件进行"政治化"处理,将民间或地方暴力行为上升至全国性的政治议题,借用"国旗"这种极具视觉修辞符号意义的"政治图腾",获得政治伦理的合法性支持。而影像传播也热衷于这种"亮点性"视觉符号,为新闻注入兴奋点,直观性的暴力影像传播提升了暴力的刺激性,在网络展现的场景中,暴力的直接或间接实施者一般是政府公务人员或资本方,血腥场景一方面增添了戏剧效果,另一方面强化了政治等级和社会阶层的对抗性,暴力本质也在冲突性影像中裸露出来。

　　然而,在这种"政治化"过程中,传统媒体走的是另一条途径,它们更遵守政治修辞伦理,日常报道中实施"劝说"的前提是社会形态的完善化和社会阶层的和善化,以及维护政治治理的非暴力途径,因而,在暴力影像的使用上,更倾向于采取马赛克遮罩等措施,弱化暴力的刺激效果。无论这一做法是否被"弱势群体"斥责为"自欺欺人",但从修辞伦理视角而言,"修辞者不但要对其言语环境进行社会道德认知判断,而且要对语言文本、图片文本、视频文本等的信息进行道德评价,对修辞方式等的选择进行道德价值拟测,以期使之符合社会道德要求,增加话语的可接受性"①。

(三)权力群体的政治化想象

1. 影像新闻中警察形象的"污名化"

"警察"属于国家合法暴力机关,"警察形象代表着国家和政府的形象"②,是我国权力群体中形象最突出的一个。在传统媒体、海报、宣传册等媒体中,"警察"总是身着黑色制服,庄严中带有亲切,以正义、威武、激昂的形象出现。但是,社交媒体的出现在一定程度上扭曲了这一正面形象,人们可以依据想象对警察形象进行自我塑造。近年来,为了维护社会和谐与稳定,警察队伍总是出现在社会暴力冲突事件的前沿地带,直接面对社会极端事件、冲突事件中的各阶层人群,与底层社会人群接触的机会较多,甚至在很多事件中难以避免地与其发生正面冲突。从社交媒体中的图片或视频中看,衣着普通的底层社会人群(或讨薪者,或维权者,或上访者,或抗拆者)与身着制服、手扛盾牌和警棍的警察形成鲜明对比;从符号意义上讲,前者代表"民",后者代表"官",这是"官民"二元结构的形象化,并且具有很强的社会刺激性,激发人们对社会阶层关系的想象。人们总是基于"有图有真相"的理念和对警察的"刻板印象",相信网络中传播的片段化影像,并将其与"真相"对等,而影像的符号因素又固化了人们对权力系统的认知框架。例如,2015 年 4 月 25 日,"广东交警扇女子耳光"的视频遭曝光,实际上,这段视频的前段部分被剪掉,即交警被该女子连扇耳光。到最后,影像的真实性和客观性已经无关紧要了,而警察的制服、蛮横的举止、冷漠的表情才成为信息传播的

---

① 陈汝东.新兴修辞传播学理论[M].北京:北京大学出版社,2011:113.
② 王子元.关于传播学视角下警察形象塑造问题的思考[J].山东警察学院学报,2013(4).

核心,人们认为这才是符合实际的,因而此类影像通常被传播得更为广泛。这类视频给予了影像拍摄者以启发,他们在与警察有关的事件中,习惯性地采取这种断章取义的拍摄方法,将警察的形象进行一定程度的"污名化",这正是互联网时代网民的一种典型话语策略。

近年来,网络上传播的与警察群体有关的图片和视频层出不穷,实际上是对警察形象进行消极的政治化处理的过程。"某地警察脚踩讨薪者头发"图片可以说是警察形象负面走向的最典型案例之一,2014年12月26日,网络披露一张照片:面对身材瘦弱的晕倒在地的女进城务工人员,一名微胖的中年男警察用脚踩住其头发,男警察挺着"将军肚",双手背在身后。这名男警察的表情和肢体动作正是非语言符号的运用,暗示权力的傲慢,实质上是对警察群体的污名化,进而使"警察话题"进入"官民对立"的政治场域。"将双手背在身后"这一肢体动作,在我国语境中正是"官"的象征,是非语言符号对"官"的形象描述。警察"背着双手"属于无意识行为,在无意识中暴露了他的傲慢心态。这一点在影像中特别显眼,刺激了受众神经。然而,这种网络评述虽然在一定程度上解释了官员肢体动作的符号意义,暗合了社会阶层关系,但也包含了相当大的情感性因素。"在发泄型群体性事件的信息传播过程中,除了信息本身的传播之外,伴随着大量的情绪、情感的传播与感染,甚至发展到后来,作为导火索的事件本身的信息已经不重要,或完全不得而知,而只剩下情绪、感情或信念本身的传播。"①"警察"的非语言符号为人们提供了发泄情绪的工具性功能,在社交媒体中,这种情绪将个别的极端暴力事件进行普泛化处理,使人们相信这类事件的普遍存在,人们对警察群体的"非理性"认知也以此为开端,警察形象从而经历了前所未有的消极的政治化想象。

作为与民间话语的对抗,官方话语却在着力维护警察形象,对警察群体进行"去恶化"处理,如大部分公安官方微博的头像选用带着警帽的"大眼睛"动画人物,使其看起来可爱、亲民。此外,2015年之后,每年的春节前夕,全国不少地方警方发布警察版门神。例如,上海市公安局松江分局以我国传统门神造型为模板,将人物改变为民警、交警、特警等公安形象,精心手绘制作成人民警察版"门神"。在中国传统文化中,"门

---

① 曾庆香,李蔚.论发泄型群体性事件的信息传播特征与媒体报道[J].现代传播,2010(8).

神"是保家安宅的象征,警察版"门神"实质上是以视觉形象为中介,将警察转为"保家安宅"的化身。近年来,类似的以影像新闻来建构警察形象的案例层出不穷,2018年1月,天寒地冻中指挥交通的"卖萌"交警,被冰雪天气冻成"119"形状的警靴(见图3-11),这些都是官方话语在网络中的实践,由于这些影像以一种轻松、娱乐和猎奇的手段进行传播,因而比说教式的文字传播效果更好,更符合互联网时代的受众心理需求。

图3-11 被冻僵的警裤①

2. 城管形象的"群氓化"

在当代媒介环境中,"城管"属于传播力仅次于"警察"的权力群体,"城管"一词的含义与"城市管理"渐行渐远,成为一类与"暴力""野蛮"等标签化符号结合在一起的人群。实际上,这种"标签化"的后果与网络影像所制造的刻板印象息息相关。经过众多城管事件的洗礼与媒介话语的洗劫,"城管"引发了太多的负面情绪。"城管打人"事件一直是舆论热点,其中"影像"起到了重要作用。网络中传播的"城管打人"事件一直是热点,传播力度持久不衰。

近几年来的"城管"案例以及与"影像新闻"的关系:

(1)2013年3月7日,新浪微博、天涯论坛中发布了"广州市城管队员与女性小贩发生冲突"的消息,从跟帖的图片中可以看到,虎背熊腰的城管队员手掐女性小贩的脖子,旁边站着女贩的三岁女儿正在号啕大

① @头条新闻.被冻僵的警裤[EB/OL].[2018-01-30].https://weibo.com/1618051664/G0Owr1alS? type=comment#_rnd1520582389230.

哭。最后的一张图片更加煽情:女贩被反剪双手蹲在执法车边,女儿抱着妈妈的头,图片配的字幕是:"孩子,对不起,妈妈这次不能抱你。"

(2)2013年6月3日,网上公开的一段视频显示:一群身着城管制服的人围殴一名男子,男子被击中倒地之后,城管仍未善罢甘休,其中一人双腿跃起,腾空踩向男子头部。

(3)2013年7月17日,临武县瓜农邓正加在贩卖西瓜时与城管发生冲突,网上热议其死因可能为秤砣击中头部,配图是邓正加倒在血泊之中,秤砣与邓正加的尸体并行放置。

(4)2014年4月19日,5名浙江温州苍南县灵溪镇城管在整治占道经营时,与一女菜贩发生争执,此时一名路人用手机开始拍摄城管和小贩之间的冲突,从而引发了城管与拍摄者之间的斗殴,5名城管的殴打导致路人倒地吐血,最终使整个事件演化为波及全县的群体性事件。

(5)2016年4月18日,一段广州越秀区城管狂殴店主的视频在网络中热传,视频分为"广州城管扇店主耳光""广州城管踹店主一脚""广州城管狂殴店主"三个片段。

(6)2016年4月16日,昭通昭阳区城管到区一中门口执法时,与一名正推着三轮车卖香蕉的老人发生冲突,城管队员欲动手打老人,这个过程被该校学生拍摄下来并制止,近千名学生围攻城管。

(7)2017年7月17日晚,一段身着城管制服男子当街拖行殴打一名男子的视频在网络流传,事发地位于湖北恩施巴东县信陵镇,打人者系巴东城管局工作人员。被打男子向国欧是当地一名普通菜贩,警方调查起因是向国欧与城管队员黄某的母亲起争执,继而黄某带人与其发生冲突。

(8)2017年7月14日,网上流传的视频和图片显示,数名身着城管制服的男子围殴一穿商家T恤、肩披宣传条幅的学生模样的年轻男子,其中一名城管飞起一脚将其踹倒在地上。年轻男子倒地后双手抱头躲避攻击,但城管仍脚踹其身体。14日下午,南充市城市管理行政执法局顺庆区分局通报称,当日上午城管执法时与商家发生冲突,第一时间已将受伤者送医救治,并对现场动手的6名城管停职调查,待警方调查清楚再行严肃处理。

在生成路径上,这几起事件有一个共同点,即这些视频均由公民记者记录以及在网上发布,这些公民记者不仅仅具有网络发布能力,而且在文字、图片和视频的编辑中,能掌握导向性,在叙事情节和议程设置中,将舆论高地选择性地向小贩(市民)倾斜。例如,在广州城管手掐小贩一系列图片中,特意隐去小贩用番石榴砸城管的事因;在延安城管跳踩市民的视频中,刻意突出城管"跳起落下踩头"这一极具视觉冲击力的镜头;在临武瓜农案例的照片中,将躺在血泊中的邓正加照片与秤砣照片并列,产生蒙太奇逻辑效果。

在传统媒体中,城管作为一种权力机构而存在,它们与新闻机构之间的紧张关系和敌对状态是被限定于一定的框架之内的,这一框架有力地支持了权力机构对媒介的控制和疏导,在这一大背景下,媒介看似是反映现实,批判现实,其实是建构现实。英国文化研究学者霍尔通过对各种文化形式和受众解码之间的关系研究,指出媒介依靠生产出凝结社会的霸权符码而发挥作用。在法兰克福学派视野中亦是如此,无论是"媒介的被控制",还是"媒介的控制",皆是媒介对权力的屈服,"媒介的被控制,是指国家对媒介的控制;媒介的控制,指的是媒介作为国家权力的一种舆论控制工具对社会的控制。前者是国家对媒介的控制,后者是国家通过媒介对社会的控制"①。也就是说,在传统媒体的报道框架内,往往遵循"小骂大帮忙"的规律,因而"城管"在传统媒体中视觉形象也相对积极。

然而,当代媒介现场直播的随意性取代了传统媒介现场直播的适时性,从而在结构上解放了媒介对权力的附庸,消解了权力赋予的解释霸权,也颠覆了其解释世界的话语方式。正是这一语境的变更,为城管与媒介布置了"战场",昔日权力对媒介的征服与媒介对权力的谄媚已日渐稀薄。城管与当代媒介的"战争",并非是与媒介的控制者的"战争",而是与媒介中的表达者的"战争",互联网时代表达者的分散化、随性化和多元化,注定了城管是在面对一场不可回避,而又难以战胜之役。"城管"在网络中出现的场景以殴打、抢夺、教训为主,如河北某地的城管坐在卖红薯的烤箱上,而卖红薯的妇女则双膝跪地向城管求饶,图片中虽然没有暴力行为,但"官民对立"的政治指向却异常明显。

社交媒体中,"现场直播"的记录者和传播者无处不在,当一个事件逐渐淡出公众视野之后,媒介的"嗜血"欲望又在诱使它寻找新的关于城

---

① 邵培仁,李梁.媒介即意识形态——论法兰克福学派的媒介控制思想[J].浙江大学学报,2001(1).

管的媒介事件,继续着尚有余温的媒介狂欢和文化消费,从而使得"城管话题"形成一个独特的舆论矩阵,绵延不断地供人消遣。也就是说,此时的记录者是有偏向的,启动"议程设置"功能,在海量的社会信息中,专注于城管与小贩的"战争",形成长期的舆论焦点,即使实际的社会危害并不大的事件也被推至舆论浪尖,图片或视频随时进行"现场直播",展开阶层化政治隐喻,如重庆城管躺执法车中请人擦鞋,武汉城管下班时间"摆地摊",都将"城管"群体与"民众"的社会阶层划出了清晰的分界线。

社会聚焦给城管形塑了一种无法自辩的身份——公敌。虽然在媒介视野中,城管执法与社会存在的矛盾主要集中在"小贩"身上,但此时"小贩"的身份认同已经在网络叙事过程中符号化和形象化,他们的贫苦、窘困的表情,遇城管之后的紧张,货物被砸被毁之后的悲愤等细节都跃然于镜头中。当代影像不会错过任何一个符号化的视觉标签,这些标签的语义被无限量扩大,乃至于在潜意识中"小贩"代表了公民权利,成为正义的化身,而与"小贩"冲突的"城管",无疑被推至公众对立面。在这种境遇下,即使城管遭遇不公平,仍然难以取得谅解,如2013年3月广州天河区一名城管队员遭小贩连砍七刀,社会舆论却倾向于同情小贩,而对受伤城管的评论多为"活该"。传统媒体对这起事件的追踪力度和报道热度也完全比不上"城管打人""城管群殴小贩"等血性事件,城管的视觉形象在网络中出现的最多机会是与"打人""抢物"等暴力相关的。

(四)政治话语的娱乐化尝试

1.政治人物的"漫画化"

在前面章节中,我们讨论了手绘影像,即以漫画的形式呈现新闻人物或新闻事件。漫画与摄制影像的客观纪实形成强烈对比,不必严格尊重新闻客体的客观真实,可以天马行空进行空间想象和话语设计,将阶层概念化,将人物脸谱化,以幽默、夸张的修辞方式来表达意见。新闻漫画在我国也有不严肃、不庄重的价值倾向,给人以"丑角化"之感,因此比较少用于我国当代政治人物。

国外刊物发表政治人物的漫画形象已有悠久历史,英国《笨拙》杂志早在19世纪中叶就开始了政治人物漫画尝试,如1890年德国"铁血宰相"卑斯麦下台,该杂志发表了满面怒容的卑斯麦走下轮船旋梯、德皇在船上俯视的漫画,以此来讽刺卑斯麦与德皇威廉二世的不合。政治人物的"漫画化"在西方国家有深远的文化根基和历史土壤,也契合了其政治生态的发展要求。然而,我国对于政治人物,特别是在国家领导人的漫画尝试方面一直谨小慎微。1986年,《解放日报》选登了"上海漫画大赛作品",其中有一幅漫画是张卫平画的邓小平打桥牌像,桥牌上写着"中国式现代化"。自此之后,直到2006年9月11日,《新快报》刊登了一副胡锦涛肖像的漫画,为文章《总书记的热泪为谁而流?》做插图,表达胡锦涛为某位普通教师的高尚品德而感动的内容。这幅漫画为铅笔素描,不夸张、不幽默、不独立成意,但在当时已非常鲜有。2010年以来,民间创作的政治人物漫画也开始在我国出现。2010年5月,时任总理温家宝在日本访问时,参与中日文化交流的中方动漫界代表就向他赠送了温家宝漫画肖像。2013年10月,动漫视频《领导人是怎样炼成的》可以看成是我国政治人物漫画正式走向大众视野的分水岭,视频中,毛泽东、邓小平、江泽民、胡锦涛和习近平等国家领导人均以卡通造型登场,视频风趣解读了中、美、英三国领导人的产生过程。四天内,中文版点击率超200万次。自此以后,我国政治人物的漫画形象发表走入了正常、健康的轨道,以幽默的形式来建构我国当代社会的和谐关系与凝聚力,甚至阐释政治人物的思想,如漫画肖像中,邓小平怀里搂着一对黑猫和白猫,象征着邓小平的"黑猫白猫,抓到老鼠就是好猫"理念;习近平右手握着鸟笼,鸟笼中装着一个公章,象征着习近平的"将权力关进笼子"理念。政治人物漫画的公开发表,意味着我国政治文明的进步、政治理念的成熟和政治观念的自信,"用(漫画家)朱自尊的话说,'领袖平民化,是社会的进步。'他想要让领导人更亲民,同时拓宽人物肖像的题材领域"①。

2. 政治影像与娱乐话题的契合

在我国媒体的传统风格中,政治影像以严肃和严谨为特征。这是因为传统媒体代表的是机构、组织、官方的语言,是一种集体行为,它的每一张图片的角度、景别、色彩,都会被人反复推敲、猜测。而在互联网时代,特别是在社交媒体中,传播以"个人"为主体,不代表官方语言,因此在话题中也轻松了许多。娱乐话题不仅改善了政治氛围,而且使政治人物看起来更加亲民,更像"普通人",从而建构起政治人物与民众相等的一种身份认同。

① 孙静.国家领导人漫画创作记[N].北京青年报,2014-05-03.

在社交媒体中,政治影像对娱乐话题的介入越来越常见,从外交关系、国际政治,到国内政治均可看到这一变化。2015 年 5 月,印度总理莫迪在华访问当天即在微博和推特上同步晒出与中国总理李克强的自拍照,一时间,这条微博也成为莫迪开设中文账号以来转发和评论量最高的一条。照片以天坛为背景,两国领导人露出俏皮的笑脸,使原本严肃的政治访问显得更加轻松、和谐。2015 年 5 月 29 日,演员李晨在微博上发布与范冰冰的合影,并配文字"我们"。这两个字与图片的组合形成了巨大的舆论漩涡,一时间被社会广泛模拟。联合国官方微博也紧跟其后发布一张联合国秘书长潘基文与妻子的合影,配文"我们"。这幅图中,潘妻身着韩服,面带微笑端坐,而潘基文侧立一旁,右手落在潘妻的肩上。可以见到,此图将尊重文化多元(以民族传统服饰为象征)、保持和谐关系(以夫妻相濡以沫的举止为象征)等国际政治理念和原则融入一个娱乐话题,相比官方语言发布的正统公告,这种娱乐话题的"借用"更为深入人心。联合国官方微博的影像发布无疑在"我们"这一舆论旋涡中扔下一块石头,导致众人争相模仿。

小结:

本章从图腾开始,研究了影像这一符号文本的先天性权力基因,这一先天权力来自于视觉象征物的隐喻。符号隐喻是本章的根基,很多时候,隐喻功能使得影像成为政治表达的工具,影像中隐含着强烈的意识形态倾向,不同的人试图使用影像来实现不同的政治意图。

从新闻话语视角研究影像新闻的权力身份与政治的关系,将"影像"看成是官方话语、民间话语、精英话语、民粹性话语多元角逐的工具,这是一种多元的研究视角。互联网时代,无论何种身份、何种职业,每一个人都是通过新媒体表达意见的技术权利,都能以媒介为手段来维护自身权益,同时也能实现自我宣传。因此,本章对多元话语研究视角是必要的,能全面地观照互联网时代影像新闻对各类人的政治隐喻功能,本章之所以特别关注城管和警察两个政治类群,原因在于以他们为影像内容的案例要高于其他类群,具有典型意义。本章另外一个价值在于,研究影像新闻政治表达的手段时提出"行为政治""表情政治"等表达元素。

第四章　生存之路:影像新闻的经济视角

一、影像新闻的经济含义与商业价值

本章从经济维度讨论影像新闻的生存之道,也就是将影像新闻当成一种产品和商品,而非作品和艺术品。很明显,影像具有商品性,可以参与广泛的市场交易,新闻在媒介市场中也具有商业的附加价值,因此"影像新闻"自身也必然具有一定的商业价值。

(一)影像的产品属性与商业环境

自从有影像技术以来,影像即以一种产品或服务的形式不断参与价值交换,比如街头的照相馆,这是一种原始的影像产品和服务的交易形式,以"一手交钱,一手交货"的形式直接实现了影像的价值。当影像进入大众媒介的框架以后,影像承载了更多的社会意义和伦理追求,作为"宣传品"来鼓舞受众,如"雷锋照",形成主流价值观,作为"教化品"来教育群众;如现场说法,普及法律知识,作为"艺术品"来感染受众;如电影、电视剧,向受众传递美学思维,引发共鸣。在传媒经济兴起的大背景下,内容的"商品属性"不断得到加强。"传媒的市场概念,应是先有商品的属性,再有传媒的属性,这就是说要以商品概念去看待传媒。"①在互联网时代,影像的商品属性更加明显,已形成视频产业链。

影像的商品性必须具备两个条件,首先,影像是有成本的,它的成本来自于制作和流通两个方面。制作成本包括影像策划、拍摄、编辑、保存

① 包国强.传媒策划与营销——基于市场整合与竞争的观点[M].北京:清华大学出版社,2007:9.

所需的人力劳动和设备磨损,流通成本包括影像的展出平台费用。其次,影像是可以用来交换的产品,它包括三个方面,即核心产品、形式产品和延伸产品。核心产品给受众提供影像的基本效用,也就是可供观看的影像文本;形式产品给受众提供产品的外部特征,如类型、品牌,为受众节约了选择成本,其中,传统电视的纪录片、电视剧等产品与新媒体的视频产品相区别,传统电视以不同的电视机构、影视机构为品牌进行区分,新媒体影像以不同的虚拟影像框架为区分,如网络中出现的影像品牌"暴走漫画""美拍"等;延伸产品即商家购买影像和受众观看影像后的附加服务和利益,如影像中的广告价值。以网络视频为例,可以简略考察影像的商业环境情况。

自 2010 年新浪微博等社交媒体兴起以来,目前的网络视频仍以两种类型为主,其一是自媒体分享平台,其二是高画质的商业平台。所谓自媒体分享平台,即普通公众通过手机等网络终端自由发布信息和浏览信息的一个场域,在这个场域中用户可以一对一或一对多随意交流,从而形成一个能给人提供信息、娱乐、服务的"社区",其中内容的发布者同时也是接收者,共同搭建共享平台,当然视频也是"社区"中交流的重要内容。严格而言,用户自行发布视频不算"视频产业",因为生产者为分散的、独立的个人,缺乏有组织的分工合作,缺乏采集、生产、流通、销售等规范动作,关键的是,内容生产者不以营利为目的。但是,内容引起的共鸣又使用户成为一个具有内核的"集体",培养出共同的话语方式和思维方式、共同的利益诉求和价值取向,从而形成对社会的巨大影响力。正因为此,我们又不得不把这类视频归结为一种特殊"产业",这种"产业"使用户分享社会话题和意见,汇聚人气,为其内容带来商业运作空间,如形成一定的关注度和影响力后,视频内容中可以插入广告和营销产品。所谓高画质的商品平台,不仅仅是指高清的画面和上乘的内容,更是指网站在营销管理方面,通过整合多方资源,运用现代商业运作模式,在社会法律和行业法规的约束下为用户提供视频。商业化的高质视频网站是当下视频产业的核心主体,也是营利潜力最大的产业板块,其核心价值在于高质量和整版无间隔的"去碎片化"画面。高画质视频能在包括电视在内的各种终端机上播放,瓜分了传统的电视观众,相应也解构了传统电视广告版图,广告商纷纷流向了高质视频网站,成了这类网站的主要经济增长点。然而,相对于传统电视这位旧式贵族而言,网络的弱项在于正版内容资源的稀缺,以及生产能力低下和购买成本过高。

(二)影像的版权经济研究

版权又称著作权,是指文学、艺术、摄影摄像等作品的作者和购买者享有的财产权,涉及作品的生产和流通领域。影像版权是维护影像生产者和展出平台经济利益的法律手段。在智能手机成为普通公众基本生活工具的时代,摄影、复制、转发和发送摄影作品简易化,图片和视频的资源也得到最大限度的释放。从另一方面来看,这种"自由"同时又增加了"盗版"的机会,无论出于营利目的或非营利目的,"盗版"属于不道德行为,是对著作者的权益侵犯。因此,如何保护影像产品的版权,防止"盗版",不仅是保护著作人的经济利益,也能净化市场环境。在社交媒体中,图片的版权维护一般采用"打水印""贴标签"等方式,传播者将图片发出之后,图片自动贴上发布者的账户名或标签,但相比图片,视频的版权维护却困难重重,"水印"和"标签"制作起来相对烦琐。在当代媒介环境中,影像版权主要针对的是网络视频和图片的"盗用"等破坏版权生态的行为,网络视频也是版权之战最为激烈的地方。盗版的破坏力不仅在于导致正版视频制造商和播出方的利润下降,还在于盗版分流正版的网站流量。

目前,视频产品具有高价格和高回报的矛盾,一方面,视频价格过高,产业主体被挡在市场之外;另一方面,回报率高,产业主体又无法远离市场。怎么处理这对矛盾?在法制滞后的年代,盗版无疑是最廉价、最便捷、成功率最高的一条通道。经济学中的"劣币驱逐良币"定律,使得盗版在市场中占有的空间越来越大。目前,使用盗版的行为主体包括三类:第一,小型网站,它们缺乏版权购买力,又亟须在成长前期吸纳人气,挖取第一桶金后再"从良";第二,个人上传,这部分人出于非营利目的上传他人视频作品,而将盗版责任转嫁给以营利为目的的网络平台,如2015年流行的"配音潮",将原版电视剧或电影片段剪辑,再进行配音加工,将其幽默化,符合网络媒体传播规律;第三,电视台,虽然传统广电是正版视频的"仓库",但为节约成本,或使节目更具有戏剧性,也经常采用马赛克去标签的方式,盗取异地电视台或网站上的视频画面。

目前,《信息网络传播权保护条例》是我国对视频版权保护最完善的法规,于 2006 年 7 月实施,明确写明保护著作权人、表演者和录音录像制作者的信息网络传播权。但是也存在很大的问题,如其中的"避风港"条例,"解读多是:若著作权人发现视频分享网站非法传播自己版权作品,告知网站后,网站及时撤销侵权作品,网站就可以免于责任承担"[①]。虽然,近年来政府已加强对视频著作权的维护,惩罚了一批盗版视频运营商,如长期提供盗版影视下载的 BT 下载平台在我国的出局,但维权主力还是搜狐、优酷等企业,而企业行为的效果又是有限的。相对于小型网站,大企业的竞争力在于有正版视频购买力,维护正版就是维护它们自己的生存权。国家层面在"盗版"治理问题上也逐渐成熟,从各个方面加强对知识产权的保护,《中华人民共和国著作权法》也几经修订,从 2010 年"版权元年"以来的经历看,这些措施"无疑给所有网络视频行业者敲响警钟,可以毫不夸张地说,在 2010 年的所有网络视频公司,没有一个是完全'干净'的,或多或少存在着盗版问题。几乎所有的视频网站都依赖着'避风港'原则苦苦支撑"[②]。

以上所指内容主要针对"影像文本"的盗版,另外还有一种盗版,即对"影像创意"的盗版,第二种"盗版"更具有隐蔽性,更难被原创者所发现。但是,在移动互联网时代,"监督"的视角无处不在,创意的雷同或模仿也会在一定情境中被还原。例如,2015 年在网络中吵得沸沸扬扬的复旦大学"宣传片"涉嫌抄袭事件,就被网友指出了它是对国外类似宣传片的创意模仿:

> 东方网 5 月 29 日消息:据《劳动报》报道,迎来 110 周年校庆的复旦大学,在前天的校庆日发布了新版官方宣传片,引来一片点赞。然而当天晚间,该宣传片被网友指出,涉嫌抄袭日本东京大学 2014 年宣传片。昨天下午,这部备受争议的形象片已经从复旦大学官方网站、微博等平台全部下线。18 时左右,复旦通过官方微信发布新版校庆宣传片。
>
> 复旦大学 5 月 27 日发布的这部名为《To My Light》的宣传片,因风格迥异广受好评。但就在上线当晚,有网友指出,该宣传片的许多画面与日本东京大学 2014 年的宣传片《Explorer》非常相似:在东京大学的宣传片中,一名身穿宇航服的女性走

---

① 牛静.视频分享网站著作权侵权现象评析[J].国际新闻界,2009(12).

② 付云.视频版权编年史[J].互联网周刊,2011(11).

过图书馆的书架、面对鱼缸、看到古代文献、在派对上跳舞、看到本子上手绘的飞机。最后,她也脱下了头盔。

昨天晚间,宣传片制作人滕育栋回应称,2015年2月,复旦进行了剧本创作,女主人公的经历和事迹都是独一无二的。构思完成后,摄制团队看了全球20多所高校的宣传片和几家著名广告公司的广告片,其中就有东京大学。短片从4月开始拍摄,因为题材类似,摄制团队较多参考了东大短片的叙事方式和表现手法。但考虑到剧本改编于真人真事,且试飞的悬念、时空的错位、主角与老先生的深度互动等,都是东大宣传片没有的,因此复旦并未改变拍摄计划。

"现在看来,当初的认识显然是错误的。由于我们选择画质较高的4K技术拍摄,剪辑进度比较慢。之后想赶时间尽快做出来,在送审时,没有向学校有关部门全面汇报拍摄的过程和背景情况。"滕育栋说。

面对舆论,滕育栋表示,将坦诚地接受校友们和所有关心复旦的人的批评和质疑,并随时准备接受应有的处理。"作为制片人,我对这部片子对学校声誉造成的伤害深感自责,表示真诚地道歉。"

另据了解,昨天下午,这部争议形象片已从复旦大学官方网站、微博等平台悄然下线。18时,复旦发布了2015校庆宣传片。[1]

虽然大学宣传片属于公益视频,不存在营利目的,但这种视频的创意、制作仍属于经济意义上的原始成本概念,对创意的"借用",显然是对他人的经济成本的占用。

(三)影像新闻的注意力经济研究

从本质上讲,物质世界客观存在,而眼球的"视觉成像"是人体器官对物质世界的主观重建。这种重建受到个人知识背景、社会经验和伦理价值的直接影响。眼球在观看世界时,会有意识地忽略一部分信息,而突出关键信息,这种"厚此薄彼"的注意力倾向是人的大脑的主观指令。

---

① 中国青年网.复旦大学宣传片被指抄袭日本,制片人道歉[EB/OL].[2015 – 05 – 29]. http://fun.youth.cn/2015/0529/1246839.shtml.

大脑利用眼球 1/10 秒的浏览速度搜索关键信息,这些信息既对观看目的有核心价值,又能以最快速度刺激和反馈大脑。例如,报纸上一则图文共存的新闻报道,读者第一眼看到的往往是大标题和图片,通过这些关键信息来判断其可读性,再决定是否继续读下去。由此可见,对于任何一则文本来说,影像(图片)对"注意力"的影响是极其重要的,"视觉注意力"能让用户从"第一印象"中发现文本的亮点,使得电视画面更有冲击感、报纸图片更有震撼力、网络页面也更容易吸引用户,从而让依附这一文本之上的商家获得更有效的广告机会。

传播学家麦克卢汉在 20 世纪 60 年代就认识到电视台运营的本质是在租用受众的眼睛进行营销,而眼睛数量的多少,就决定了"注意力"资源的大小。由此可知,眼睛(视觉)关注,是注意力的开端,人们对媒介事件的最初关注,正是源于某种视觉刺激。1997 年,迈克尔·戈德海伯(Michael H. Goldhaber)又提出"注意力"经济,认为"注意力"是稀缺资源,首次将注意力资源与商业价值相联系。2000 年前后,"注意力"概念由搜狐 CEO 张朝阳引入中国,概念的发展与世纪之初的媒体注意力争夺战交相辉映。在电视领域,注意力的量化形式是收视率,即"根据抽象调查所估计的,某个特定时段里收看电视人口占所有电视渗透人口的平均百分比"[①]。收视率是广告份额的基本依据,而广告份额又是我国电视行业的主要收入来源,因此收视率对我国电视意义非凡,有"交易货币"之称。从 2002 年央视末位淘汰制度改革之后,全国的收视率大战进入白热化,"理论家进而以此为依据,提出电视产业是一种'注意力经济'、'眼球为王',使电视业持续的'收视率狂热'获得了理论的支撑"[②]。

注意力原则的目的是围聚消费者,影响力原则的目的是控制消费者,而购买力原则是在寻找和实现市场的归属,这样内容产品从生产到流通再到完全进入了市场,扮演着完整意义的市场角色。今天我们在节目中看到的植入式广告、故事营销、事件营销等,其实就是在内容生产阶段,融入市场元素,扩张营利空间,观众在欣赏故事的同时,不知不觉也在接收产品信息和品牌信息,而且不像看"硬广告"那样产生抵制情绪,媒介在欢快氛围中实现了有效传播,因此在注意力、影响力和购买力上都能有所收获。这种观看氛围来自于观众自己在内容选择上的主动性

---

①　王兰柱.聚焦收视率[M].北京:中国传媒大学出版社,2002:3.

②　胡正荣.传媒新生——传媒学子论坛[M].北京:中国传媒大学出版社,2007:265.

和参与性,"在新的媒介时代,原来的'单向推送式'传播转变为'参与式接收',媒介受众对于魔弹式的告知性广告信息兴趣减弱,广告活动已经进入到一个更高层级——沟通性阶段,受众将自己的观念和意志注入产品和品牌的设计传播中,在深度参与中不断推动自身的期待价值与品牌价值的交互、积累和变换"①。人们观看影像新闻之后,可以评论,甚至可以拿出几年前的类似影像进行横向或纵向比较,演绎出新的价值,构建出次级话题,在这种氛围中,任何一个人都可能成为广告的免费推手,从而使注意力和购买力形成闭环模式:人们受注意力的影响而实施购买行为,成为购买者之后又"参与式接收",在参与过程中又形成了新的注意力。

(四)影像新闻的品牌经济研究

影像新闻的品牌经济关乎两个问题,第一个是影像新闻文本的品牌,即主体品牌,该品牌附有的注意力和影响力,以及相应的购买力,如电视新闻栏目就是一种文本品牌,栏目的收视率与广告费成正比,互联网中出现的以固定模式和风格出现的影像新闻也属此类;第二个是影像新闻内容中附着的品牌,即客体品牌,如新闻画面中客观出现的某品牌的名字、LOGO,从而使新闻产生附加值。

品牌是一个经济学概念,通过品牌来解读影像新闻,是将影像的制作和传播假定为一种经营行为,事实上,互联网中的影像新闻运作经常是一种经营行为,通过制作新闻的形式来构建自身的品牌价值,并以此营销产品。品牌的原意是指通过名称、图像、设计和组合等具有"标出性"的符号来区别于竞争者的产品,是一种无形资产,经济学家认为,品牌能够降低消费者的选择成本(choice cost),"所谓品牌,就是能够降低目标顾客选择成本的排他性的利益符号"②。一般而言,选择成本就是顾客在市场中搜寻商品所花费的金钱或时间。当利益符号树立起来,品牌信任就会附身于该影像栏目,主体品牌便形成了。例如,观众希望观看到某个行业的业态发展,便会在第一时间选择名气较大的品牌栏目,这样便降低了选择成本。目前,互联网中影像新闻的主体品牌主要由企业或行业进行策划和生产。

① 喻国明等.传媒经济学教程[M].北京:中国人民大学出版社,2009:52.
② 孙曰瑶,刘华军.品牌经济学原理[M].北京:经济科学出版社,2007:15.

随着互联网信息的自主化,以个人名义在网络中发布含有企业品牌的影像已经越来越普遍,影像中的客体品牌也越来越随性和隐晦,甚至在不知不觉的观看中,接受和认同了客体品牌,如 2015 年 7 月优衣库"试衣间"视频事件,虽然经过警方调查,证明并非商家炒作行为,但这种恶性传播的视频在客观上已经形成了品牌推广。"2015 年 7 月 15 日凌晨,几乎同时在网页,微信,微博,引爆了一场优衣库试衣间的事件。在营销学上来讲,蔓延速度 2 个小时破亿,其价值相当于给优衣库做了一个单日投放花费 2000 万的免费广告。"①视频中虽然没有直接出现品牌名字或 LOGO,但同期声中却有售货员客观性地通过麦克风"喊"出了品牌信息,随着视频在移动互联网中触击燃爆点,品牌也随之兜售出去。

二、营利的个体状态:影像新闻的文本交易与内容营销

(一)"拍客":互联网催生的全新营利群体

1. 什么是"拍客"

在拍摄技术傻瓜化和随意化的氛围中,"拍客"这个称谓并非专指拍摄技术较好的社会公众,而是指对社会具有某种情怀,对媒介和传播具有某种能力的摄影爱好者。他们随时随地以观察社会、同情社会、治理社会的情怀和态度来拍摄、发布、评论,这种情怀和态度比摄影技术更重要。

在网络视频诞生之前,"拍客"专指有较好技术的摄影爱好者,他们以艺术美学为情怀和追求,"拍客"作品也以自我欣赏和好友圈展示为主。但随着视频网站平台的出现,特别是 2006 年中国视频元年开始,"拍客"的内涵发生了变化,即从图文影像转变到视频影像。这一变化,不仅体现在互联网技术上的更新,更说明受众对日常生活、社会话题、热点事件的视觉需求被很大程度地激活了。因此,有视频网站的创始人认为,视频"拍客"的诞生,代表了一种新的社会流行文化的盛行。在这一背景下,"拍客"这个词成了多数视频网站的"自媒体"栏目名称,如新浪拍客、腾讯拍客、优酷网拍客,"拍客"自然也成了视频网站的供稿人和客

---

① 栗施路. 优衣库恶俗却有效的营销事件分析[EB/OL]. [2015 – 07 – 15]. http://finance.qq.com/original/caijingzhiku/z0433.html.

户。无论年龄、性别、身份如何，只要随身附有一台智能手机，"拍客"就能随时随地将身边所发生的一切用影像进行记录和传播。

随着"拍客"数量的增多，视频网站对"拍客"作品也提出了更高更专业的要求，"拍客"不仅仅需要学会使用手机拍摄和发布，还要掌握各类相机或 DV 摄像机等数码设备的使用技巧，以便提高画质和抵抗特殊环境（如夜间拍摄、暴风雨场景拍摄），掌握影像的编辑处理，以便缩小容量、精简内容。根据各大网站的"拍客"素质可以发现，互联网时代对"拍客"的要求越来越高：在技术上，"拍客"不仅需要熟练拍摄热点原创视频，还要能开展传播、分享、推广视频；在人文素养上，"拍客"必须知识面广，有思考能力，习惯用影像表达观点和记录心情，表达他们对世界和人文的真实感受；在伦理精神上，"拍客"应该是富有社会责任感和公信力的主流网络群体。

一些专业的视频网站以"快者为王"为产品理念，提出"拍客无处不在""谁都能做拍客"的观点，注重"用户体验"，其中"用户体验"便主要指"拍客"的视频上传和受众的观看、下载。视频网站的视频分类也变得越来越专业，一般包括热点、原创、电影、电视、体育、音乐等频道，其中最核心的热点部分，便是影像新闻的实践，在这个框架中实现垂直定向搜索，帮助用户快速查找感兴趣的内容。很多视频网站的热点新闻是以"拍客"的拍摄资源为基础的，自身并没有专业的和固定的拍摄团队。优酷网是我国较早采用"拍客"模式来进行热点新闻传播的平台，"拍客"这一新概念也正是在视频上传和分享过程中提出来的，革命性地改变了"拍客"的功能，即从艺术美学到社会关注的转向，拍摄爱好者不仅可以从中获利，同时还可以与人分享个人作品，获得社会认知，在"拍客"之间的互动中交流业务，形成圈子，从而烘托出一种新的文化。

2."拍客"营利的两种模式

无论以营利为出发点，还是以个人爱好为出发点，"拍客"最终必须将拍摄的作品在网络上呈现，并获取相应报酬。这是"拍客"与普通摄影爱好者的根本区别。但如何使自己的作品获得社会认可，在网站上播出，或被广告商购买？营利最终如何实现？需要对以下两种模式进行考察：

"拍客"营利的第一种模式，即直接通过视频网站赚钱。将独家拍摄的影像上传到网站的视频专版，这是"投稿式"的营利模式。此时的价格又有两个标准，其一是影像资料的吸引力决定了点击量的大小，网站根据点击量付费，作品提升了流量，自然会根据协议支付报酬；其二是根据影像资料在视频专版中的位置重要性来决定价格，类似于在电视栏目中的时段差异和报纸中的版面差异。例如，腾讯拍客稿费奖金标准(2015年版)就有类似规定，腾讯网首页《今日热播》栏目的版眼处一个作品奖励4000元、视频链接处一个作品1500元，《今日热门》栏目的大图一个作品1500元、小图一个作品800元，《拍客通》栏目的大图一个作品800元、小图一个作品500元，《首屏要闻》大图一个作品800元、小图一个作品500元，《通栏》一个作品300元。另外，腾讯视频的专题新闻报道区域还根据事件重要程度、影响范围对拍客作品进行分级，一级新闻20 000元、二级新闻10 000元、三级新闻5000元、四级新闻2000元、五级新闻1000元、六级新闻500元①。

　　这种交易相当于网站向"拍客"购买影像版权，"拍客"在获得经济回报之时必须转让版权，同时要使作品符合网站统一的标准和规范，以便于形成网站的品牌，而非"拍客"的个人品牌。还是以腾讯拍客为例，"拍客"提供的作品，必须具备以下基本规范：作品画面右下1/4处，需要加"腾讯拍客"标准设计LOGO(品牌维护)；拍摄角度以现场感表达为重，避免剪辑过多的图片(保证客观性)；避免画面抖动、模糊不清、单声道、画面比例失调、大黑边等质量问题(保证画质)；作品中涉及方言、不明身份、特别说明等，务必加翻译、注解和滚动字幕(保证跨区域传播)；不得上传和发布政治敏感、反动、色情、侵犯隐私等违反国家法律规定的内容(保证合法性)；禁止投电视台已播出素材(规避版权纠纷)。

　　"拍客"营利的第二种模式，即与广告商合作，不仅仅是奖金与作品的原始钱物交换，而是将价值融入影像内容，进入更高层次的营利。一般情况下，广告商会根据流量排行和版面排行分析出"拍客"的能力，这其实是建构"拍客"个人品牌和品牌价值评估的过程。当今的知名"拍客"越来越向专业化路线靠拢，不仅拍摄技术专业，而且在策划、营销等领域也逐渐专业化。因此，广告商会雇佣知名"拍客"拍摄植入其商品品牌的网络视频。这类影像新闻的内容不仅指作者偶遇的社会事件，更多指自己策划的媒介事件，甚至关于新闻话题的网络电影，虽然逐渐脱离

---

① 腾讯拍客稿费奖金设置(2015年版)[EB/OL].[2014-12-31].http://news.qq.com/a/20141231/043007.htm.

"新闻"范畴,但是借用当下大众所广泛关注的热门话题,在一定程度上提升了传播价值和影像附加的经济价值。因此,这类影像对设备和技术的要求也更高。

(二)职业报料人:从"兜售新闻线索"到"兜售影像半成品"

职业报料人是另一种以追求经济利益为目的的影像生产者,与"拍客"的区别在于供稿方向的不同。"拍客"的供稿方向以视频网站为主,而职业报料人的供稿方向以制度性媒体机构(报社或电视台)为主。职业报料人不仅与制度性媒体进行新闻线索交易,而且随着环境变化和技术发展,他们还与制度性媒体进行影像交易。

1. 职业报料人与影像新闻参与

在当代媒介环境中,"报料"的含义已超出"提供线索"这种单一的源主体行为,而将影像拍摄、编辑等新闻生产流程也纳入其中,为购买者提供新闻素材的"半成品"。职业报料人与普通报料人区别之一在于,职业报料人以获取报酬为终极目标,普通报料人则没有这么强烈的"获利"意识,有可能是出于兴趣,欲将偶遇的现象告知社会,有可能是向媒体救助,获取舆论支持;区别之二在于普通报料人仅仅提供线索,而职业报料人不仅提供新闻源,而且承担着一定的新闻生产任务,如第一时间到达突发现场的职业报料人拍摄下来的视频,这些视频是随后赶来的专业记者不可还原、不可再生的,因而必须向职业报料人购买。职业报料人的"职业"不仅意味着拍摄和编辑等专业性技术向职业化程度靠拢,还意味着这一人群以此为业、以此为生。因此,在职业生涯中,他们有意与专业记者赛跑,争取抢先到达现场,拍摄到原始镜头。职业报料人一般由社会底层的务工者转化而来,他们生活经验丰富,相对于专业记者而言,不仅更容易发现线索,还善于利用其底层身份挖掘线索,对一个事件进行草根体验、民间尝试,他们在给媒体提供新闻源的同时,还对事件进行了深层次交代,包括偷拍镜头的还原。这样,他们既可以以此说服媒体采用产品,又可为自己的细致服务开出更高价钱。实际上,媒体也在鼓励这一行为。例如,深圳电视台《第一现场》栏目曾经规定,经采用的报料中,提供现场视频的出价300元,无视频则出价100—200元。由于电视编辑系统的普及化,一些职业报料人还能将视频素材进行剪辑,以提高栏目采用的效率。

这些行为已经进入微观新闻活动的视野。在新闻活动的"职业"表达中,人们习惯于将制度性媒体中的采、编、播工作视为职业化行为,如杨保军教授在界定狭义的"新闻活动"时指出,"人们甚至只是把职业新闻工作者的职业传播活动(主要指报道新闻、评论新闻的活动,或者说就是采写编评播的活动)称之为新闻活动"①。这是对职业性的新闻工作者的传统概括,但现代"职业报料人"的行为有没有被囊括其中,杨保军教授进一步提出了参与性标准:"参与性标准的基本含义是说,只要参与到新闻传收活动中的人,就可以看作是新闻活动者或活动主体。"②由此可见,职业报料人虽然游离于制度性新闻机构之外,但他们从事的工作仍在新闻生产范畴。

2. 职业报料人的传播身份与营利身份

毋庸置疑,职业报料人没有经过专业训练,没有采访执照,在通常的新闻场合没有采访权,他们的很多"采访"行为,均以目击(随手拍照)、体验(隐性拍摄)等形式实现,他们的采访目的很明确,即拍摄到不可还原的独家影像,并以此换取报酬,因而算不上真正的新闻工作者或记者。根据国家新闻出版总署于 2009 年施行的《新闻记者证管理办法》,新闻记者"是指新闻机构编制内或者经正式聘用,专职从事新闻采编岗位工作,并持有新闻记者证的采编人员"③。

然而堪称悖论的是,当今的制度性媒体中,很多聘用记者并无记者证,但由于生存于体制之中,获得制度保护。无论如何,记者身份下滑是一种媒体现状,用工制度的矛盾是原因之一,如栏目聘用的摄像"合同工",经过一段时间实习之后成为摄像记者,这一现象在报社或电视台中相当普遍。从身份上看,"合同工"记者与职业报料人十分接近:计件领取报酬、没有采访证、没有社会地位、没有经济安全感。媒体的用工制度反证了职业报料人的合法地位,即用事实证明了没有采访证亦可以在新闻现场进行记录。从人力资源的角度而言,职业报料人的影像拍摄可以看成是专业摄影摄像记者的一种有效补充,弥补了专业记者的某些缺陷。

---

① 杨保军. 新闻活动论[M]. 北京:中国人民大学出版社,2006:48.
② 杨保军. 新闻活动论[M]. 北京:中国人民大学出版社,2006:103.
③ 《中华人民共和国新闻出版总署令》第 44 号,《新闻记者证管理办法》,2009 年 10 月 15 日起施行.

在实际工作中,专业记者与职业报料人的身份"互换"也是常见的,媒体机构为了节约人力成本,将职业报料人进行"收编",既能保证稳定稿源,又能减少开支,相当于将"零售价"转换为"批发价"。接受笔者调查的一位职业报料人长期向南方一家电视台某栏目提供深圳区域的稿源,内容不仅包括线索、文字,还有剪辑后的影像资料。随着双方信任感增强,该报料人于一年后被聘为该栏目的特约记者,配发该栏目的特约工作证、台标、名片等,每天定期发稿,除底薪外,每月按量核算工资。此外,有些栏目"合同工"记者由于不满工作氛围或工资待遇,辞职"单干"的现象也渐增,他们利用原有的新闻资源和技能,向多家媒体出售产品,将单一的营利渠道多元化。职业报料人与记者的身份"互换"证明了二者传播功能的"互通",亦反证了职业报料人的传播主体身份的现实意义。

3. 职业报料人的营利现状

近年来,职业报料人新闻活动十分活跃,也在实践中给自己营造了一定的生存空间,可从媒介的技术、制度和意识三个维度的变革进行观照:第一,随着媒介技术的进步,人们对摄制、剪辑、信息传递等专业技能的接近更加方便,能第一时间记录新闻,并通过网络技术向外界供稿,这在技术大众化出现以前是不可能做到的。技术进步还有一层推动力,即网络中公民新闻的即时化,迫使制度性媒体羞于遮蔽信息,急于追赶信息,而制度束缚和体量庞大又带来了人力、物力等方面的调度滞后,因而在某些特定的新闻题材上,选择"市场化"的职业报料人所生产的影像产品成为折中之举。第二,新闻制度的宽松化是职业报料人进入影像市场的保证,其背后的根本动力在于政府退出机制与媒体自主机制在议程设置制度上的逐渐形成。例如,通讯员可以看作是官方报料人,其目的在于利用媒体宣传政府各个部门的政绩、事迹和典型人物,他们提供的大部分是四平八稳的"官样"影像。随着政府与媒体二元关系的变化,通讯员这类官方报料人地位开始弱化,同时,媒体通过采用稿件、鼓励报料等行为承认了民间报料人的合法地位,媒体有权根据新闻版面的需要,选择官方供稿或民间供稿。第三,新闻的平民意识和经营意识启发了报料人参与影像新闻生产。有报纸公开认可报料人的新闻活动主体身份:"今年40岁的老杨,在深圳当了3年的职业报料人。他告诉记者,和'报料人'结缘,是2006年《深圳商报》开设的'数码现场'栏目。'当时一张照片稿费是 80 元,我天天在外面逛,哪里有个坑,哪里的电子眼坏了,我都拍下来,给报社发过去。'"①随着 2002 年民生新闻在电视界的兴起,媒体对民间报料人的依赖也逐步加深,一方面,制度性媒体体量庞大,缺乏灵敏性,职业报料人帮助媒体实现了"化整为零"战略;另一方面,报料人在长期的实践中得到锻炼,职业化特征渐趋明显,在与媒体经年累月的合作中双方信任渐增。此外,新闻的经营意识打破了长期以来意识形态占主导地位的思维模式。在不涉及意识形态的影像新闻生产中,职业报料人的涉足是一种市场行为,即媒介享受他们提供的影像产品服务,其商品性也正是来源于此。

在深圳地区接受实地调查的 26 名职业报料人中,无一人是新闻科班出身,但其优势在于,他们中的大部分在社会底层有深厚的生活积淀和深刻的生存感触,对都市中"打工者"和"外地人"的处世哲学有直接体悟,因而对民生报道很敏感,也很热衷。例如,2010 年,深圳富士康生蛆鸡蛋做早餐、某工厂上班前对工人实施搜身制度,均是职业报料人通过原工友获取信息,再进行亲身体验拿到隐形拍摄的影像证据。这是他们在与专业记者的竞争中得以生存的优势,即获取线索、参与调查、搜集影像证据等方面均具有便捷性。他们寄居于制度性媒体这台庞大机器之身,既分享了影像新闻生产的经济利益,同时也弥补了制度的功能性滞后。

参照新闻形态分类标准,职业报料人的影像拍摄可以分为两类,其一是突发类,其二是调查类。突发型报料人新闻活动的前提是制度性新闻存在着失控与失灵的可能性。他们主要针对具有视觉冲击力的新闻事件,如重大车祸、建筑物坍塌,这类事件涉及公共安全,且社会尚未广泛知晓。报料人的灵活性弥补了制度性媒体的调度迟缓,抢在专业记者之前拍摄到一手影像资料,并通过"一稿多投"实现利益最大化原则,获得突发事件的线索或影像"半成品"后,向多家新闻媒体报料,重复收取报酬。这类不可还原的独家影像往往是媒体争相抢夺的资源,不同电视栏目可以同时付费,不同报社也可以同时购买照片,其依据是新闻作品复制传播的合法性。调查型报料人的新闻活动是指对侵害公共利益的社会问题的揭发和调查。其新闻活动的前提是制度性新闻舆论监督的

---

① 陈广琳.最"牛"职业报料人月入两万——深圳活跃着 200 多个报料人,其中有人完全以报料为生[N].深圳商报,2010 - 09 - 14(A13).

权力下放,这类报料人提供的影像产品只能为"半成品",如"有图有真相"的证据。由于事件的隐性状态,牵连的利益关系也较为复杂和隐晦,真实性和精确度还需要专业记者的核实。

(三)公关新闻:企业品牌营销中的"影像借用"

如果说"拍客"和职业报料人是以影像"供稿"为基础的个人交易行为,公关人士则是基于"故事营销"理念之上进行的企业行为,以企业为个体,参与新闻的生产流程,利用某种契机,通过某种技巧,使"新闻"与"广告"之间的界限模糊化,使"广告"看起来像"新闻",使"新闻"实现更好的"广告"目的,最终完成企业形象公关、品牌公关的任务。本研究在此将这种类型的新闻统称为"公关新闻"。不过,在新闻专业主义色彩渐强的当代,"有偿新闻""新闻软文"是有违新闻法规和新闻伦理的,正因为如此,广告商名字、产品名字无法直接进入新闻文稿中,也正因为如此,影像才有了僭越于文字之上的更大的生存空间。如何解决文稿中不能出现品牌名字和产品名字的问题?"影像"发挥了重要功能,一般的公关策略是让品牌名称、LOGO 等画面客观性地进入镜头,让企业中的专业人士客观性地进入故事,以"影像"的客观性来代替"文字"的主观性。因此可以说,公关人士的新闻策划,在普遍情形下是对影像新闻的借用。从本质上说,公关新闻的影像借用,实质上是媒体权力下放、普通人媒介接近权实现的结果。

1. 公关人士用影像讲"故事"的动机

进入 21 世纪后,"媒体使用"出现大众化趋势,其中最重要的是传者和受者的身份平等化。在这一媒介背景下,公关在"新闻场"出现了三重转向:信息→关系、被动→主动、政治场→经济场。公关不再是简单的信息推介,而是关系演绎,新媒体便捷的信息功能导致传统媒体信息功能的逊色,传统媒体在公关时转而趋向于依靠权威身份演绎各种社会关系。公关不仅是狭义上的被动型危机公关,更是指主动的形象塑造,新媒体的公民主体身份使得舆论监督阵地大规模向互联网迁移,传统媒体的舆论监督功能受到诸多牵制,因此电视新闻中的公关形式从被动的"危机处理"向主动的"形象塑造"转向。公关人士不再以傲慢的"控制者"身份出现,而以"叙说者"身份取悦大众,新媒体传受双方的身份平等化,改变了传统媒体的公关场域和公关手段,以宣传式和灌输式的"控制者"身份出现的媒体难以服众,而"叙说者"身份更吻合当代受众的接受心理。

"讲故事"正是以"叙说者"身份对这三重转向的体验。"听故事的愿望在人类身上,同财产观念一样,是根深蒂固的。自有历史以来,人们就聚集在篝火旁或市井处听讲故事。"①"故事"并非流水账式的信息呈现,而是通过情节描绘因果关系,"情节"的介入使被叙述者的结构更加清晰,人物在故事中的结构性功能也得到凸显。现代企业公关所制造的媒介事件中,最流行的并非高成本、低回报的盛会和赛事,这些仪式性事件虽然能制造高端的影像效果,但缺乏情节,只能尽"一时之欢",不能启动话题的延展性,也不能引发更多的后续影像。而故事性的媒介事件,则在新闻价值、影像效果上均具备了当代新闻秉性,也符合受众的视觉需求。例如,从 2006 年开始,深圳的一家美容整形医院公关部制造了一系列的"故事":《毛人家族救助工程》《变性人刘爱丽的幸福生活》《20岁的少女 60 岁的脸》《"半头人"拯救计划》《男版"杨贵妃"变形记》《"励志婆婆"的爱情故事》等。这些新闻报道在影像上取得了很大成功,其视觉刺激感是文字无法实现的。首先,故事主人公的"异样"影像,引发了受众的好奇心,无论在报纸、电视或网络中,这些图片都能第一时间获得关注,并形成话题;其次,公关新闻有一定策划痕迹,"假新闻"之嫌在所难免,而影像的出现,满足了人们"眼见为实"的心理,增强了故事的客观真实。因此,在互联网氛围中,所谓的"公关新闻"必须以"影像新闻"的形式出现,即使最初文本是纯文字形式,但后面跟进的后续报道、受众评论、证据求证也需要以"影像"形式呈现,否则"公关"无法从"文案策划"的原始形态中蜕变。

在实践中,成功的公关新闻一般都是"先见其图,后闻其名"。"鸽子事件"就是一起成功的公关新闻案例,实践了"先见其图,后闻其名"的规则。新闻以鸽子飞进高楼居住的"奇怪"画面为引子,引发受众的好奇心,从而携带地推广公司品牌:

> 20 世纪 90 年代,美国联合碳化钙公司一幢 52 层的新造大
> 楼竣工后,突然有一大群鸽子全部飞进房间。按照常理,这群
> "不速之客"应该被驱逐。但这件"奇事"传到公关顾问那里之

① 毛姆.巨匠与杰作[M].孔海立等,译.上海:华东师范大学出版社,1987:17.

后,公关的契机立即出现了。公关顾问认为,最佳的公关做法应该是引发全民好奇心,让人们想亲眼见证这一神奇场景。

公关顾问向当地多家新闻机构报料,并向他们描述了一大群鸽子飞进大楼和动物保护组织捕捉鸽子的现场动态感和视觉刺激感。公关顾问的描述内容得到了新闻界认可,并争相用镜头记录、直播这一现场。在这一过程中,联合碳化钙新落成的总部大楼照片更是不断见诸报章,联合碳化钙公司总部大楼名声大振,而且公司领导充分利用了荧屏亮相的机会,不断地向公众介绍公司的宗旨和情况,更进一步地加深了公众对公司的印象,从而大大地提高了公司的知名度和美誉度。

此外,2007年,深圳上空突然来了一只巨型"飞船","飞船"身上有一图案标志。受到科幻电影的影响,这一事件首先引起人们的心理恐慌,见此奇景的市民立即向电视台新闻栏目报料,电视记者也郑重其事做了报道,"飞船"的画面无疑引起了更多人的议论。为了安抚民众的恐慌,电视台请来专业人士分析,最终证实这个图案是某汽车轮胎品牌的LOGO,因此,这只"飞船"被认定是轮胎企业的公关行为。即使事实被戳穿,公关效果已经成为事实,由于"先见其图,后闻其名"的规则,普通民众已经通过实景和电视画面均认识了这个品牌。

在策划流程上,公关新闻的"故事"经过报料后得到本地媒体报道,故事不能停留于最初影像带来的视觉刺激,而是在影像的视觉刺激中使每则故事的情节不断发展,使影像成为印象。在这种模式中,新闻需要不断追踪,企业与媒介形成相对长时间的合作关系,但是在"故事"的情节催动下,记者基本不用企业"邀请",而是自己主动找企业"索求"线索,公关人士甚至设置悬念,故意"卡"信息流量,每天报出一点料,或在互联网中故意设置"情节反转",以延长故事的关注度。在上述的美容整形案例中,当一则故事由地方媒体形成话题,并进入网络舆论圈之后,央视的纪录片栏目也开始关注,提升公关的规格。这些"故事"具备几个共同特点:第一,事件能触发极强的"视觉"观看欲望,如"毛孩""半头人",文字的功能完全不足以胜任对这些事物的描述,也难以满足受众的感官欲望。第二,事件满足了受众的猎奇心理,具有"趣味性",当然,这种猎奇心理是通过画面来满足的,让受众"眼见为实"地见证奇闻逸事。第三,"场景设计"占有较大比例。虽然基本事件是真实的,但情节是设计的，公关人士在事实的基础上刻画细节，凸显人物关系，如设计"励志婆婆"与儿子吵架的场景、邻居歧视"毛人家族"的鄙夷眼神，这些情节必须依靠画面的"现场感"来展现。第四，都在试图阐释故事中的"公共利益"和"社会价值"，如突出动物保护组织对鸽子的救助、媒体对公众"飞船"恐惧心理的安抚、医院对特殊人群的救助，彰显爱心，刻画人物追求幸福、追求美的心态，引导人心向善。

当然，公关人士并非免费地给媒体提供故事线索或故事人物，他们也需要在这场盛宴中分得一杯羹，企业会参与到故事中来，成为新闻报道的客体之一。但为了实现更好的"广告"效果，这种参与必须是隐晦的、低调的，因此，企业的参与往往是"影像"的参与，而非"文字"的参与，如在不经意之处出现企业的楼宇形象、户外招牌、产品包装等画面，或者由企业的某位专业人士出现在镜头中，在制服、工作服的载体中交代企业信息。

2. 公关人士与记者的"合谋"

公关人士是社会的一部分，新闻媒体作为一种社会公器，满足社会的接近权无可厚非。接近权的"等级化"有碍于民主表达，而公关人士从新闻的接收群体走向生产群体，是对公共权力的制约和媒介权力的共享，它体现了话语权的平等化和舆论场的民主化，市场与政治在"新闻"提供的意见领地中处于公平的竞争关系，而且在客观上也促进了社会关系的和谐。

从宏观上看，作为收受主体和源主体的公关人员，与作为传播主体的媒体力量、作为控制主体的政治力量分享话语权，参与舆论权，使得公众信息渠道更为通畅，实现了信息的全民分享，是一种社会进步。但是在微观层面，当落实到一些具体的公关组织上时，公关人士由"源主体"身份转化为"控制主体"身份，所谓的控制主体，是指"那些通过一定方式，限制、约束新闻传播内容、新闻传播方式的社会主体"[1]，作为控制主体的公关人士，他们的"控制"主要体现在"场景控制"上（而不仅仅是"场景设计"）。从一定程度上讲，场景由公关人士设计，场景即画面，在媒体视野中即影像，无场景（影像）设计则无公关新闻。20世纪，发生在日本某咖喱粉公司的一则公关新闻是一个经典案例，该公司在对外宣传上设计了一个场景，表示将用几架直升机向富士山撒咖喱粉，欲将富士

---

① 杨保军. 新闻活动论［M］. 北京：中国人民大学出版社，2006：146.

山染成咖喱粉的颜色,并"威胁"公众说"以后你们就看不到白色的富士山了",虽然只是"威胁",未付诸行动,但设计的场景已经构成了新闻要素。对场景(白色的富士山、滑行的飞机)的控制是由公关企业实施的,他们有权让媒体第二天的报道呈现出何种画面,以及如何呈现。在某些不可复原的场景中,关于场景的影像资料甚至直接由公关人士直接提供,这时他们的功能就与上文所说的职业报料人相当,不仅提供线索,而且提供影像资料,媒体在使用之时也会附上"报料人提供"等类似标注。此时公关人士的控制力就更大了,他们有权决定提供哪些场景影像,哪些景别和角度,从而利于企业品牌宣传。

由于"场景控制"的膨胀,新闻的"功能"也发生了"本体功能"(信息)向"派生功能"(品牌营销)的倒置。"新闻派生功能的产生与作用发挥,在宏观上看,也是一个历史的孕育、发现和产生过程。"[①]在这一历史阶段,公关所衍生的诸多派生功能包括形象维护、品牌营销等。派生功能的利弊分析,离不开与"公共利益"的关系阐释:理论上,公共关系是在维护公众利益的前提下,获取公众的理解和认同,如咖喱粉染色富士山,考虑到公众情绪最终放弃,最终该品牌获得认同;操作上,公共关系之"公"并非指普通意义上的社会公众,而是特指一个机构对"外"的组织能力,是一种行为指向,而非利益指向,即与外部公众的关系处理,获得外部公众认同的行为能力,整个过程伴随着强烈的功利主义倾向。

这也解释了为什么今天的公关新闻占据了大量版面。"据公共关系大师昆汀·贝尔说,商业版上80%的报道以及一般新闻版上50%的报道都是由公关人员炮制的,或在其影响下发表的。"[②]近几年来,我国新闻媒体亦是如此,其中原因有三:第一,公关人员专业性增强,特别是随着影像技术的发展,制作的影像画面具备可看性和刺激性,能迅速围聚人群,讲述的"故事"具有延展性,符合当代受众的收看心理。第二,公关人员代替媒体完成场景设计过程,并主动承担了一部分生产任务,如在不可复原的场景中第一时间进行摄影摄像,节约了媒体的人力成本。第三,记者在与公关人员"并肩作战"时结下人情,并各取所需,公关人员利用媒体实现企业的形象塑造,记者在获得新闻来源的同时,往往还能参与利益分配,如接受企业馈赠、宴请等。

---

① 杨保军.新闻本体论[M].北京:中国人民大学出版社,2008:213.

② 约翰·克莱尔.媒体操纵[M].林江,袁秋伟,译.石家庄:河北教育出版社,2005:164.

总之，公关人士的影像借用，在"影像新闻"的探讨中占据了重要地位。一方面，公关人士利用影像的客观性、直观性和隐晦性特征，增添新闻的可信度，弱化公关新闻的策划痕迹，加强新闻的可看度，用违背常规的画面第一时间刺激受众神经，同时在画面中客观且隐晦地透露企业信息。另一方面，公关人士也推动"新闻"的理念发展，公关新闻到底是"新闻"，还是"广告"？这是两难问题，但值得思考。如果说是"新闻"，它们却以推广品牌为终极目标，以营销产品为原始动力，企业行为在采访过程中占据了很大比例。如果说是"广告"，这种新闻始终以客观影像为手段，虽然有些影像是人为设置的场景，但始终是客观记录，是现象真实，新闻记者（主观的人）只字未提企业的名字和品牌，摄像机（客观的机器）却对企业楼宇、招牌、LOGO 进行了无意识记录。我们无法要求机器有意回避某些场景，因为有些画面是无法人为回避的，如上述的"鸽子事件"中，记者拍摄野生动物保护组织救助鸽子的画面，无法回避楼宇的内外景。

三、营利的组织形态：商业性网络电视新闻栏目

（一）网络电视新闻栏目身份研究：从体制化到社会化的嬗变

电视新闻属于影像新闻的一种传统形式，但在人们的"潜意识"中，一般意义上的电视新闻是指电视台制作和播出的新闻栏目，可以从两方面来解释这种"潜意识"：第一，电视台播出的新闻节目的话语框架决定了它的权威性，使人们理所当然地认可这种新闻；第二，传统媒体（电视和报纸）在很长一段时间里垄断新闻采访权，不仅如此，级别越高的媒体往往掌控越多的信息资源，拥有越多的接触权威信息源和人物的机会。

互联网时代，"网络新闻"这个概念并不严谨，是网络平台播出和刊登的新闻，还是网络工作者制作的新闻，并没有确切的边界，但"网络新闻"却越来越常见，成为当今新闻的一种常态，甚至是受众接触和接收新闻最为便捷的方式。在前文中，我们已对公民参与新闻生产过程进行论证，这是一种个体的新闻生产，如个人拍照、拍视频在网站上发表。虽然整个过程没有标注"新闻传播"，而是一种"信息传递"，但其所言所行均在"无新闻之名，行新闻之实"，属于一种自媒体行为，在社交媒体中出

现。而以网站形式出现的新闻则是组织形态,新闻节目的风格、规格、播出时长,均被统一化和规律化。

网站新闻又可分为两种类型:其一是依附于传统媒体(电视、报纸)之下的网站,它的主要功能是转载、复制、储存以播出或刊出的传统节目,网站本身也参与新闻生产,但比例较小;其二是自行生产新闻的商业网站,这也是本章节论述的主要内容。自行生产新闻的网站引发了一个当代悖论,即网站是否具备新闻采访权成为焦点。根据《互联网新闻信息服务管理规定》(2005年),新闻网站和商业网站只能登载或转载时政类新闻信息,对于政治、经济、军事、外交等社会公共事务和突发事件,网站不具有采访权,不能进行直接的新闻原创。因此,在当时的情境下,网站记者被取消采访资格的案例并不鲜见。在十届全国人大一次会议举行的记者招待会上,北京某报社记者因以"某某新闻网记者"的名义提问,而被取消了"两会"采访资格。取消这位报社记者(实为网站工作人员)的采访资格并无不妥,因为"两会"新闻中心完全是按"现行规定"办事。2015年开始,中央、地方的重点新闻网站以及全国性行业新闻网站的采编人员获得新闻证,全国范围内的一类资质新闻网站采编人员由此正式被纳入统一管理范畴,但商业网站仍未被列为发放对象。这就是说,上述的第一种类型(附属于传统媒体的网站)获得了新闻采访权,但第二种类型(自行生产新闻的商业网站)则未获得这一权利。

对于商业网站而言,如何规避"无证采访"的风险?有三种基本途径:新闻内容"二次传播"、新闻内容的"娱乐化"、新闻内容的"信息化"。在"二次传播"中,以借用传统媒体内容进行评论的方式来深化新闻意义,回避了"采访"环节;在"娱乐化"过程中,以"对话"代替"采访",巧妙性回避了"采访"行为的敏感性;在"信息化"过程中,尽量弱化内容的"新闻"特征,强化"信息"特征,即以一种信息通告的、信息交流的形式来替代新闻播报。在"二次传播""娱乐化""信息化"三种途径中,对影像的借用是基本趋势和共性,包括以下原因:第一,影像的直观性是"以事实说话"的典型手段,直接呈现事实,避免采访、解说的环节,一张图片中可以涵盖几乎所有的新闻信息,包括时间、地点、人物、事件、原因、背景,以非采访形式实现"无声的采访",在实际效果中则完成了采访任务。第二,在"二次传播"中,有意识地与"一次传播"构成话语差别,因此需要重建话语框架,这就有必要在"一次传播"的影像举证中重新设定主持人和栏目包装,纯文字是无法建立这种话语差别架构的。第三,影像具有先天的娱乐基因,在影像史上,影像的原始动力和功能即为了娱乐大众,因此,在娱乐题材的新闻中,或者在新闻的娱乐化中,影像能起到关键性作用。第四,新闻内容的"信息化"是企业网站或行业网站中播报新闻的主要手段,影像的出现,对品牌建设、形象公关和产品营销均具有重要作用,即用"信息"代替"新闻",以新闻的形式来播报企业发展、行业趋势。

商业性网络电视新闻栏目区别于公益栏目和传统媒体属下的专业新闻栏目,同时也区别于视频网站中公民记者自行上载的视频节目,而是一种系统化的电视栏目生产模式,组织化的电视生产分工活动,从录制、剪辑、包装、美编,到主持人、导播,均有一套成熟的生产流程。实际上,电视新闻栏目向网络的蔓延,是电视新闻从体制化向社会化转向的一个过程。在这个过程中,虽然网络电视新闻栏目模仿的只是形式,如模仿传统电视新闻栏目中的主持人形象、节目模版包装,但这种形式也是影像新闻史的一个极大进步。一方面它解除了电视生产的神秘性,如主持人的不可亲近、技术的独占,让电视生产从神圣走向平民;另一方面,网络电视新闻栏目建立了自身独有的话语系统,与传统电视新闻形成差异化,如网络语言的使用、网络画面的借用,这种形式上的进步催生了新的电视新闻话语,促使传统电视新闻改变以前那种高高在上、自说自话的习气。

(二)网络电视栏目生存模式中的"二次传播"研究

由于尚未获得采访权,"二次传播"成为商业性网络电视栏目的生存模式之一,这也是网络电视栏目市场中最为广泛的一种形式,在各大商业网站中均占有很大比重。例如,腾讯网的《新闻晚 8 点》《新闻未知数》《事实说》等。《新闻晚 8 点》是"腾讯新闻"和"腾讯视频"联合打造的全国首档原创日播节目。其内容主要关注网络中贴近民生的热点话题,如《城管打人激公愤被围殴》《富少撞死人出狱再飙车》《中国游客法国互殴》,均借助传统媒体已报道或社交媒体已广泛传播的话题进行进一步阐释和评论,实际上是对这些话题的"二次传播",从编辑逻辑和意义阐释中寻找新意,而非简单地追求事件的信息要素和新闻价值。例如,栏目并没有记者进行现场采访,只有编辑人员参与剪辑和美术加工,新闻画面剪辑中不时巧妙穿插经典电影镜头。即使主持人在演播厅的播报仍以正统形象出现,但主持人也与传统电视新闻栏目的播报风格形成差异化,语速较快,语言诙谐幽默。《新闻晚8点》开播之后,每个工作日晚上8点开播,每期的点击量从几万上升至几百万,营利点仍以广告收入为主,而点击量正是广告收入的指标参数。

这种"借鸡生蛋"式的新闻栏目模仿传统的新闻播报,但在形式上有浓厚的互联网特色,用网络语言来阐述网络话题,绘声绘色地进行"二次传播"。例如,腾讯网的《新闻未知数》就是一个周播的脱口秀节目,以"肤浅新闻、深度吐槽"为宗旨,栏目关注重要时政新闻、社会热点新闻,在形式上结合个人独创表演、歌舞秀、单口相声和短剧,以新潮幽默的网络语言和多元艺术元素吸引新一代的收视群体。栏目第一季自2014年9月上线以来,累计播放量超8000万,播报平台不仅限于腾讯网主页,还在社交网络中也具有很强的传播力。

表4-1 《新闻未知数》开播以来的新闻选题一览

播出日期	栏目选题
2014-09-02	Mike隋为男人形象平反约架外围女
2014-09-10	普京奥巴马有拖延症 洋快餐为自己平反
2014-09-17	公知明星上阵 领衔全民无节操论战
2014-09-25	中国人只懂放假不会度假
2014-10-08	中国赌客成赌场财神爷 药膳"拯救"肾亏男
2014-10-16	科学家怪癖多 私生活遭吐槽
2014-10-23	俄罗斯受制裁 普京为何依旧强硬
2014-10-30	偶像天团大PK 粉丝互撕无下限
2014-11-06	如何当新时代的合格人妻
2014-11-13	剩男剩女,应该如何拯救?
2014-11-20	神曲变挥之不去的精神"污染"?
2014-11-27	任性国人的倔强投资路 没钱该如何安慰自己
2014-12-04	中国人如何激发超强潜能
2014-12-24	中国人为何越来越重口味?
2015-01-22	中国好房都落到某些人手里?

从表4-1可见,所有选题均是对网络话题的"吐槽",特别是将一些看起来庸俗的、轻松的、诙谐的话题进行深入解读,在形式上颠覆传统电

视新闻的形式，尽可能适应互联网的生存规则，在内容上也突破了中规中矩的选题项，让人在嬉笑中重塑世界观。这些选题无需记者采访，同样也是一种"借鸡生蛋"模式，即对"旧闻"的重新阐释。

此外，"借鸡生蛋"模式并非局限于对庸俗话题的低端传播，并非仅仅逢迎年轻一代的口味。腾讯新闻频道打造的《事实说》就是一档高端辩论类新闻节目。每期邀请特约评论员、研究者、调查者、神秘人等多位嘉宾参与，历次节目的参与者均为不同领域的影响力人物。开播后即有李银河、叶檀、周孝正、武志红等社会名人登场，汇聚来自不同视角、不同领域的观点，针对大事件、大热点，以及民众广泛关注的社会问题，进行多维度辩论，深度挖掘现象背后的社会公共问题。栏目以"表达有深度逻辑、内容有知识增量"为生存信条，在网络上的拥趸一般属于有一定思想深度的群体，覆盖了各个年龄次层次，在第一季的 12 期栏目中，总播放量达 8000 万、评论量达 19 万、大数据调查的参与量达 3000 万。

在内容策划阶段，《事实说》有三个标准：热点话题、数据分析和知识增量。第一，结合新闻热点来确定选题，因为"热点"本身附着了较高的关注度，相对于一般选题，具有更大的生存力，在"二级传播"中具有更大的穿透力。例如，2014 年下半年，苹果 6 不在中国首发上市，导致中国消费者在世界各地抢购，全世界各大媒体纷纷报道中国消费者的"扫货"行为，并以"中国大妈论斤买苹果 6"为噱头来形成热点话题，中国国内媒体更没有落后，也参与了"扫货"报道。在这一"热点"背后，《事实说》并没有停滞于事实报道的低级层面，而是从"一级话题"跃居到"二级传播"阶段，辩论《中国是否需要工匠精神？》，讨论"中国为何出不来iPhone 这样的工业艺术品"的深层次问题。第二，《事实说》通过腾讯平台的用户数据，确定用户的近期关注热点，即寻找"会生蛋的鸡"，使"一级话题"的衍生潜能最大化。例如，《中国男人形象真的很差吗？》这一期选题，在策划前期，栏目组就充分分析了平台数据，根据平台上《中国男人外表配不上中国女人？》文章引发 5000 万网友点击这一数据，栏目组基本判断出这个选题具备了进行"二级传播"的潜能。第三，从多个维度思考问题，突破固定思维，讲究电视栏目对用户的知识增量作用。如在十八大以来全国的反腐高潮中，《事实说》开始辩论《中国式送礼是否该被全盘否定？》，从社会学、人类学、政治学等多个维度辨析中国式的送礼行为，辨析对象包括病人给医生送礼、下属给领导送礼等腐败问题，辨析方向包括中西方送礼的区别、中国人的面子观等社会学原理。

表4-2　《事实说》开播以来的新闻选题一览(截至2015年2月11日)

播出日期	栏目选题
2014-09-03	中国男人形象真的很差吗?
2014-11-12	中国是否需要工匠精神?
2014-11-26	中国人真的会开车吗?
2014-12-10	中国式送礼是否该被全盘否定?
2014-12-24	中国人就喜欢看"烂片"吗?
2015-02-03	春节是继续奋斗还是回家过年?
2015-02-11	中国的酒桌文化应不应该被摒弃?

(三)网络访谈新闻栏目中"聊天"与"采访"的边界性研究

影像先天具备娱乐基因,因此,网络电视新闻栏目往往选择以"娱乐"形式和气质出现。原本严肃的"采访"行为,在商业性网络栏目视野中,也可以简约为一种"聊天",以主持人与嘉宾漫谈的形式来替代采访活动,轻松对话、和谐交流,以此规避商业性网站的采访制约政策。这正是网络新闻栏目谈话节目盛行的一个主要原因。

既然"访谈"是政策约束下"采访"的替代品,那么二者之间的区别到底是什么呢? 也就是说"访谈"为何能行"采访"之实而去"采访"之名呢? 一般而言,采访暗喻一种主动出击式的搜寻信息行为,记者在这一行为中需要进行现场观察、访问、判断、记录、摄像、录音。而访谈只是采访的一系列行为中的一个环境,是一种被动的倾听信息行为,虽然主持人在访谈中需要对谈话方向进行控制,但被访谈者的思想、情绪、态度始终是谈话方向的主线。

表4-3　采访与访谈的异同点

	采访	访谈
主体	记者	主持人
客体	新闻事件或新闻人物	新闻人物
姿态	主动	被动
行为	观察、访问、判断、记录、摄像	提问
目的	具有倾向性,有提纲	具有倾向性,有提纲

续表

	采访	访谈
场景	随具体情形变化,无特别规定	访谈室,或节目制作者特意设定的场景
内容	围绕主题进行	围绕主题进行
问题	现场变量决定的开放式问题 （相对无序）	事前设定的封闭式问题 （相对有序）

以新浪视频为例,访谈栏目众多,如《文人墨客》《深度对话》《体坛人物》《娱乐明星》,相应的话题领域包括社会现象、国家发展、国际关系、体育赛事、娱乐人物等,实际上是传统电视的深度报道、调查性报道、体育新闻、娱乐新闻在互联网的延伸。如何在"采访约束"前提下同时实现深度调查和深度分析效果,网络访谈一般采取两种方式:

其一是多视角访谈,即针对一个问题,对不同层次、不同职业、不同专业的人进行访谈,如新浪访谈栏目《深度》第9期(2013年5月23日)发布的《就业季的抉择》,分别选择本科毕业生、硕士毕业生、名校毕业生、普通高校毕业生作为访谈对象,对不同层次的毕业生就业问题进行了调查,并对此进行深入思考,对就业的严峻形势进行了反思:"当2013年被冠以'史上最难就业季'名号时,我们不禁要问为什么今年高校毕业生找工作这么难? 难道仅仅是因为多出的19万毕业生? 难道一切责任都应该归咎于疲软的经济形势? 是否高校对于职业规划教育过于疏忽,导致面临就业的毕业生盲目求职? 是否高校毕业生太过眼高手低,过于一味追求所谓的'体面'的好工作,而放弃了很多不错的就业机会? 又是否招聘过程中存在一些不公平的现象? 本期《深度》带着这些疑问采访了三名应届毕业生,让亲历者向我们展现一个最真实的'中国式求职'。"[①]

其二是将传统电视新闻栏目的记者身份转换成网络访谈嘉宾。这类似于前文所讲的"借鸡生蛋"模式,但不同之处在于访谈内容不是直接对事件的"二次传播",而是以人物为线索开展追述。这种方式适应于某些必须出现记者现场采访情节的事例,在这种情形下,二人或多人对话场景无法生产出新闻采访的现场感,因此"访谈"也无法完全替代"采访"。新浪访谈栏目《深度》第8期(2013年5月3日)发布的《蒋林·讲

---

① 就业季的抉择[EB/OL].[2013-05-23]. http://video. sina. com. cn/p/news/c/v/2013-05-23/091162461377. html? opsubject_id = chinamobile.

述真实的芦山地震》即属于这一类。由于自身不具备采访资格,特别对地震这类具有敏感性、危险性的选题,稍有不慎则会引发公众恐慌或触发安全隐患,此时与传统电视记者合作,是网络访谈新闻栏目的一条出路,搭上传统电视的便车,既坚持了原创,又保证了重大电视报道的现场感。

　　2013 年 4 月 20 日 8 点 02 分,四川省雅安市芦山县发生7.0 级地震。一方面,各方救援力量第一时间集结芦山应对灾情,另一方面,社会、媒体、网民在火热地探讨着这次救灾过程中各方应对所出现的问题,掀起一个个舆论风波。《深度》第一时间采访到首批进入震区进行新闻报道的记者之一——成都电视台记者蒋林。蒋林在这次地震中的报道受到广泛好评,被称为灾难报道的'媒体典范'。我们希望,从蒋林这名一线记者的所见所闻所感中,去了解一个更真实的芦山地震,以及它带给我们的思考。①

　　从上述内容可知,网络新闻访谈栏目对传统电视节目既有模仿,又有突破,在形式上模仿,试图模拟其权威性,在内容上突破,争取更广泛的受众群,而且推动受众互动,参与评论。因此,这种节目对传统电视节目具有一定替代性,切实威胁到了传统电视的生存。当受众付费收看新闻尚未形成习惯之前(付费观看电影、电视剧在网络视频行业已经基本得到认可),广告仍是网络电视新闻栏目的支柱性经济来源,如在节目点播开始前的广告和播放中的弹窗广告,这些"小广告"与传统电视广告形成竞争格局,蚕食原本是传统电视独享的"蛋糕"。无论从技术还是从节目品质的角度讲,网络访谈新闻栏目属于高端节目类型,其收入来源也相对多元化,市场面积更为广泛,不仅局限于产品的品牌广告,还包括版权销售和用户付费。当然,在目前情形下,广告占到七成左右,对于点击高的新闻栏目,广告商的投放意愿越来越强,广告费用也越来越贵。

(四)行业网站新闻栏目中"信息"与"新闻"的边界性研究

　　信息是新闻的本体属性,"新闻本质上是一种事实信息,但新闻报道

---

① 蒋林·讲述真实的芦山地震[EB/OL].[2013 – 05 – 03]. http://video. sina. com. cn/p/news/c/v/2013-05-03/102062378759. html.

并不是单纯的事实信息"①。基于这一点认识,一些企业或行业在自身开辟的网站中也建立了"电视新闻栏目",在形式上尽量接近传统电视新闻,在内容上则以本企业或行业的产品、品牌信息为主。因此,在新闻媒介的专业视角中,行业新闻栏目属于"非专业",即"外行"办节目。

行业新闻栏目实质上是媒体专业化的一种实践,对应于传统媒体时代的专业报,如《电脑报》《化工报》《石油报》,将某一个行业内的信息以新闻的形式呈现在媒体中。互联网时代,行业信息进驻网站也成为一种常态,行业网站不计其数,以新闻形式播报行业信息的"栏目"也开始出现。这种"新闻"将行业内的信息与公共利益进行连接,从而为其赋予一定新闻价值,使一则推广行业动态、企业品牌和产品形象的"信息"看起来像"新闻",模糊了"信息"与"新闻"的边界。

一般而言,行业网站播报行业信息属于正常的信息传播范畴,并未触及新闻法规或新闻伦理的警戒线,但在网络媒介大众化的潮流下,行业网站电视栏目几乎在行业领域内完成了电视新闻制作和播出的所有程序。随着新闻生产技术的社会化,新闻人才的普及化,以及普通民众新闻素养的提升,这一类信息生产在形式上越来越接近于电视新闻,如字正腔圆的主持人、高清的画面、精美的包装、程序化的编排逻辑,这些问题可以通过"人才引进"和"设备购买"简易完成。从最近几年的发展状况来看,新闻院校毕业生补充了社会上各行业的专业人才需求,日益便捷的摄影器材、操作软件,也降低了行业新闻的技术门槛,使得行业新闻从业者能够很轻松地建立新闻话语框架,使信息传播披上"权威"外衣,这个话语框架正是新闻与信息的本质区别。在内容上,行业新闻栏目也具有一定优势:第一,制作人掌握了行业内的真实数据,或者能轻易获得真实数据,并且对阐释行业信息较为专业、权威;第二,栏目对行业动态具有敏感性,能较好地捕捉到行业变化与普通民众的关系,并将其进行深入解读;第三,制作人具有行业内的人脉资源,对专家库有更深入的接触和了解,这就便于开展深度访谈节目,能邀请到权威且适当的嘉宾人选。

到目前为止,行业新闻栏目已在不同行业建立根据地,并在行业内形成一定影响,如石化行业在 2009 年 9 月就建立了中国石油和化工网络电视(www.ccin.tv),并开办《快讯》《通讯》《人物》等栏目,内容繁多、

---

① 杨保军.新闻本体论[M].北京:中国人民大学出版社,2008:214.

精细。《第一家具网》也开办网络电视专栏,包括《访谈》《资讯》等栏目,包括品牌文化专题片、成功领袖人物专访,在新闻的外衣下开展品牌宣传。这一类网络栏目类似于前文所讲的"公关新闻",策划者的传播目的均在服务企业品牌,但不同点在于:第一,"公关新闻"需要依托电视台、权威网站或社交媒体等第三者平台,行业新闻栏目本身具备平台资质,保证了播出的稳定性和规律性;第二,"公关新闻"是一种随机性播出方式,策划者对新闻的掌控程度不高,需要借助一定的事件性契机,而行业新闻栏目则一般定期播出。

小结:

本章研究互联网时代影像新闻生存的经济道路,即影像新闻在经济上具有哪些传播动力,探讨作为产品的"影像新闻"的商业价值,并对其版权经济、注意力经济、品牌经济原理进行推演。在这些原理的基础上,进而分别对个体性和组织性的影像新闻生产主体进行了分析,这些生产主体都是互联网催生的社会身份,如"拍客""职业报料人""网络栏目"等。

本章的争议之处在于,新闻到底能不能成为一种商品,或者说新闻能不能以经济获利为生存条件? 新闻的商品属性一致是新闻学界的争议点之一,如1994年就有学者撰文《新闻的商品属性是一种客观存在——同持反对意见的朋友商榷》[①],之后这种争论一直未断。本章之所以支持新闻的商品属性,其前提条件还在于本研究承认了非职业新闻人的新闻活动主体地位。例如,职业报料人、企业公关人、网络拍客、行业网络新闻栏目等,他们都有自身的经济诉求,这些人群或机构虽然没有记者证,但是却是新闻生产流程中非常重要的环节,他们在很多时候为新闻生产提供原材料、提供设计图、生产半成品,因此也获得相应的经济利益。

本章最大的价值在于发现了大量的隐性新闻生产者,如商业公司的网络电视栏目、网络公关人士等,他们表面上在生产新闻,但是实际上却在隐性地宣传品牌,他们在新闻生产中获得了自己的存在价值,其前提是他们能较好地掌握新闻传播规律和控制新闻生产资源。

---

① 张允文.新闻的商品属性是一种客观存在——同持反对意见的朋友商榷[J].新闻与传播研究,1994(2).

第五章 阶层表达:影像新闻的社会伦理研究

影像是储存社会阶层生活真相的"矿藏",通过影像,人们可以不受约束地观看社会各个阶层的真实面貌。"真相"依赖于一定的社会环境和社会心态而存在,时间有可能掩盖"真相",一定的时间跨度不仅抹去了"真相"的现场,而且也使人们在谈论"真相"时觉得不关痛痒。但影像却能抗拒时间侵蚀,无论社会环境如何变化,都能忠实地将当时的社会生活和阶层关系展示出来,而且视觉上的直观感和刺激性也能重新激发人们参与讨论的激情。这正是影像修辞与文字修辞的区别。相对于流动的社会景象,影像记录真相的过程如同将这种流动状态凝固成晶体,虽然不能等同于社会景象本身,但却是社会群体集体记忆的呈现。例如,著名摄影师张祖道先生,用写实的影像,记录了民国时期和中华人民共和国成立后不同年代的社会背景,以及这些社会背景下的个人形象、群体生活、社会场景、家庭成员、社区环境、乡村文化等。在这种写实影像中,不同年代的社会阶层特点和状况一览无余。随着移动互联网时代的到来,手机拍摄的便捷化使得影像资源无限增多,影像的珍贵性似乎在影像海洋中被稀释。然而,不可否认的是,即使影像数量泛滥,但今天的影像仍然是未来研究社会状况的"矿藏"。影像搜索技术逐渐成熟以后,"矿藏"的挖掘成本相对下降,但它的社会价值并未相应下降。而且,随着人工合成技术的普遍使用,鉴定成本相对上升。为了加速"矿藏"的形成过程,人们通过合成技术、人工摆拍、场景设计等手段形成人工催化的影像矿区,使社会阶层模糊化,如在前文章节曾提到的领导干部清晨扫大街或坐公交车被"抓拍"的照片,实际上就是一种社会阶层模糊化的处理方式。

鉴于此,虽然移动互联网技术降低了影像的生产成本和搜索成本,但另一方面却提升了鉴定成本,影像的社会价值并未受到"量"的冲击。

鉴定成本的提升还有一个原因,即今天的影像生产者身份向多元化发展,政府(权力身份)、大V或公知(精英身份)、民众(社会底层身份)三者形成三足鼎立关系,他们的影像表达各异,对相同影像的阐释也各异。因而,对影像文本的鉴定,首先是对影像生产者身份的鉴定,对其出发点的鉴别,多元化的生产主体虽然降低了影像的生产成本和搜索成本,但对他们的社会身份的鉴定却显得极其复杂。基于这一理解,本章将影像的"阶层表达"研究分为以下几个视角:影像与反讽(底层的对抗性)、影像与民意崛起的手段(底层的技术滥用)、苦难素描(精英眼中的底层写实)、伦理反思(阶层博弈的后果与反思)。

必须说明的是,"社会阶层"既是一个政治学概念,又是一个社会学概念,两种概念之间有剪不断的"近亲"关系,因此在本研究第三章的"政治隐喻"中也曾提到"社会阶层"。但第三章和本章的"社会阶层"内容并没有重合,而是从不同的角度切入,以不同的理论来展开。

在本章中,"社会阶层"与"社会分工""社会分层""底层抗争""抗争政治"等基础性概念有错综复杂的关系,因此在这里有必要对其进行一个简要的梳理。涂尔干(Emile Durkheim)从社会分工的角度研究社会分层,认为分工是道德秩序的基础[①]。他认为社会分工在一定程度上带来社会团结:"我们的目的,决不仅仅在于考察这些社会中是否存在劳动分工带来的社会团结。这是很显然的事实,因为劳动分工在社会中是很发达的,它产生了团结。最重要的是,我们必须要确定它所产生的团结在何种程度上带来了社会整合……社会团结属于社会学研究的领域。我们只有通过考察它的社会作用,才能全面彻底地了解社会事实。"[②]韦伯(Max Weber)建立了"共同体化"的社会阶层观,认为"共同体化"必然导致内部统一和"一致对外",他还从财富、声望、权力三个指标来进行社会分层,认为社会分层引发冲突是有条件的,而不是必然发生的[③],在这个基础上,他提出"地位群体"概念,认为"一个'地位群体'是许多不同类别的个人的集合体。这个地位群体,在一个更大的群体内,凭借他们所处的社会位置而享受了特殊类别的和特别层次的权利,并有可能声称

---

① 涂尔干. 社会分工论[M]. 北京:三联书店,2000:358 – 359.
② 涂尔干. 迪尔凯姆论社会分工与团结[M]. 石磊,译. 北京:中国商业出版社,2016:12 – 15. 注:书中译为杜尔凯姆和迪尔凯姆.
③ 周怡等. 社会分层的理论逻辑[M]. 北京:中国人民大学出版社,2016:49.

自己获得了对某些特殊项目的垄断"①。在他的观点中,社会精英并不是铁板一块,他们形成共同体也是有条件的。格伦斯基(Grusky David B)综合 Gaetano Mosca、Wright Mills、Anthony Giddens、Michael Useem 等人的理论,分析了阶层理论、精英和权力、等级身份群体、核心圈子等概念,阐明了精英、声望、职业等级与社会阶层的关系②。阶层理论是本章的逻辑起点,在这个起点上,本章的阶层研究还结合了社会抗争的视角。20 世纪 60 年代以来,以查尔斯·蒂利(Charles Tilly)为代表的社会学家和政治学家们围绕社会运动、抗争与民主、集体暴力等问题展开了研究。蒂利提出"抗争政治"来研究社会运动,他和他的合作者认为,所谓斗争政治是指发生在提出要求者(makers of claims)和他们的要求对象(objects)间偶尔发生的、公众的、集体的相互作用③。20 世纪 70 年代,格尔(Gurr)在讨论"社会运动"这一概念时提出了"相对剥夺感"(relative deprivation),他认为,当社会变迁导致社会的价值能力小于个人的价值期望时,人们就会产生相对剥夺感。相对剥夺感越大,人们造反的可能性就越大,破坏性也越强。他把这个过程称为"挫折—反抗机制"④。这些理论从政治形态和社会结构的宏观方面解释人们为什么要抗争的问题。斯科特(James C. Scott)则从日常生活的微观视角解释了底层抗争的方式和策略,他通过在马来西亚农村的两年田野调查,发现了底层抗争的独特性和隐秘性,他将这种形式的抗争称为"弱者的武器"(Weapons of the Weak),他发现农民(弱者)针对地主(强者)的抵抗方式包括拖延(foot dragging)、虚假服从(false compliance)、搞破坏(sabotage)、盗窃(theft)、假装无知(feigned ignorance)等⑤。斯科特的研究对本研究中的阶层抗争研究有一定的借鉴意义,互联网时代的影像反讽在本质上就是一种抗争的"隐藏文本",特别是很多影像的转发者,在"虚假服从"和"假装无知"的情形下传播影像内容,实际上是有特殊指向。

　　不少中国学者在西方理论的基础上研究底层抗争。班涛将底层抗

①　马克斯·韦伯. 地位群体和阶级[M]//格伦斯基. 社会分层. 王俊等,译. 2 版. 北京:华夏出版社,2005:122.
②　格伦斯基. 社会分层[M]. 王俊等,译. 2 版. 北京:华夏出版社,2005:173 - 246.
③　道格·麦克亚当,西德尼·塔罗,查尔斯·蒂利. 斗争的动力[M]. 李义中,译. 南京:译林出版社,2006:5.
④　赵鼎新. 社会与政治运动讲义[M]. 北京:社会科学文献出版社,2006:28.
⑤　Scott J C. Weapons of the Weak :Everyday Forms of Peasant Resistance[M]. New Haven and London: Yale University Press, 1985:34.

争研究分为"权利诉求—抗争政治"与"道义伦理—底层政治"两类框架,前者指的是现实层面的群体事件,后者属于"弱者的武器"抗争策略①。从现有的研究成果来看,网络上底层抗争研究主要是指后者,一般为道义伦理的线上表达,这种表达不是直接的对骂,而是隐性文本的指涉。鲍海波将网民的抵制方式总结为:拼贴(collage)、戏仿(parody)、反讽(irony),并将其文化心理归结为仪式性抵抗和巴赫金式的娱乐化狂欢②。雷蔚真将"网络文本再生产"看作网络上的集体行为,并认为网络集体行为属于蒂利所言的抗争政治(contentious politics)范畴③。

不可否认,互联网时代的影像新闻在很多时候就是一种阶层抗争工具。然而,在目前的影像研究中,直接以"影像"为阶层抗争研究对象的并不多。有一些研究在表述上存在差异,以"图像""视频"等概念代替了"影像",但同样对本章有借鉴意义,如刘涛在"表演式抗争"的研究中提到"图像事件"(image events)概念,认为图像化的感性方式能作用于公众的情感认同④。

一、大众的反叛:对抗精英阶层的"反讽利器"

(一)影像反讽:沉默的犀利

在符号学教授赵毅衡看来,反讽(irony)是一种超越修辞的修辞格,他认为其他修辞格是基于比喻的一种变体,是对两个或两个以上符号单元异同关系的衔接,而反讽则是一种冲突关系,是两个符号单元的排斥关系。在前面章节,我们对影像的反讽功能稍有论及,了解到影像具有隐晦表达对抗性意义的习性,佯装无知地揭露真相、假装无辜地揭发原因、戏剧性地实现批判效果。影像的反讽无须任何"台词",它制造的意

① 班涛."单向度"治理、阶层结构与底层抗争[J].社会科学文摘,2017(9):68 - 70.
② 鲍海波,王蓓蓓.媒介文化语境下的网络恶搞及其双向归置[J].陕西师范大学学报,2010(4).
③ 雷蔚真,王珑锟.从网络视频再生产看通俗文化中的微观抗争[J].新闻与传播研究,2012(2):68 - 112.
④ 刘涛.情感抗争:表演式抗争的情感框架与道德语法[J].武汉大学学报(人文科学版),2016(5):102 - 113.

义的冲突隐藏于画面的细节之中,以"沉默的犀利"来尖锐表达不同阶层
的观点对峙。

1. 反讽与影像反讽

反讽源自西方修辞技巧,古希腊早期喜剧作家阿里斯托芬(Aristophanes)在其作品中广泛使用了反讽修辞,因此人们普遍认为"西方对反讽的认识起源于阿里斯托芬的喜剧"①。例如,他的作品《阿卡奈人》通过漫画式的夸张和非严肃的"插科打诨"来反映生活,其中有一场讲述一个农民在战乱中丢掉耕牛,眼睛快哭瞎了,他来到市场上买"和平眼药",幽默而隐晦地表达农民渴望和平的政治愿望。当反讽作为一种修辞被认知之后,越来越多的古希腊雄辩家将其运用到辩论中。19世纪上半叶,反讽从修辞理论扩展为一种文学原则,德国浪漫主义文学理论对其进行改造,认为世界的本质就是诡论式的,反讽使文本失去了真实的含义,产生多义性,读者只能在冲突的观点中选择适合自己的一类。

在社会表达层面,影像的反讽功能比政治层面更为肆意,这是源于文本与实际意义的冲突所造成的破坏力不同。"反讽与悖论(paradox)的区别。反讽是'口是心非',文本说'是',实际意义说'非',意义的冲突发生于不同层次;悖论是'似是而非',两个互相冲突的意思显现于文本的表达层面,各有相反的意指。反讽和悖论都需要读者在解释中找到正确的意义。反讽的文本本身没有矛盾,而悖论在文本层次上,就有无法解决的矛盾。只有在超越文本的解释中,在元语言层次上才能合一。"②在"是"与"非"的冲突中,社会表达比政治表达具有更强大的承受能力和解压能力,冲突造成的负面情绪也能很快在诙谐氛围中宣泄。

在影像新闻中,所有的社会议题均可以被牵引至政治话题之中,所有的政治议题也都可以泛化成社会话语方式,在社会议题中窥视政治,因此,本章内容与前面章节"政治隐喻"的论述有一定相关性,二者都涉及影像的反讽功能,在议题中也存在一定的交集。例如,在社交媒体中出现频率较高的"城管打人"视频曝光,本身是一个激发全社会关注的问题,即城管与小贩之间的"猫捉老鼠"式博弈,关系到城市环境卫生、商户合法权益保障与小贩生存权利保障之间的矛盾。最开始,底层社会与精英阶层之间的相互抗争在影像中暴露无遗。但随着影像的进一步演绎,

---

① 邵秀芳.反讽的影像——由新批评到解构主义[J].安徽文学,2008(9).
② 赵毅衡.反讽:表意形式的演化与新生[J].文艺研究,2011(1).

城管队员的制服、大盖帽、徽章等象征公权力的"图腾"被放置于网络的"放大镜"中,"图腾"在影像传播与影像解读中成了暴力机器的替代物,影射出底层社会(小贩)与权力阶层(执法队员),或统治者与被统治者的二元关系,使话题由社会场域进入政治场域。权力图腾的出现,文本意义是显现权力的合法性和权威性,实际意义却是突出权力执法的暴力性,两种意义的冲突正是反讽修辞的显现。这种反讽修辞被运用在更多的社会话题中,以影像的隐晦特性和娱乐基因来进行"插科打诨",不经意地揭露社会问题的本质。正是基于这些特性,影像成了互联网中一种针砭时弊、质问社会矛盾的"反讽利器"。

2. 影像反讽与社会阶层关系

社会分层有多种指标,如包括社会地位、教育背景、经济状况在内的结构层次。抛开影像文本,而从影像文本传播者(不是生产者,比如民间社会经常利用官方制作的影像进行"二次传播")的社会性角度来看分析影像反讽是有一定道理的。例如传播学奠基人威尔伯·施拉姆(Wilbur Schramm)所言:"我们研究传播时,我们也研究人——研究人与人的关系,以及与他们所属的集团、组织和社会的关系;研究他们怎样相互影响;受影响;告知他人和被他人告知;教别人和被人教;娱乐别人和受到娱乐。要了解人类传播,我们就必须了解人是怎样相互建立起联系的。"①然而,在网络社交氛围中,各种社会身份相互模仿,特别是底层社会对精英社会的模仿,例如"公知话语"的泛滥就是底层社会的民间话语向精英话语的侵蚀,导致整个传播生态出现话语混乱,以及让反讽成为常态性话语模式。这种模仿行为的意义在于,它为社会分层设置了符号系统,不同的话语方式、行为模式以及具有标识作用的生活习惯,都暗示着某种社会身份,如普通网民(民众阶层)、公知(精英阶层)、网评员(阶层属性不稳定,在网络中被贬称为"五毛党")、官方公共账号(权力阶层)等。这些社会身份的多层次性提供了对话框架,而在这个前提下,人与人之间的意义传播和行为效仿,哪怕只是肤浅的模仿,都隐藏着强烈的心理暗示。人们不会关注你说了什么,只会在乎是谁在说,或者你在模仿谁在说。不同身份的人发布的相同照片,它的意义解读也会发生冲突,这种冲突正是来源于文本意义和实际意义的冲突。

在以影像作为工具的反讽中,既不需要深刻的文字,也用不上烦琐的

---

① 威尔伯·施拉姆,威廉·波特.传播学概论[M].北京:新华出版社,1984:4.

程序,生产低廉化和传播便捷化的状态之下,意义冲突往往体现出民众针对精英,或民间针对官方的舆论斗争。官方设置的文本意义在网民的"二次传播"中生产出实际意义,实际意义与文本意义的对抗即反讽的实现,无须语言的表达,但实际意义中却隐藏了尖锐的价值指向,因此"反讽"被称为"沉默的犀利"。例如,某地在"建党90周年"期间开展"反腐倡廉成果展",并搭建了大型的红色展台,本来"反腐倡廉"是我国政治文明建设的积极成果,理应得到肯定和认可,这也是这张照片的文本意义,即增强党和人民反腐倡廉的信心,但在互联网中,突出"反腐倡廉成果展"字样的大型红色展台照片在"二次传播"中生产出了实际意义,即将"展览"活动解读为"庆功",与官方倡导的"反思"行为相违背。贪腐本为不光彩行为,即使"反贪"成果也不应成为权力阶层和精英阶层的荣耀,更不应该将这种"反思"行为转化为"庆功"活动。很明显,不同社会阶层对于同样一张照片的意义解读完全相反,权力阶层提供的是"反思"文本,底层社会或民间社会的对抗性情绪与权力阶层的建构性假象形成明显反差。如果同样的画面出现在《新闻联播》等官方媒体中,这种冲突便出现在传播者(权力阶层)与受众(民间阶层)之间,而在互联网中,这种冲突则出现在画面内容的设置者(权力阶层)与传播者和受众(民间阶层)之间。

(二)"大众的反叛"与影像新闻的反讽

前文已从政治视角探讨了"大众的反叛"这一术语,实际上,影像反讽正是"反叛"的一种方式,是不同社会阶层抗争的手段。

在前面章节已知,"大众的反叛"的提出者奥尔特加·加塞特(José Ortega Y. Gasset)试图证明社会阶层划分的"资质",即认定了阶层的先天性,属于一种宿命论观点,强调了"天赋"对阶层划分的决定性意义,"没有非凡的天赋是实现不了的,比如说某些艺术和审美的活动、政府的功能,以及公共事务中的政治判断等等"[①]。也就是说,他认为精英阶层和权力阶层先天性地拥有统治和管理民众阶层或底层社会的权利,在这种观点的指引下,民众是顺从的、认命的。这种观点可看成是对"前互联网时代"的真实描绘。在互联网时代,我们看到了另一番景象:民众不再"认命",而是逐渐懂得了表达,即使缺乏文字修养,可以用影像表达一

---

① 奥尔特加·加塞特.大众的反叛[M].刘训练,佟德志,译.长春:吉林人民出版社,2004:8.

切。"公知"的启蒙开启了民智,解放了民众阶层的思想束缚,因而使这一阶层产生出越来越强烈的"反叛冲动",民众针对精英阶层和权力阶层的对抗性情绪代替了部分"民意"。

"大众的反叛"到底是"反叛"什么?如何"反叛"?对此我们必须认识到,这是一种基于民众阶层(底层社会)立场上的情绪。如前文所说,互联网中人们首先关注的是谁在说话,而非说了什么,因此,"大众的反叛"针对的是某一阶层的人,而非具体的事,即从民众阶层(底层社会)出发对精英阶层和权力阶层的敌意,以及由此而爆发出的对这一阶层的攻击性文本,如语言、图片、视频等。这种对抗性情绪来源于两个方面,一方面是现实生活中民众阶层(底层社会)在资源掌握和机会占有方面的不均衡,相对于精英阶层和权力阶层,他们很少有机会接触核心利益并表达自我价值,在重大议题的话语权上也被边缘化;另一方面是上文所说的互联网对民众的"启智",而且这种"启智"与反讽是相辅相成的,反讽是"启智"的一种手段,人们对反讽影像的长期接触,自然培养出从文本意义到实际意义的跳跃性理解能力,进而提升媒介素养,这是从反讽到"启智"的过程,反过来,"启智"之后,人们又参与反讽行为,随时将身边发生的事件用手机拍下来上传至网络,或将网络上看到的影像文本转换为自我表达的文本,即生产出反讽的实际意义。2015 年 4 月,新浪微博上传了一副"文字图片",署名为"浉河公园晨练的老干部"发起了一则请示报告,报告被网友拍摄下来并发至网络中,全文如下:

> 尊敬的领导,我们是退休的老干部,每天早上 7 点左右去浉河公园晨练,但每次晨练时,浉河公园的环卫工人也在打扫卫生,搞的灰尘飞扬,影响晨练,不利于我们这些老人身体健康,能否协调浉河公园管理处,让环卫工人每天早上在 6 点 30 分前将卫生打扫完毕,给我们这些老干部们一个清洁的晨练空间,谢谢领导体谅。

这幅"文字图片"遭遇网友的广泛转发,实际上是一次"启智"过程,即让人们敏感地嗅到这张图片中的阶层信息——环卫工人(底层社会)与老干部(权力阶层),同时也很快激活了阶层的对抗性,在老干部与环卫工人的"时间差"矛盾中,人们自觉地站在环卫工人一方。该"文字图片"中,文本意义是建设性的,即协调环卫工人与老干部之间的关系,但实际意义却是破坏性的,老干部的请求被网友认为是权力阶层傲慢心理在退休之后的延续。两种意义发生冲突,反讽效果明显。

在互联网中之所以能明目张胆地发起这种对抗性的"反叛",最大的原因还在于影像新闻反讽的安全性能:第一,影像文本规避了敏感词,不像文字文本那样包含了某些直接针对具体群体的负面词汇,而是"无声地"呈现,消除了刺耳的"噪音",如同第三章论述的"敏感事件"的影像表达,对"噪音"的遮蔽是影像的诸多文本特征所决定的。第二,影像文本是一种客观陈述的文本,机器忠实地记录每一个细节,比文字修辞更具有客观性,而且对于文字信息的影像记录,如上文的老干部请示信,"文字图片"也是以第三方立场直接进行客观陈述,而非转述。转述有可能掺入主观因素,但"文字图片"不具有这方面嫌疑。第三,影像文本的隐晦性也是其安全性能的一个原因,它没有文字批判的跋扈,而是温润、诙谐但不失尖锐地进行讽刺。例如,第一章中提到的深圳市光明新区某路段护栏上出现的两条横幅标语:"摩的跑得快,阎王最喜爱""天堂之路,有一种便车叫摩的"。这两幅标语在网上传播之后,被称为"史上最狠安全教育标语"。作为影像新闻,这两幅图片并没有直接批判标语的宣传方,没有画外评论,而是以第三方的身份客观且隐晦地表达出它的"狠毒"之处——对"摩的"的诅咒,它的敏感词(如阎王、天堂)均是通过客观的画面呈现出来的。这两幅图片之所以能引发网络广泛传播,也是由于其触动了阶层冲突——摩的司机和摩的乘客(底层社会)、汽车车主(精英阶层)、交警(权力阶层)——三者之间的身份博弈,同样,即使没有批判性语言,尖锐的影像反讽也让部分网民主动对摩的司机和摩的乘客表示同情。从某种程度上说,"摩的"提升了交警的执法成本,同时也为"有车族"带来了更多安全隐患,因此这种标语实际上符合他们的心理需求,对它们的批判即是对他们的"反叛"。但是影像的先天安全性能使其限于权力阶层和精英阶层的承受范围之内,巧妙地利用文本意义来表达实际意义。在规避风险的前提下表达冲击性的实际意义,这正是影像新闻反讽的高明之处。

(三)影像新闻反讽的经验性分析

1.反讽者的身份层级

影像新闻反讽并非一种个体性情绪,而是作为一个阶层有所指向的集体行为,因此有必要对网络使用者(反讽者)的身份、行为进行经验性

分析。根据对大量经验材料的观察可知,网络使用者的阶层分析有两个
标准,其一是网络使用者(此研究中主要为微博的"博主")在网络社会
中粉丝量的多少(即网络资源的拥有),粉丝量是测量"博主"话语权的
基本指标;其二是"博主"在真实社会中的地位(即现实资源的拥有),一
般情况下,无论是机构官微或个人微博,现实社会中的地位与微博粉丝
量成互动关系,真实地位的提升可以增加粉丝量,而在微博上的影响力
也可以提升现实身份,现实身份的提升不仅仅指经济收入的增多,也可
以指知名度的提高,但这与阶层的上移并无必然关系。根据这两个标
准,我们对网络使用者进行分层假设,即网络使用者存在着不同的阶层,
阶层之间存在着协助关系或抗争关系,以此勾勒出影像新闻反讽者可能
的存在形式,观察权力、资本的精英阶层有哪些状态,哪种状态下他们会
成为反讽者,也可观察到社会底层如何能够参与社会抗争。为了方便归
纳,此处将网络使用者的不同类别以"树状图"呈现,见图 5 – 1。

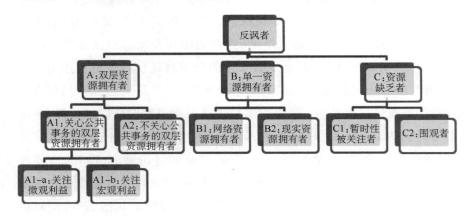

图 5 – 1　从经验材料中提炼出的影像新闻反讽者的身份"树状图"

A1 类:关心公共事务的双层资源拥有者,属于权力阶层或精英阶
层,热衷于关注公共事务,如@ 央视新闻、@ 袁立、@ 崔永元等。这类博
主在网络中有上百万的粉丝量,在现实中有较高的社会地位和成就,并
积极参与公共事务,热衷于发言献策。A1 类博主成分异常复杂,又可根
据立场进行继续分层,即关注底层微观利益的一类(A1 – a 类,如@ 袁立
长期关注尘肺病患者的现状、@ 崔永元长期关注留守儿童午餐并为其
"加菜")和关注社会宏观利益的一类(A1 – b 类,如@ 央视新闻对社会稳
定和经济发展的关注),A1 – a 类与 A1 – b 类是精英阶层分裂的两个共
同体,二者之间往往形成批判派与建构派的阶层内部对抗。

A2类:不关心公共事务的双层资源拥有者,但不热衷于关注公共事务,如@范冰冰、@谢娜。这类博主虽然拥有上百万粉丝,但他们发布的影像文本大多数是与公共社会无关的个人信息,因此在网络中也被称为"伪精英"①。这些人很难成为阶层抗争的施动者,但有可能成为阶层抗争的对象,这种针对娱乐精英的抗争并非网络抗争政治的主流。

B1类:网络资源拥有者,如@广州区伯,在新浪微博拥有24万粉丝,长期在微博中发布"公车私用"照片,从而获得较大影响力,但在现实生活中却属于拿低保的社会底层。这类阶层人数较少,但参与阶层抗争的欲望比较强烈,文化程度较低,文字驾驭能力较低,影像反而成为最便捷的抗争工具。他们在现实中遇到的困难,能够高效率地通过网络来解决,能够利用网络影响力来弥补现实的缺陷,对自己的生活有一定主动权。

B2类:现实资源拥有者。根据调查分析,大部分的中间阶级都属于这一阶层,他们拥有一定财富和权力,身边环绕着各种社会关系,即使不参与工作之外的网络社交活动也能延续和维系现有的状态,甚至网络社交还会为现有身份带来破坏性作用。例如,曝光个人隐私或商业机密,如@绽放的多多(后改名@四革马88,美女商人)微博粉丝量仅819,平时很少发布微博信息,但在2017年偶然发布与富商一起食用天鹅肉、穿山甲的照片,招致森林公安的调查。这张照片在网络中发酵,也逐渐演变为反讽文本。因此,这类阶层出于自我保护心理,难以成为阶层抗争的施动者。

C1类:暂时性被关注者。这类博主既无网络资源又无现实资源,但由于身陷广受关注的社会事件,暂时性地具有一定影响力,但事件平息之后便会从网络视野中消失。例如,2016年底,天津大妈涉嫌枪支案中,其女儿王艳玲开通微博与社会进行沟通,获得广泛关注,但案件判定之后其网络影响力消失。

C2类:围观者。这类博主粉丝量少、现实资源少,常常自称"屌丝""蝼蚁""吃瓜群众"(这种自嘲是一种"以退为进"的反讽表意)。在网络中,C2类活跃于"评论区",最主要的反讽行为是在"评论区"中进行

---

① "伪精英"这一名词在网络中已被广泛运用,但其出处模糊。影响力较大的有2015年余秋雨在腾讯视频网络公开课"如何辨别'伪精英'"中对"伪精英"的解释,以及北京大学教授钱理群提出"精致的利己主义"概念后,网络社会对"伪精英"的延伸讨论。

的,也是数量最大的"网民"。A1-a类经常成为C1和C2类的代言人,但这并非意味着二者之间的利益完全一致。

从归纳可以看出,A类(无论A1或A2)阶层是权力、资本、名望的拥有者,属于精英阶层。B类或拥有权力、资本,或拥有名望,属于中间阶层,他们能够简便地实现网络空间和现实空间的资源互补。而C类阶层属于社会底层,他们往往要获得精英阶层和中间阶层的支援才能够参与抗争,在某些时候,A1-a类甚至能够与C类形成共同的"文化身份"(cultural identity)①,A1-a类经常以C类的身份出现在影像中,类似于@袁立戴上安全帽下煤矿的图片。这种分层以及阶层之间的关系描述属于经验性归纳,虽然没有精确的权力测量,但在"我们没有一致的测量方法来检验权力分配假定"②的前提下,这种以经验材料为依据的阶层分析反而可以基本理清影像新闻反讽的主体性问题。

2. 影像新闻反讽内容的归纳与编码

通过对新浪微博中的500余幅图片和100余个视频(限定于2013—2017年间)的归纳和分析,本章试图从中抽选出与反讽和抗争有关的样本,并分析影像画面中人物主体的"抗争"与"被抗争"关系,以此来解释网络影像反讽为什么是一种阶层抗争。此处在符号互动论的理念基础上,对这些影像材料进行扎根理论分析,从经验中提取概念,并以此来解释网络影像的"标签化"现象。以米德(G. H. Mead)的弟子布鲁默(Herbert Blumer)为代表的符号互动论者极力反对实证主义的"硬性"或量化的社会学研究方法,主张直接探索丰富、多变、鲜活的经验世界,采用同情内省法(sympathetic introspection),提出启发性的概念(sensitizing concepts),基于经验世界来提取理论③。本章从这些理论中获取方法支持,搜集、整理、分析网络影像材料,并对其进行归类和编码。

(1)开放性编码

开放性编码(open coding)是从原始资料中提炼概念和范畴,并确定概念和范畴之间的关系,摒弃对原始资料的偏见、同情等主观性认识,把抽象出来的概念重新整合,形成原生代码(in vivo codes)。在民族志研

① 斯图亚特·霍尔. 文化身份与族裔散居[M]//罗钢,刘象愚. 文化研究读本. 北京:中国社会科学出版社,2008:208.

② 格伦斯基. 社会分层[M]. 王俊等,译. 2版. 北京:华夏出版社,2005:251.

③ 赵万里,徐敬怡. 符号互动论视野下的科学社会研究[J]. 自然辩证法通讯,2007(6):47-53.

究中,原生代码一般以初始概念和范畴出现,包括三种特征:标记了密集
而重要的意义的一般术语、研究对象自己创造地表达了某种意义或经验
的术语、反映了某一特殊群体观点的特别术语①。影像的编码与一般的
访谈性编码最大的不同,就在于影像编码没有直接的文字可以记录,还
是得依靠研究者对影像的描述和提炼,如对影像中人物表情的观察、对
人物与情境的比较。当然,研究中也会参考网民在"评论区"的态度、意
见、经历等语言表述,抽离出一些典型的关键词。如表 5 - 1 所示,本研
究对微博图像和视频资料逐个进行客观描述,限于篇幅只保留了代表性
部分。

表 5 - 1　原始影像材料的开放式编码

原始影像资料描述(部分)	初始概念	范畴化
农民工穿"包公"戏服讨薪	农民工与欠薪老板(资本拥有者)的抗争	农民工→弱势与无奈
女小贩抱着被城管砸烂的西瓜痛哭	小贩与城管的抗争	城管→"土匪"
长江航务管理局副局长朱汝明穿着红色夹克参加东方之星沉船事件发布会	网民(包括 A1、B1、C2)与官员(权力漠视生命)的抗争	官员→冷漠
拆迁队长带领迷彩服队员占据了整条马路上,队长叼着烟、着黑色风衣和墨镜行走在人群最前方	网民(包括 A1、B1、C2)与官员(基层权力的"黑社会化")的抗争	拆迁队→"黑社会"
安监局长在大型交通事故现场的微笑表情	网民(包括 A1、B1、C2)与官员(权力漠视生命)的抗争	官员→冷漠
环保官员头戴防毒面具视察港口爆炸现场,陪同者只戴普通口罩	网民(包括 A1、B1、C2)与官员("保护"自己,不"保护"环境)的抗争	官员→"重私轻公"

① 凯西·卡麦兹.建构扎根理论:质性研究实践指南[M].边国英,译.重庆:重庆大学出版社,2009:70 - 71.

续表

原始影像资料描述(部分)	初始概念	范畴化
"最新养老政策宣传"横幅下匍匐前行乞讨的老人	网民(包括 A1、B1、C2)与养老政策(宏观的权力)的抗争	养老政策→无效
乡干部站在田埂上视察农民,农民站在田下仰望视察干部,旁边有人给干部打雨伞	网民(包括 A1、B1、C1、C2)与基层官员(权力的傲慢)的抗争	基层干部→不关心群众
"乡干部视察"图片与日本大地震中天皇谢罪图片并列比较	网民(包括 A1、B1、C1、C2)与基层官员(权力的傲慢)的抗争	基层干部→高高在上
刘强东抱着"奶茶妹妹"与"同龄"岳父的合影	网民(C2)与资本精英的抗争	"有钱人"→享受爱情的特权
同一份报纸不同时期的并列连接图像:图像呈现武汉某报对不同年份的洪涝治理报道,后面的报道与前面的报道自相矛盾。	网民(包括 A1、B1、C2)与知识精英的抗争	传媒媒体→权力的"代言人"

在范畴化部分,开始出现了影像内容中的人物的"标签化"处理,这种"标签化"依据一部分是来自研究者的生活经验,一部分是来自对影像发布后网友评论语言的整理,"标签"在本质上就是阶层抗争的一种挑衅话语。在这个分析中还可以发现,参与评论的网民成了重要的抗争主体,他们实际上是影像的"隐含作者"。

(2)主轴编码

主轴编码(axial coding)是将数据再次恢复为连贯整体的策略。施特劳斯(Strauss)和科尔宾(Corbin)使用了一套科学术语来建立可见类属之间的联系,包括:条件—行动/互动—结果[①]。结合这一模型,可以将

---

① 凯西·卡麦兹.建构扎根理论:质性研究实践指南[M].边国英,译.重庆:重庆大学出版社,2009:77.

初始编码中的数据进行类属整合,见表 5 - 2。

表 5 - 2　初始编码的类属整合

条件:形成被研究现象的情境	影像记录与编辑的客观性,图片发布的便捷性,阶层抗争的显性趋势
行动:对问题的常规性或策略性反应	突出表情、身体特征;突出不同人物(事物)的对比关系;重气势;加强人物与背景的对比关系;突出现实人物与历史人物的相关性
结果:行为/互动的后果	网民(包括 A1、B1、C2)对人物身份进行标签化(如身着农民工服装即为"弱势群体")、对社会关系的定势化(如将"大腹便便"的基层官员与农民的关系定势为"以强凌弱")、对特定人物群体的情感化(如网络上的"弱者有理"趋势,对强势群体的"敌意")

主轴编码将错综混乱的原始数据进行了逻辑性和连贯性的类属整合。从结果部分可以看出,影像反讽行为在客观上为阶层抗争提供了条件,汇聚了强烈的社会心理暗示符号,既是抗争行为本身,又是抗争行为的准备性工作。

(3)理论编码

理论编码(theory coding)从原生代码的故事线和编码类属中找出理论代码,并建立一个初步的理论框架,理论代码的作用在于澄清和加强分析,并不一定代表客观标准[1]。理论框架可以借鉴已有的成熟框架,即发现某个理论框架刚好可以解释主轴编码中的类属关系,也可以自己创建一个新的框架。通过对大量影像文本材料的整理和分析,本研究认为赵毅衡提出的带有悲剧色彩的"大局面反讽"与所选的影像样本有相关性,借用情景反讽(situational irony)—戏剧反讽(historical irony)—历史反讽(dramatic irony)[2],可以归纳出影像反讽内容的三种层级,见表5 - 3。

① 凯西·卡麦兹.建构扎根理论:质性研究实践指南[M].边国英,译.重庆:重庆大学出版社,2009:85.
② 赵毅衡.符号学原理与推演[M].南京:南京大学出版社,2011:215 - 216.

表 5 - 3　解释原始编码和类属关系的理论框架建构

情景反讽 (situational irony)	意图与结果之间的反差。网络影像的原始材料大部分是对传统媒体报道的"二次传播"(如安监局长"微笑"视察交通事故的图片,是网友对电视报道的截屏),传统媒体在发布影像之时并没有反讽意图,但在网络上产生了相反的意义,进而引发阶层间的不满情绪(安监局长的"大腹便便"代表了人们对阶层的想象)。反讽来自于情景的变化
戏剧反讽 (historical irony)	表演者与观看者之间的理解张力。表演性抗争中经常性地存在戏剧反讽(如进城务工人员着"包公"服装讨薪),需要戏剧性情节来提升关注度,而戏剧性情节首先是视觉上的刺激和冲突感。戏剧反讽并不一定要有道具的表演,画面主体之间或画面主体与背景之间的比较也能产生戏剧效果
历史反讽 (dramatic irony)	大范围的反讽,也称"世界性反讽"。影像文本中的历史反讽,或从时间轴上进行宏大反思(如对东湖"百年一遇"抗洪能力的宣扬者的反击),或从空间轴上进行历史性比较,提出当今某些阶层与世界的差距(如乡干部"傲慢"视察与日本天皇下跪谢罪的比较)

这个理论框架从三个层面解释了网络影像反讽为什么是一种社会抗争,以及网络影像内容反讽在何种情形下能够实现社会抗争的问题。可以发现,三种反讽都是在"不争辩"的情形下实现抗争效果的,这与前文中斯科特提到的"虚假服从"和"假装无知"等"弱者的武器"是一致的。

(四)影像新闻反讽的策略性分析

对经验材料进行分析后发现,不同阶层的网民通过发布影像来实现抗争,大多数情况均是情景反讽、戏剧反讽、历史反讽中间三者选其一。但是,这只是现象的大略框架,如何实现抗争,还需要从符号工具和话语路径两个层面来进行策略分析。

1. 符号策略:网络影像反讽的抗争工具

(1)意义生产:影像的阶层符号与伴随性文本

"反讽"需要生产出新的特殊意义才能成为一种抗争工具。前文分析中的经验材料范畴化即是意义生产的过程,是对符号进行深入解读的过程。影像符号反讽的意义生产绝不是一个独立完成的过程，它需要伴随性文本的配合，"所有的符号文本，都是文本与伴随文本的结合体，这种结合，使文本不仅是符号组合，而是一个浸透了社会文化因素的复杂构造"①。赵毅衡将伴随性文本分类为显性伴随文本（副文本与型文本）、生成性伴随文本（前文本）、解释性伴随文本（元文本与先文本）。我们可以在这一框架中对影像反讽进行符号分析：

副文本：根据定义，副文本可以被看成是文本的"框架因素"，显露在文本表层，包括标题、装裱、美术包装等。前文讲到的情景反讽、戏剧反讽和历史反讽大部分都包含副文本。例如，进城务工人员的"包公戏服"就是一种副文本，它在一定程度上点破了图片的隐含意义，即对"讨薪难"的反讽。

型文本：这种通过集群的形式对文本的派别进行归类，将同类作品聚集在一起的文本就是一种型文本。例如，有网友将同一天的《人民日报》《光明日报》《工人日报》《解放军报》的头版版面聚集在一起，形成一幅大图，读者很快发现这四份报纸的头版版面从标题、图片、排版相似度极高，将这四份报纸归为一类，形成一种型文本，实际上是对代表权力的机关报的消极抵触。

前文本：以先前出现的文本与此文本进行比较，通过互动关系生产意义，先前出现的文本就称之为前文本。网络的记忆功能让前文本这种形式特别常见，当一个新闻出现之后，很快有网友将先前的观点矛盾的报道进行截屏，形成鲜明对比的一幅图片，对当下政策、规则或成就进行暗讽，从而对差异性的社会阶层进行批评。

元文本：元文本是"关于文本的文本"。根据定义，将传统媒体影像移植到网络中，移植之前的影像就属于元文本。例如安监局长在交通事故现场的"微笑"，这一帧画面移植到网络之后，产生了与元文本完全不同的意义。元文本的意义不仅是提供素材，而是形成比较，从而形成反讽。电视剧《人民的名义》中，丁义珍式的窗口的画面也属于元文本，后来网络中不断爆出类似的现实版窗口，这就是对元文本的反弹，以反讽来批评权力阶层。

先文本：先文本与前文本的区别在于先文本不用刻意拿出以前的文本进行引证，而是让读者自然而然地联想到以前的文本。如山寨视频、

---

① 赵毅衡.符号学原理与推演[M].南京：南京大学出版社,2011:141.

恶搞影像等,之所以能产生反讽效果,原因在于人们能从现有文本中自然地联想到先文本。例如,大学生宿舍模仿《新闻联播》栏目的形式进行恶搞,其特点就是让人一眼就能认出先文本《新闻联播》,从而对模式化、刻板化的精英阶层的叙事方式进行反讽,其本意是对这一社会阶层的批评。

图 5 - 2　丁义珍式窗口①

（2）表达与接收:影像中阶层符号的"对抗性"认知范畴

从人们对网络影像的表达与接收过程来看,无非是由"认知范畴和情绪范畴"②两个基点来发挥主导作用。认知范畴是感知层面的中介象征,情绪范畴是情感诉求的。关于二者之间的比例,莫利涅(Georges

---

① 电视剧《人民的名义》播出后,现实中的丁义珍式窗口在社交网络中一度成为热词,各地的这类窗口不断被群众拍摄并发布出来,此图为众多图片中的一例,图片评论:"河南省某市社保局办事窗口太低,办事群众站也不是,蹲也不是,和《人民的名义》里的丁义珍式窗口一模一样。"摘自于:搜狐网.现实中丁义珍式的窗口,比电视剧里的还要精彩[EB/OL].[2017 - 04 - 21].http://www.sohu.com/a/135543837_110496.

② 莫利涅.符号文体学[M].刘吉平,译.成都:四川大学出版社,2014:13.

Molinie)坚持认为,话语符号载体中认知范畴占据主导地位,非话语符号(如与艺术有关的符号)载体中情绪范畴占据主体地位①。依据这一理论,网络影像反讽中的认知范畴明显比情绪范畴更为重要,很多时候不仅仅是一种情感表达和情绪发泄,更重要的是通过符号来澄清意义、传递观念、解读系统的结构性关系,从而对系统产生重构性作用。根据对网络影像经验材料的归纳和分析,认知范畴的"对抗性"符号载体主要包括以下几种:

色彩。网络影像的色彩经常根据具体话题而发生变化。在前文的经验材料中,人们从参加新闻发布会的长江航务管理局副局长的红色夹克中解读出管理者与罹难者的不对称关系。

角度。在对抗性事件中,网络影像中对权力执行者(城管、警察)采用仰拍视角,这种角度并非突出这一阶层的伟岸,而是作为一种反讽,恰恰是要突出其傲慢,在地方官员视察工作、城管执法的网络图片中经常可以看到这种角度。

身体符号。身体符号是阶层影像表达的一种武器,通过对身体的极端性展现来让对方认知利益诉求。当然这种符号载体中认知范畴与情绪范畴是相互杂糅的,如"跳楼讨薪""伤口展示""自焚""喝药",只有形成影像并通过网络传播才能实现其认知功能,以示弱来表达"抗争",即不能伤害对方便伤害自己,从而引起网民对自己的同情和对对方的抗议。表情符号也属于身体符号的一部分,人物表情也蕴含着意义,网络影像中经常使用表情来表达底层的苦难和权力阶层的傲慢,经过表情的比较来产生"对抗性"认知。

标签化符号。网络影像对某些众所周知的符号进行概念整合,形成一个标签,如"印章"代表权力拥有者、"大盖帽"代表权力执行者。标签化符号有助于提高人们的认知效率,加速"再现体"向"解释项"的转化。在"城管打人"等冲突性事件的网络影像中,标签化符号的放大处理可以突出"暴力"的施动者。

(3)表意再现:影像反讽中阶层符号的抗争手段

赵毅衡在区分反讽与悖论(paradox)时认为:"反讽是'口是心非',文本说'是',实际意义说'非',意义的冲突发生于不同层次;悖论时'似是而非',两个互相冲突的意义显现于文本的表达层面,各有相反的意

---

①　莫利涅.符号文体学[M].刘吉平,译.成都:四川大学出版社,2014:14.

指。"而反讽与悖论最大的共同点,"是都需要解释者的'矫正解释',矫正的主要工具是语境,而一旦语境加入文本,成为所谓'文本内语境'"①。也就是说,反讽的文本本身并没有矛盾,只是需要在语境中理解文本,获得符号的实际表意。例如,2016 年 3 月 26 日,微博号@ 刘胜军改革(粉丝量 128 万,《财新网》专栏作家,A1 - b 类)在新浪微博发布"岳母刺字"图片,但是"岳飞"背上的字并非"精忠报国",而是"别玩 A 股"。在 A 股普遍下跌的社会语境中,这一图片本身并没有难以理解之处,文本没有矛盾,副文本《监管者带着监管对象救市不合国际惯例》更是给这一图片更为明确的阶层指向,即对监管层的指责。整体上而言,影像符号的阶层反讽常用的手段离不开暗示与认知对立,将"口是"与"心非"进行心理过渡。反讽暗示被称为反讽引子或反讽诱发者,是反讽中的关键因素。例如,雾霾天气中,人们给雕塑戴上口罩(见图 5 - 3),口罩就是暗示,"口是"指的是"雕塑戴口罩"这一诙谐的场景,"心非"是指由这一反讽引子引起人们对雾霾气候的担忧,对环保管理层的不满,实际上也有阶层抗争的指涉。认知对立是指对比结构的表意再现,在网络影像中,矛盾物体的结构化形式能体现出认知对立,"城管打人"事件影像中突出城管车上"文明执法"的标语,"口是"指的是"文明执法","心非"则是"文明执法"与"打人"的反讽认知对立结构,"暴力"与城管理念是对立的,从而对抗城管、同情小贩。这可以看成是 A1 - a 类阶层对 C 类阶层的利益维护,以及对 A1 - b 类阶层的批评。

2. 话语策略:网络影像反讽的抗争路径

(1)意识形态路径

无论是以财富、权力、职业为标准,还是以种族、宗教为标准进行的社会分层,均无法脱离意识形态的框架,话语是实现意识形态目标的基本实践形式,意识形态也是阶层抗争在话语策略中的必经路径。"话语作为一种政治实践,建立、维持和改变权力关系,并且改变权力关系在其间得以获得的集合性实体(阶级、集团、共同体、团体)。"②如前文中研究方法部分所交代,本研究沿袭梵·迪克的意识形态和话语分析路径,从社会分析、认知分析、话语结构分析三个层面出发,解读网络影像阶层反讽的意识形态路径:

---

① 赵毅衡.反讽:表意形式的演化与新生[J].文艺研究,2011(1):18 - 27.
② 诺曼·费尔克拉夫.话语与社会变迁[M].殷晓蓉,译.北京:华夏出版社,2003:62.

180

图 5 - 3 戴上口罩的雕塑①

社会分析。社会分析中最重要的是合法性问题,虽然仅仅是一种隐喻和暗示,但阶层反讽往往以分裂阶层关系和激化阶层矛盾为主观目的,以"闹大""看热闹"心态参与传播,这是网络影像反讽中最常见的话语策略,也是在研究中需要批判分析的部分。例如,脱离话语实践的真实语境,以"恶搞"的形式来丑化职能部门的工作人员,这些行为是对社会阶层结构具有破坏性作用,不利于社会凝聚力的形成。

认知分析。认知分析与前文的认知范畴类似,需要理解话语策略,透露出某些文化价值。例如,在网络影像中隐藏的"上等人"或"下等人"意识、基层权力黑化等概念,就是一种阶层认知现象。网络影像阶层的反讽中经常性地充斥着类似的价值指向,它们以符号化的个体来代替整体,实现阶层的表意。例如,新浪微博曾流传一张图片:穿红色 T 恤的瘦弱小贩与形成人墙的手持盾牌的城管对峙,副文本为"你面对的不是

---

① 雾霾严重的地区群众给雕塑戴上口罩并拍照发布在网上以后,北方大多数城市都开始模仿这种反讽方式,表达了雾霾的无奈。新浪微博号@商丘古城(粉丝量 160 万,知名本地资讯视频自媒体)在发布这张图片时附上文字:"最近很多地方被雾霾笼罩,人们出行不得不戴口罩防霾。商丘工学院的雕塑也被戴上了口罩,看上去真的是毫无违和感,还带着点喜感有木有?"图片来源:@ 商丘古城. 戴上口罩的雕塑. [EB/OL]. [2016 - 12 - 22]. https://s. weibo. com/weibo/% 25EF% 25BC% 259A% 25E6% 259C% 2580% 25E8% 25BF% 2591% 25E5% 25BE% 2588% 25E5% 25A4% 259A% 25E5% 259C% 25B0% 25E6% 2596% 25B9% 25E8% 25A2% 25AB% 25E9% 259B% 25BE% 25E9% 259C% 25BE% 25E7% 25AC% 25BC% 25E7% 25BD% 25A9% 25EF% 25BC% 258C% 25E4% 25BA% 25BA% 25E4% 25BB% 25AC% 25E5% 2587% 25BA% 2520% 25E8% 25A1% 258C% 25E4% 25B8% 258D% 25E5% 25BE% 2597? topnav = 1&wvr = 6&b = 1.

敌人",这种影像夸张性地将阶层结构对立化、符号化,实际上是对社会的一种片面认知。

话语结构分析。人们根据个人语境和社会语境对社会成员、群体进行结构归位,从而形成"我们"与"他们"之间的对立关系,并在网络中寻求同一结构归位的人的同情与支持。2017 年,"山东冠县辱母案"发生后,网络舆论出现"一边倒"现象,围观者(C2 类)批评公安"不作为"和法院"误判",而某地公安官方微博发布了一张毛驴与大巴车相撞的图片,副文本为"世事多奇葩,毛驴怼大巴,毛驴:不服来战!大巴:容你战我千百回,受伤的驴总是你啊!"围观者认为图片发布者试图以"毛驴"暗讽群众,以"大巴"象征权力执行者,对社会进行结构归位。此做法引起了较大的负面效应。"毛驴"一词一度成为新浪微博中的热门词汇。这一现象也可以看成是话语结构分析中的"词典化分析",即选择词语指称同一类人。

(2)身份路径

影像是通过不同的视觉符号进行组接并表达意义的,影像符号都有一个作者,在网络社交工具中,每一个影像的阅读者随时可成为"隐含发出者"(implied addresser),前提是他对自我阶层的认知。网络影像的发出者身份是异常复杂的,首先需要考察元文本的作者。例如,网络中盛行的"央视新闻找茬"影像合集,央视新闻中的出错画面即为元文本,元文本本身并无反讽意义,央视节目的作者(主持人和编辑,以及整个机构可归为 A1-b 类)并无进行反讽表意的初衷。其次要考察网络文本的作者,这一身份是对元文本的叛逆,因此这一身份往往是隐藏的,制作央视新闻出错画面合集的目的即挑战权威性的央视(A1-b 类)。再次,需要考察转发者的身份,转发者身份多元,目的多样化,有以娱乐为目的,也有以质疑权威为目的。最后,需要考察发出者(作者或转发者)身份与影像内容身份的关系,区分同一身份或代言身份,关系不同,话语分析的方式也不同。例如在"城管打小贩"网络视频中,发出者如果为小贩或同情小贩的阶层,这类视频有可能是选择"城管暴力执法"的片段,但如果是城管拍摄或支持城管执法的阶层,这类视频有可能是选择"小贩暴力抗法"的片段。

(3)修辞路径

网络影像反讽需要遵循修辞路径才能实现抗争。不同阶层之间的对话与抗争需要修辞能力，而修辞能力依赖一定的修辞资源，如需要一定的知识储备来参与对符号的理解和运用。伯克（Burke. K）认为"修辞"暗含着巫术（witchcraft）、社会化（socialization）、共同体（communication）等行为特征①，这些特征很多是由修辞的"身份同一"（identification）功能所决定的，因为"身份同一"与社会分割（division）等问题有直接关联，修辞也能参与社会化过程②。在这一理论背景下，修辞可以看成是阶层话语的一种分析路径。伯克的"同一理论"可以归纳为"同情同一、对立同一、无意同一"③三种策略。

根据这一理论，"同情同一"是指在思想、情感、观点等方面相同或相似的人的修辞策略，希望在某一事件上获得对方的同情。在网络影像反讽案例中，B1 类与 C1/C2 类也处于"同情同一"的关系，B1 类本身属于现实中的社会底层，与 C1/C2 类有身份认同感，有近似的思想、情感和观点，同时他们在"仗义执言"中获得了相互之间的同情。如果@广州区伯（B1 类）发布公车私用图片，他与 C1/C2 类阶层共同针对的是滥用公共资源的权力阶层。@广州区伯经常在新浪微博中发布自己的简陋邋遢的住所、低保证书等照片，这也可以看作是一种"同情同一"策略，获得公众同情，从而使监督公车私用行为得到更广泛的支持。

而"对立同一"是一种具有冲突性的修辞策略，"他们在某个方面是对手，因为具有共同的敌人而同一。这种策略也可称为公敌策略"④这种策略一般基于"敌人的敌人是朋友"的逻辑关系。A1－a 类与 C1/C2 类即属于这种关系，他们强调的是"修辞"之后的"同一"，而非"修辞"之前的"对立"。当然，A1－a 类与 C1/C2 类之间只有一种抽象的"对立"，他们并非"敌人"，而是指不同阶层之间客观存在的不平等、不理解，以及由此而来的心理不平衡感，一些现实中的受害者（讨薪农民工、被强拆户、受工伤者等）甚至对精英阶层带有敌意。例如，@袁立（A1－a 类）作为演艺界名人，属于社会资源获益者，与尘肺病患者群体在日常生活中并

---

① Burke K. A Rhetoric of Motives [M]. Berkeley and Los Angeles：University of California Press, 1969：44.

② Burke K. A Rhetoric of Motives [M]. Berkeley and Los Angeles：University of California Press, 1969：45.

③ 邓志勇. 修辞理论与修辞哲学：关于修辞学泰斗肯尼思·伯克研究 [M]. 上海：学林出版社, 2011：28.

④ 邓志勇. 修辞理论与修辞哲学：关于修辞学泰斗肯尼思·伯克研究 [M]. 上海：学林出版社, 2011：43.

无"身份同一",甚至处于"对立"(社会底层对既得利益者的心理不平衡感),但当她经常在新浪微博中发布公益图片之后,情况得到了改观。她发布自己戴安全帽抱住绳索下矿井的图片,与尘肺病患者群体(C1 类)构成一种"身份同一",并为这种"高调"的公益行为争取到了围观者(C2 类)的同情与认可。阶层之间互相模仿对方的形象,这种行为本身就属于一种反讽,混淆不同阶层之间的符号特征,以求模糊"对立"关系,获得谅解,而将目标指向"公敌",在@ 袁立的案例中,"公敌"即指向某些尘肺病患者的老板(这些老板往往属于 B2 类,现实资源拥有者,但不参与网络行为,也不愿意提供经济补偿)。

在这种关系中,A1-a 类主体并不为自身所处的阶层辩护,但往往以社会底层身份展开视觉修辞。例如,2017 年 2 月 15 日,@ 徐昕(粉丝量3141 万,法律学者,律师,A1-a 类)发布了他在气球射击摊位上端着玩具枪射击的图片,副文本为"偶遇气球射击摊主,我举起了枪"。这实际上是对 2016 年底天津大妈涉嫌枪支案的反讽,对法院的批评,这种修辞路径吻合 C1 类阶层的利益取向。而很多社会底层(C1 类)也逐渐学会通过使用网络影像来争取社会精英(A1-a 类)的代言,替自己发声和维权。跳楼秀图片、喝药维权图片,都属于"对立同一"策略,其目的是淡化底层与精英层在现实中的"对立",强化二者在网络中的"同一",实现互惠互利。C1 类阶层依靠 A1-a 类阶层解决实际问题,将 A1-a 类作为参与社会阶层抗争的同盟或领袖,而 A1-a 类阶层则依靠 C1 类阶层来实现自我价值,获得名望,满足精神需求。

由于知识背景、社会阅历等方面的差异,不同阶层的社会洞察力、文本认知力不同,即使处于"同情同一"的关系中,他们的影像制作、发布、认知、解释、表意的能力均出现断层。例如,A1-a 类阶层普遍高于 C1和 C2 类,因此前者发布的网络影像具有更深刻的符号化和概念化表意功能,隐喻的意指更为宏观。这便形成了"修辞沟"问题。在郭美美的自拍照中,必须具备一定的社会经验,才能顺利解读名车、名包与她"中国红十字会商业总经理"身份的关系,才能进而在转发中展开功能性反讽修辞。"修辞沟"的存在是网络社会阶层流动的阻力之一。

"无意识同一"是指修辞者采用某种手段试图使修辞接收者对修辞者或修辞对象不自觉地产生认同感。在这种策略关系中,修辞者与修辞接受者之间既不像"同情同一"那样存在思想和观点上的同一,也不像

"对立同一"那样存在共同的敌人。"无意识同一"也是难度最大的一种修辞策略,网络使用者的反思和质疑精神很难使人陷入"无意识",而是在持续的"新闻反转"中不断追寻真相,"后真相"对"前真相"的颠覆本身就形成一种反讽,将前面的修辞策略看成是一种"显而易见的诡计"(conspicuous artifice)①。在社交媒体中出现的"市民偶遇副市长挤公交""市民偶遇市领导扫地"等图片,被认为是一种"无意识同一",修辞者希望通过这类亲民图片来促进阶层关系的和谐化,但却往往陷入"诡计"的质疑。总而言之,修辞路径作为网络影像阶层话语分析方法之一,是基于微观视野的考察,对它的深入探讨仍然离不开意识形态和身份的大背景和潜在语境。

二、民意崛起:影像新闻中的真相表达与社会参与

"有图有真相"是一句流行的网络语言,其潜在的逻辑依据是"眼见为实",即对视觉感知的信任。基于这一理解,用图片或视频来进行意见表达和信息交流在网络中越来越常见。在微博、贴吧、论坛这一类交流平台,"楼主"所表述的内容仅用文字并不能使受众信服,于是"楼主"便需要借助视觉的图片或视频来进行佐证,从而增添信息的真实性。在这一过程中,"有图有真相"成为一种约定俗成的网民心理,掌握"图"的人往往具有更强大和更主动的话语权,这也成为普通民众争夺话语权的一种方式。民意的崛起,并非意味着民意一定代表真理,而是民意有更多表达真理的机会,以及在表达中控制了更令人信服的证据资源,即随时随地拍摄的影像。

(一)"有图有真相"的阶层逻辑与社会现实

在快捷的互联网交流中,证据是一种有力的话语工具,特别是只有140个字的微博空间中,人们无法用严谨的逻辑思维来论证一个观点,由于信息源过多,受众也无心"深读"某个话语的逻辑关系。此时,影像的证据功能具有特别的地位,绕开了逻辑论证过程,而用一目了然的"视觉

---

① Biljana Scott. Picturing irony:the subversive power of photography[J]. Visual Communication,2004,3(1):31－59.

物"来直接证明结论,顺应了互联网时代的传播规律和受众心理。这正是"有图有真相"思维得以在网络中盛行的原因,也是民间阶层乐于用来争夺话语权的一种轻便武器。然而,"有图"是否一定"有真相"?这句网络流行语本身的逻辑关系并没有被深入地进行过论证,"图"与"真相"的关系也缺乏缜密探讨,人们宁愿在粗浅的视觉感官消费中狂呼"真相"的到来。

1. 影像证据与话语权

"有图有真相"主要是指第二章中讨论的"摄制影像"和"客观影像",而非手绘影像和主观影像,只有通过摄影设备拍摄的照片或视频才具有"真相"的证据性功用,绘制的新闻漫画、图标等则主观性过强,不能成为影像证据。摄像者拍摄的"摄制影像"和监控录像拍摄的"客观影像"均客观呈现了一定时空范围内的人和事,其客观性均优于目击者描述、文字记录等,帮助受众跳过时空限制实践"亲眼所见"过程。基于这一认识,"摄制影像"和"客观影像"逐渐成为舆论辩论一种工具:

首先,权力阶层与精英阶层在社会地位、教育背景、经济状况等方面拥有更多的优势,因此在舆论斗争中也相应拥有更多的话语权,他们有更多的辩论机会和更好的辩论技巧,而证据性影像的出现则巧妙绕开了逻辑辩论过程,无声地推翻了对方缜密争辩。民间基层的这一话语权的充分发挥,实际上有利于不同阶层之间的平衡,从而起到维护社会和谐发展的作用。"十八大"之后,北京市各级纪委鼓励市民在春节期间"随手拍",举报"节日病",实际上是利用民间阶层"有图有真相"的话语权来治理社会。市民看到疑似公款吃喝、迎来送往、公车私用等腐败行径,用手机拍下来,再通过电子客户端直接同步到纪委的电子资料库里,整个过程不需要任何逻辑辩论和语言举证。

> 春节将至,各级纪检部门在盯防节日病上下足功夫。石景山区纪委利用网站、手机 APP 电子客户端等新媒体,在全区范围内开展"四风问题随手拍"活动,动员全区干部群众用手机、相机、摄像机随手拍摄身边的"四风"现象。西城区纪委利用手机 PDA 系统随手拍公车私用等问题,加强运用网络,通过官网进行举报已成举报重要渠道。①

---

① 李泽伟.纪委推反腐 APP 鼓励市民"随手拍"[EB/OL].[2015 - 02 - 10].http://fanfu. people. com. cn/n/2015/0210/c64371-26536945. html.

186

其次,在一般性社会事件中,影像也能起到证据作用,还原事件的经过,有助于查找事件的原因,特别是在监控录像和行车记录仪中,"客观影像"能为社会事件提供证据,引导舆论。例如,汽车遇到"碰瓷"事件,记者采访和市民围观并不能还原事件真相,市民甚至同情"被撞者",谴责"肇事者",但如果将行车记录仪的客观影像在电视新闻或社交网络平台中公布,舆论风向立即倒置。同样,近年"老人摔倒讹诈施救者"新闻也常常见诸报端和网络平台,在"无图无真相"的情形下,舆论一般同情弱者,但如有监控录像拍摄的客观画面,真相将浮出水面,舆论导向或将改变。例如,下文就是一则"老人被撞"事件通过监控录像进行真相还原的报道:

> 看见一老人在商店门前摔倒,一热心小伙儿上前将其扶起,不料却被老人噎了一句"你害我干啥"?后在警方见证下,并调取监控录像,还原了"老人自己倒地"的真相。这个宛如今年央视春晚小品《扶不扶》的"翻版",近日在洛阳真实上演。①

2. "有图"一定"有真相"吗?

从视觉感知的逻辑关系上考察,"图像"与"真相"并非绝对的因果关系,"图像"有时候只是一种幻象或假象,只是一个连贯动作中的瞬间镜头。特别是自媒体发展的当下,技术手段和策划水平都有很大程度的提高,"幻象"的制作越来越常见,导致更多的社会假象产生,使人们对社会认知精确度越来越低,对社会的感知也越来越混乱,即"眼见也不一定为实"。假象或幻象的制作一般包括 PS 技术修改、影像借用、场景模拟(摆拍)、以偏概全。

第一,PS 技术是一种常用的图像合成技术,由于真假难辨,新闻画面也经常使用这种手段来增添新闻的可看性和戏剧性。山东台儿庄人民广播电台台长曾在参加某报社组织"走进台儿庄"活动后,发表了对 PS 的看法:"看到一幅幅'废片'经过后期的回春妙手,或无中生有,或移花接木,或光影变幻,或叠加拼接,或穿越时空,种种变幻都在随心所欲中完成,让假的比真的还显得更真更美,而且做得天衣无缝、踏雪无痕,真是太高了啊! 据说,不少摄影大奖作品都是这样产生的。笔者不禁想

---

① 陈俊. 老太摔倒被小伙扶起后讹人　称你害我干啥[EB/OL]. [2014 - 02 - 20]. http:// gx. people. com. cn/n/2014/0220/c229247-20606227. html.

问：这样的作品还是摄影作品吗？"①PS 技术的滥用使人们对新闻图片产生了不信任感，当新闻当事人或官方以影像资料举证时，其信服力也逐渐减弱。互联网具有强大的人才汇聚能力，能在第一时间召集影像鉴别专家辨别真伪，很多图片均需通过网络上真伪鉴别这一道坎才能真正形成"证据"。在一些具备强烈社会关注度的新闻话题中，特别是涉及民间阶层与权力阶层（精英阶层）相互冲突的事件中，对影像资料的质疑程度是最为强烈的，一些领导视察、慰问照片，由于被鉴别出 PS 痕迹，往往从政务官方网站的"新闻"转化为社交媒体中的"新闻"，当然，两种"新闻"之间的意义是正好是相反的。类似的这种"作假"行为曾受到多方指责，如发表在光明网上的一篇评论文章，就分析了"领导慰问 PS 照"的原因：

> 领导 PS 照，这些年几乎成为一道风景线了。领导没有"下乡"，但为了体现领导"体察民情"的主旨，PS 领导下乡的照片就堂而皇之地上官网了；领导分身无术没有去某活动现场，为了体现领导关怀"民营企业家"，PS 的照片立马被刊登出来；领导嫌弃老人院脏乱差，不愿进去视察，但为了体现领导"接地气"，只有靠 PS 了……类似的"领导慰问 PS 照"，这些年的确是层出不穷，这些，不断地挑战着公众的认知与底线。
>
> ……
>
> 一个毋庸置疑的现实是："领导慰问 PS 照"的背后，仍然是政绩意识在"主打"。既然"空间限制"，那么多上传几张照片反映真实情况即可，又何须选择失真的 PS 照呢？无论是宣传部门工作人员的个人意思，还是领导的"意思"，这背后的执政意识，的确是值得拷问的。一个显而易见的逻辑是：在照片上可以造假，那在一些经济数据上、民生工程上会不会造假呢？虽然这没有必然的逻辑联系，但这背后的意识，的确是一脉相承的。
>
> 事实上，对于"领导慰问 PS 照"的态度，公众早已表明了。每一次类似的照片出炉时，都会遭遇如潮的批评，这便是最为真实的民意。只是，为何"领导慰问 PS 照"屡批不止呢？这值得拷问。毕竟，任何有羞耻之心的人，都应该借鉴之前的经验

---

① 袁麦翔.《"有图有真相"的"完美"颠覆》[J]. 青年记者，2014（7）.

教训，并以"其"为鉴，杜绝出现类似的事情，可为何，"领导慰问PS照"一而再再而三地出现呢？这只能说明，一些领导干部仍然没有意识到"造假"的危害之严重。

就此来说，对于"领导慰问PS照"一般的事情，便不能止于"教育了事"，而必须有必要的惩戒机制，如此，才能形成足够的震慑力，不然，"领导慰问PS照"还会循环往复地出现。①

第二，"影像借用"是指将B类事件的影像资料借用到A类事件的新闻报道中来，造成图文不符的后果，将过去的或异地的影像嫁接到当时当地的新闻事件中来，造成"有图有真相"的错觉。一般而言，"图片借用"在两种情形下出现：其一是由于客观原因无法进入新闻事件现场拍摄影像，如爆炸核心地带、台风登陆地点等存在安全隐患的灾害现场，以及涉及国家机密不宜公开的场景和画面。此时，传播者企图通过分析，将时空环境类似的"旧闻"画面与新闻事件描述进行组合，这种"旧闻"画面必须是没有标志性符号的，以一般化形象出现，从而规避个性识别。其二是传播者为了制造轰动效应，或为了掩盖某些事实，故意用旧闻图片混淆视听，例如，新闻记者错过时机未拍摄到理想的现场图片，于是使用往年的类似新闻事件的图片，或者新闻控制主体企图掩盖新闻的严重程度，从而使用破坏程度较轻的旧闻图片代替新闻图片。无论何种情形，"影像借用"是视觉假象对"有图有真相"的破坏。随着影像搜索技术的成形，互联网社会的"打假"能力越来越强，如新浪微博网友@无力吐槽指出，央视两个不同栏目在不同新闻事件的报道中出现了同一幅图片，《朝闻天下》中关注云南盈江5.8级地震的《云南德宏：航拍灾后盈江县城全貌》，其中1分17秒左右的画面疑似与《环球视线》栏目中《日本：地震海啸大灾难》的某一画面片段雷同。由此可见，互联网对"图"与"真相"的关系有极强的敏感性，它对专业人才和影像资源的汇聚能力是互联网技术兴起之前所不可比拟的，能以极快的速度完成真相与假象的甄别，并将假象公之于众。因此，虽然"有图"不一定"有真相"，但在互联网社会中制造假象需要付出更大的代价。

第三，场景模拟（摆拍）是"策划影像"的一种现实形式。从第二章对"策划影像"的研究可知，"策划影像"是通过组织和策划而有意拍摄

---

① 杨燕明."领导慰问PS照"为何屡批不止？［EB/OL］.［2015 – 03 – 17］. http://guan-cha. gmw. cn/2015-03/17/content_15124668. htm.

的画面,影像内容不是突发的或自然发生的,而是人为制造的。由此可知,这种"图"不一定能代表"真相","策划影像"与真相之间并不存在必然的逻辑关系,策划者的参与在一定程度上破坏了"真相"的存在形式。在公关类或宣传类的报道中,场景模拟比较常见,特别是自媒体的影像制作和发布自由化,策划成本降低,导致摆拍造假事件频频发生。例如,2013 年 8 月,一张照片在网上热传,照片中一名环卫工人疑似中暑晕倒,一名约三岁左右的小女孩为她撑伞遮阳(见图 5-4)。这张照片在网上感动了不少人,同时也获得不少传统媒体的报道,传播"正能量",建构社会和谐关系。但事过几天,这张照片被人指责是摆拍造假,而事件策划者也在此后承认造假,动机是想传播照片中遮阳伞上的某公司 LOGO。在这种情形下,"图"与"真相"不仅是冲突关系,而且"图"还在一定程度上试图取代"真相",造成社会幻象。

图 5-4　环卫工人"晕倒"后小女孩用伞为其遮阴

(图片来源:人民网. 小女孩为中暑清洁工撑伞系假新闻 爱心传递竟是精心炒作[EB/OL]. [2017-06-09]. http://media. people. com. cn/n/2013/0802/c120837-22421965. html.)

　　第四,"以偏概全"是指以个案影像代替整体叙事,而实际上个案影像并不具有代表性和典型性,此时"有图"也不一定"有真相"。从时间上说,任何一张照片都是时间线上的一帧,任何一组视频都是事件发生过程的某个片段,都不能说是事件的全部呈现,因此,绝对的全面性影像在实践中是不可能存在的，即使是长镜头也要受到一定的时间限制。因此，如何避免"以偏概全"，对画面选择提出了要求。从空间上说，镜头角度、景别也可能偏向于特定物，从而突出某一部分或淡化某一部分，造成意义上的误读。例如，某报在20世纪刊登的一则新闻图片《猴子放猪》，图片中一只猴子在猪群中龇牙咧嘴，并高举鞭子。镜头角度在空间上偏向关注猴子，而忽略了画外的饲养员战士，实际上猴子只是饲养员战士的宠物，跟随主人外出放猪，并模仿主人动作而已。空间上突出猴子，遮盖饲养员，这种有意识的"以偏概全"当然能提升新闻看点，但却违背了基本事实，破坏了"图"与"真相"的逻辑关系。在网络影像中，这种"以偏概全"的叙事方式更为常见，影像生产者或传播者以具体真实、局部真实来代替本质真实和全面真实，这是新闻真实论意义上的一种话语策略。

（二）"人肉搜索"：以影像为线索的"新闻侦查"

"人肉搜索"与百度、谷歌等机器搜索对应，是指利用公众围聚的方式来实现辨认和提供信息，强调搜索过程的互动与交流，一般是围绕一个问题而引发全民抢答，因此前提是这个"问题"必须是民众聚焦的。"人肉"有两个指涉，第一个是指搜索内容上的"以人为主"，实行"对人不对事"方针，第二个是搜索主体的"以人为本"，与"机器"相对应，即人为的搜索。虽然"人肉搜索"不是以影像为唯一介质，但二者之间也有一种先天的近缘关系，即搜索内容上的"人肉化"，如郭美美等舆论人物均是由此被揭发的，人们通过视觉辨认，或者以视觉辨认为起点，引发社会事件的发生和发展。"人肉搜索"与影像的近缘关系由两方面决定：其一是文字内容的搜索用百度等机器搜索引擎较为便捷，而图片内容具有模糊性，需要人工辨别；其二是图片的直观性便于激发受众的感官情绪，如"虐猫事件"中出于对行为者的残忍手段的愤怒，而文字更适用于理性阐释，正是这种感官情绪激发了民众对内容的聚焦，从而才能出现全民搜索行为。在社会事件中，"人肉搜索"引擎汇聚不同地域、不同领域、不同阶层、不同知识背景的网民，参与了影像的辨认与鉴别，通过"图"来确认"真相"，从而引领社会舆论的进展。

"人肉搜索"出现以来，它在本质上是公民行使社会监督权和批评权的实践，通过网状人脉关系挖掘出深层次关系。在监督过程中，"人肉搜索"与影像的关系呈现两种相反的方法,其一是网络中先出现人物的影像,网民再通过影像鉴别和调查出人物的名字、职务、社会背景和权力关系;其二是社会事件中先出现人物的名字、职务等,网民再对这些零散的、琐碎的信息进行整合,进而搜索出相关人物的影像并公之于众。在一些社会事件中,顺利实现"人肉搜索"的案例最终往往普遍获得舆论关注,这也是"人肉搜索"这一监督方式在网络中一直盛行的原因。以下几个案例不仅说明了"人肉搜索"与影像之间的近缘关系,更证明了"人肉搜索"对社会舆论生成的积极作用。下文对"人肉搜索"自出现以来的几个重要案例进行呈现和分析:

2006 年 8 月,一组未成年武术少女的比基尼照引发了网友追查的热情。翻译出了这个译名为"比基尼功夫网站"的首页说明之后,获得了广泛关注,不仅帖子被管理员置顶,网友的回复也很快突破千帖大关。最后,网友发出 2 号"宇宙通缉令",汇聚各路网络精英,运用各种搜索技术,三天内即锁定了"嫌疑学校",并得出搜索结果:佛罗里达某太极拳协会会长 Yan 和该境外网站的运营者是同一人。

2007 年 4 月,深圳老人欧某走在家门口的人行道上,被一辆快速倒车的轿车撞倒。他爬起来与肇事司机理论,反被司机钱某诬蔑偷车,继而遭到疯狂殴打,所幸该过程被监控录像如实记录下来。事发两个月之后,深圳新闻网将整个过程的监控视频在网上公开,立即激发舆论漩涡。监控视频公布后的数日之间,钱某及其配偶杨某的工作单位、地址、个人身份资料、家庭住址、女儿就读的学校等私人信息均被公之于众,钱某处于舆论漩涡的中心遭到千夫所指。在这一案例中,钱某及其亲属关系成为搜索对象,他的个人形象在监控视频中公布之后,他的所有隐私即刻裸露在互联网中。

2007 年 10 月,陕西农民周正龙称在巴山拍到华南虎照片,这些照片得到了陕西省林业厅的官方展示。展示数小时后,质疑声不断,网民从光线、拍摄角度等方面进行辨认和鉴定,甚至分析现实中以"虎"为对象的年画,试图从中寻找线索。网民"攀枝花 xydz"称虎照中的虎和自家所挂年画极其相似,遂引发了"虎照"的网上讨论。一位网民通过百度"华南虎吧"仔细分辨了年画照片左下角的商标,并分辨出一个繁体的"龙"字。第二年中旬,"华南虎照片"终于被认定为假照片,"拍照人"周正龙因涉嫌诈骗罪被逮捕。在这一案例中,搜索对象并非周正龙本人,而是

"虎照"。很明显，话题形成以后，"虎照"就被放置于"人肉搜索"的"放大镜"中，任何一丝线索都无法遁形。

2008 年 5 月，国外视频网站 YouTube 上出现一段时长为 4 分 40 秒的视频，视频中一名女子在网吧中用不屑的语气抱怨四川地震给生活带来的不便，如电视里全是灾难报道、哀悼日让她玩不成游戏。随后不到 1 个小时，该视频被中国网民链接到天涯、猫扑等国内大型论坛上，网民开始开展"人肉搜索"，一个"号召 13 亿人一起动手把她找出来"的"搜索令"发起。半小时不到，有匿名网友发帖称得知该女子的详细信息，她的身份证号、家庭成员、具体地址、工作地点，甚至父母亲和哥哥的电话全被"挖"了出来。在这一案例中，女孩录制的影像中的不当言辞成为"人肉搜索"的直接导火线，受众的道德情怀是执行"搜索"的原始动力，因此，这名女孩被置身于"放大镜"之下，直接成为被"搜索"对象，而她在影像中显示的面部形象则成为"搜索"的起点和依据。

2011 年的"郭美美事件"更是将"人肉搜索"的监督功能推到了高峰。郭美美以"中国红十字会商业总经理"的身份炫富，不仅使人们展开了对郭美美的个人调查，同时也在客观上损害了"红十字会"的公益品牌，破坏了"红十字会"公益活动的正常开展。作为一种影像新闻，"人肉搜索"在很大程度上推动了普通公民的社会参与，用一种几近于"侦查"的手段调查事件当事人的社会背景和权力关系。当然，这种"侦查"在很多时候僭越了警察职能，并且侵入隐私地界，某些案例已经触及伦理底线，甚至触犯法律。

第一，"人肉搜索"可能涉及侵犯名誉权的是"诽谤"。因为仅仅凭借影像证据无法确切保证"有图有真相"，如同在前面章节所述，影像在很多时候只是一种幻象，它是对时间和空间交叉点的偶然性截取，难免出现误差，甚至在很多时候，"误差"是人们有意为之制造的假象，如断章取义的片段拍摄、PS 照。因此，普通公民无规则地对影像证据的滥用，提升了"人肉搜索"的诽谤风险。

第二，"人肉搜索"可能涉及侵犯名誉权的是"侮辱"。在当事人照片被搜索出来之后，尚未进入司法系统，也就是说尚未从法律上对其进行定性，而排山倒海的侮辱性词汇均被贴在照片之上，特别是在一些涉及官员的照片中，常常被贴的标签便是"脑满肠肥""肥头大耳""凶神恶煞""一瞧就不是好人"等语汇。这种不从事实出发，仅依据视觉感官的情绪性评判是对于当事人的人格侮辱,不仅无助于公共利益的实现,而且在很大程度上培育了社会偏见,使社会监督偏离正常轨道。

第三,"人肉搜索"可能侵犯当事人的隐私权、肖像权。在前文的案例中,不少细节均涉及隐私权问题,如通过视频搜索出打人者钱某的身份证号码、家庭住址、女儿的就读学校等信息。这是由于"人肉搜索"在公共利益旗号的掩盖之下,自身权力开始膨胀,以"法不责众"的心态为支撑,开始走向另一个极端,造成监督的悖论。

在"人肉搜索"中,网民们无论是借助影像的证据功能施展搜索,还是在搜索之后提供了影像的文本结论,影像在其中始终处于核心地位,由影像形成话题,生产新闻。当"人肉搜索"制造的社会舆论话题兴起之后,实际上也就构成了新闻的基本要素,无论以互联网为平台,还是以传统媒体为平台,新闻的伦理规范应当适应于"人肉搜索",特别是对影像使用的规范显得更为重要。

(三)"恶搞"影像:新闻意义的重构与"亚文化"的生产

"恶搞"作为一种网络时代出现的亚文化现象,已越来越被学界所认识。"'恶搞'是一种以文本、声音和图像等为表达方式,以消解取材对象原价值为指向的流行于网络的特殊现象。"[①]自"恶搞"现象出现,影像的工具性功能便占有举足轻重的地位,作为一种视觉表现形式,影像可以制造直观的戏剧性效果。在当代媒介环境中,"恶搞"影像虽然不能直接作为新闻文本,但可以参与新闻事件和新闻人物的评论,表达对现实生活的态度,从而生产出指向性的社会话题。因此,"恶搞"影像新闻可以有两种存在形式:其一是影像内容直接与新闻事件或新闻人物有关,对现实中的新闻事件或新闻人物进行讽刺;其二是影像内容并不直接指涉现实中的新闻,但由于网络的传播速度和流行程度,这种"恶搞"影像在形式上成为一种"虚拟"新闻,也就是说,"恶搞"事件本身成了新的社会话题。

一般而言,"恶搞"影像新闻有以下几种现象:第一,通过 PS 等技术手段,对新闻人物进行改头换面,以喜剧的叙事手段来生产特定的感情指向。虽然影像文本并无稳定和深刻的新闻内容,但其在形式上却制造

---

① 王笑楠. 对网络恶搞现象的文化分析[J]. 河南师范大学学报(哲学社会科学版),2010(3).

了一个新的社会话题,它的意义的非稳定性也使这种喜剧效果可以随时借用到现实生活中的新闻事件和新闻人物中来。例如,2003 年的"网络小胖",其斜眼看人、故作冷峻的照片发到网上之后,立即引发"恶搞"风潮,"小胖"的面部表情被 PS 到各种人物身上。当时在百度中搜索"小胖恶搞"即有 40 多万个主题帖子,"小胖"不仅成为"恶搞"第一人,同时也使"小胖"成为一个风靡一时的新闻人物。2011 年,"龅牙哥"经历了同样的网络发酵过程,其喜剧性的微笑表情引起了社会上的普遍借用。PS 图是运用最广泛的"恶搞"行为,它通过技术手段制造了时空混乱、身份混乱、话语混乱,从而实现喜剧效果。例如,网络图片《全国人民喜迎油价上涨》(见图 5-5)就是典型的"恶搞"行为:央视新闻的主持人版面框架、提要画面中加油工人和顾客的笑脸,以及"全国人民喜迎油价上涨"字幕,这些话语对立和逻辑紊乱的影像组接在一起,并非一张简单的娱乐图片,而是在娱乐的方式中达到了"新闻评论"的效果,即批评油价上涨,并对这一社会现象进行反讽。

图 5-5　网络恶搞图片

(图片来源:百度百家号.全国人民喜迎油价上涨,并表示影响不大[EB/OL].[2017-06-09].https://baijiahao.baidu.com/s? id=1615078417137167582&wfr=spider&for=pc.)

　　第二,以"漫画"的"恶搞"行为来制造新闻话题和实现新闻评论效果,这里"漫画"与前面章节中的"新闻漫画"是有区别的,"新闻漫画"在内容上具有新闻性,而这里的"漫画"却不一定在内容上直接指涉新闻事实,但在形式上却可以形成一种客观的新闻现象。例如,2012 年 3 月,高中语文课本中的"杜甫像"遭到"恶搞",正在仰天沉思的"杜甫像"被人加了几笔涂鸦,从而使"杜甫很忙"为主题的画面风行于网络。杜甫插图被高中生们涂鸦成各种形象:戴着墨镜骑电动车的;端着狙击枪凝视远方的;开着坦克向前冲的;骑着自行车去买菜的,等等。"杜甫很忙"也很快进入了传统媒体新闻文本的画面。这些图片形成了一种客观的新闻事实,并从一个侧面揭示了深层次的社会意义,即无论是中学生还是上班族,社会压力过大,很多人借这种"穿越"来娱乐消遣。

第三,对电影或电视剧中的现成文本进行重新配音或编排,对现实中的新闻事件进行直接指涉,例如,网络视频《元首的愤怒》是网友对《帝国的毁灭》这部电影片段的"恶搞",在不到5分钟的电影片段中添加自己编写的台词,并将画面进行戏剧化组接,这是一种独特的新闻叙事手段,其实现的新闻评论效果是潜在的和隐性的,但"元首"在这一片段中的表现力相当强烈,因此表达观点的效果非常好。

第四,通过"自编自演"的形式来生产"恶搞"新闻视频。这种"恶搞"影像虽然是"虚拟新闻"形式,但同样也能起到新闻评论的作用,形式上的模仿凝聚了强大意见,使内容上显而易见的"虚假"反而得不到关注。例如,进城务工人员自编自演的"苗翠花讨薪新闻发布会"就属于这类"恶搞"影像,"发布会"的虚拟性显而易见,但我们却不能称其为"假新闻",因为其新闻焦距点不在"发布会"真实性,而在"欠薪"与"讨薪"的真实性。同样,"宿舍新闻联播"也是一种在大学生中流行的"恶搞"行为,大学生借用央视《新闻联播》的话语框架,在播音语言、领导人物形象等方面进行模仿,比如播音时频繁使用"深入落实""重要指示""亲切接见"等官方词语,在"新闻人物"出场时,让体形稍胖的男生模仿官员进行领导式讲话。这种"恶搞"影像充满了幽默色彩,但其并非一种肤浅的搞笑视频,而是包含着对目前传统电视中时政新闻节目等官方话语方式的批判。

很明显,"恶搞"影像是一种非严肃、非主流、非正式的叙事文本,其与新闻的"嫁接"模式显得灵活而凌乱,既能参与现实中的新闻评论,又能将文本自身演化成一种"虚拟新闻"。这种"嫁接"是后现代解构主义在影像新闻中的实践,在这个过程中重构一种与严肃、主流和正式相对应的亚文化。所谓亚文化,即非主流社会所建构的表达方法和叙事习性。英国伯明翰学派是亚文化研究中最有影响力的力量之一,"亚文化是与身处的阶级语境相联系的……它们可能反对或抵制主导的价值和文化"①。因此,"宿舍新闻联播"等类型的明显挑衅主流新闻和严肃新闻的"恶搞"影像得以获得生存空间,"对抗"也逐渐成为亚文化群体的性格之一,以有悖常理的叙事方式来"嘲笑"主流社会,并与主流社会形成"对抗性"关系,同时也将自身从主流社会中剥离出来,构成后现代主义视野中的非主流社会。

在后现代的解构思维中,PS、漫画、经典画面重组、身份模拟是"恶搞"影像的四种技术手段,对应了上文所述的四种现象,技术(包括软件技术、绘画技术和模仿技术)能将原作文本带到原作本身无法抵达的境界,生产出与原作对抗和与现实对抗的新的意义(新闻评论)和新的话题(新闻文本),以背离传统思维方式和审美习惯的手段来解构主流社会的中心和秩序,使社会逐渐失去"理所当然"的权威核心。"作为后现代潮流中的一员,恶搞群体的一个重要的解构策略就是'去教化中心'与'去精英中心'。在当下乌托邦式的平民生活中,受众的反精英主义情结已日益普遍。人们对深度意义、终极价值、永恒真理等精英话语的灌输已渐生抗拒。"②这种新的非主流文本看似荒诞,但其创作意图既在于重构社会现实,也在于重构新的新闻文本,重构后的非主流社会与重构前的文本意义是截然相反的。

(四)"身体"影像:社会阶层的道德挟持

在影像新闻的阶层表达中,"身体"成为最后一道武器,通过影像对"身体"的极端性展示,或激化社会矛盾,或疏通解决渠道。例如,2014年7月16日,北京市中国青年报社门口,7人服农药后倒地,出现在各路媒体中的照片均是背景为红色大字(中国青年报)的报社大门口,横七竖八躺着几个白衣男子。照片具有一定的视觉冲击力,在围聚社会舆论之后,人们进而开始关注背后的"恶性拆迁"故事。"身体"影像是"身体"的当事人与传播者之间达成的默契,其逻辑起点是"身体"影像本身所带来的强烈的视觉刺激性,既能满足当事人的"道德挟持"目的,也吻合"图像转向"的传播特征和受众接收习惯。

鲍德里亚曾对"身体表达"做过这样的评价:"在消费的全套装备中,有一种比其他一切都更美丽、更珍贵、更光彩夺目的物品——它比负载

---

① 阿雷恩·鲍尔德温等. 文化研究导论[M]. 北京:高等教育出版社,2004:330.
② 蔡骐. 对网络恶搞文化的反思[J]. 国际新闻界,2007(1).

了全部内涵的汽车还要负载了更沉重的内涵。这便是身体（CORPS）。"①当然,在社会底层抗争的影像中,身体消费并非鲍德里亚所言的"功用性美丽"和"功用性色情",而是通过身体自虐(喝药)、身体暴力(殴打)或身体臣服(下跪)等形式来实现社会阶层抗议,形成阶层对立,并激发人们对具体社会事件的深层次围观。

通过对 2010 年以来的新浪微博的影像资料分析,本研究发现互联网的影像新闻形象地揭示了一些二元对立的社会群体和社会关系,包括"城管与小贩""基层干部与农民""资本方与劳务方"等,而且均以"身体"展示来开展影像叙事,如小贩遭遇暴力执法后横卧街头、农民在遭遇暴力拆迁后自焚、劳务工在拖欠工资之后下跪,这是尊严丧失后对自我身体的求助。社会底层抗争的影像中,消极的身体呈现反映了这一阶层在社会系统中的地位与身份,因为在阶层的对峙状态中,权力方和资本方拥有积极和优势的身体关注,如官方制服的视觉形象暗示着权力阶层对社会事件的解释权,以及控制事件发展的强制权,又如黑色西服、墨镜、平头男子的视觉形象暗示着资本对暴力权力的拥有,这是身体消费给人们带来的复杂的心理现象。社会底层没有对身体的积极关注和自恋投入,有的只是日常生活中和劳动过程中形成的工具性视角。例如,在抗议拆迁、对抗城管的过程中,他们将身体消费的工具性视角戏剧化,实质是将身体关注推向消极的极端:"喝药""自焚"是极端性身体行为,表达了无奈的自虐式抗争,并将这些视觉刺激性质的画面视为制造舆论的中介;"下跪"是用身体来诉求,这种方式并不是日常生活中的常用工具,而是传统文化中"下跪申冤"的现实呈现,与"喝药""自焚"等自虐式抗争的视觉刺激不同,"下跪"产生出强烈的伦理刺激,引发出人们对阶层不平等的愤恨。这种极端的身体消费有意与上流社会身体消费的美学认知形成差距,并构建对峙的社会两极。

在身体影像的"挟持"过程中,传统媒体与新媒体的功能是决然不同的,这种差异来源于"身体"当事人与传播者的关系不同,传统媒体肩负着建构主流价值观的社会功能,负责诠释和演绎国家主流意识形态,以维护社会结构的平衡关系为出发点,其与非主流的社会底层处于一种不平等关系。而新媒体传播者很多本身便来自于社会底层,拥有一种先天的亲缘关系。因此,传统媒体在社会底层的抗争性事件中,自觉回避"伪

---

① 鲍德里亚.消费社会[M].刘成富,全志钢,译.南京:南京大学出版社,2014:120.

事件"和"身体关注"的视觉冲击力,避免底层群体和个人策划事件的过度消费,如对农民"喝药"事件的"不炒作、不扩散"主张,避免"集体下跪""肢体冲突"等身体关注带来的社会刺激,转而选择政府成功处理的个案。与之形成强烈对比的是,新媒体热衷于视觉刺激的影像传播,并在获得巨大视觉快感之后,进而参与对事件的深度评论,当然,这种评论有可能借用"人肉搜索""恶搞"等消极手段。

在认识到新媒体对社会底层"身体"影像的兴奋感之外,我们也必须了解新媒体的身体符号消费引发了诸多消极的社会后果:第一,关于"身体"的"伪事件"的视觉冲击力具有强大的传播能量,在微博中转发数量惊人,如一例"喝药"或"自焚"的视频十分钟内可以汇聚上万条评论,汇聚几千次转发,但是这种影像给社会绘制了维权示意图,影像中的一举一动均给类似的维权行为提供了摹本,从而使影像消费者放弃更为理性与合法的维权途径。从本质上而言,这种影像"教唆"有可能损害社会凝聚形态,激化阶层对峙,破坏积极的公民权益诉求通道。第二,过度的身体关注提升了表演成分,降低了社会反思能力。人们在消费过多"身体秀"之后产生视觉麻木,停止反思讨薪问题本身的解决路径与法治意义,而仅仅是通过血淋淋的伤口、群体的下跪来消费他人的苦难和悲情,从而获得对自我身份的认同和对自我境遇的庆幸。第三,在社会底层的对抗性影像中,纯消极的符号消费将社会阶层脸谱化,如这些影像中的政府官员是冷漠的,老板是傲慢的,城管是凶神恶煞的,小贩是悲惨的,这在漫画修辞中尤为明显。类似的影像符号将经济差异造成的社会等级加以道德想象和善恶区分,从而形成"唯道德批判"的固化模式,将社会问题的解决推入僵化轨道。

三、苦难素描:底层社会的影像呈现

(一)"农民工讨薪"影像:符号、修辞与身份

"农民工讨薪"是近年多发的社会问题与媒介现象,表象是"劳资纠纷",本质却涉及官民关系、社会分层、阶级结构内容。在这场既悲情又热闹的"纠纷"中,影像传播及其建构的符号权力成为难以捕捉的"魅

影"，影响深远。根据当前媒介分析与社会调查数据可以判断，农民工在讨薪时对媒介持有较强的心理依赖，特别是在集体讨薪行为中，他们甚至坚持以媒介为主要的讨薪工具，而以政府上访和法律诉讼为次要途径。很大部分原因是随着手机拍摄与影像发布的便捷化，与"讨薪"有关的冲突事件的现场直播得以实现。

1."农民工讨薪"影像的符号表征与权力工具

从"农民工讨薪"事件的影像传播来看，传统媒体与新媒体内容对比鲜明，在报纸、电视、政府官方网站中，出现频率最高的图片是讨薪成功后农民工数钱时的笑脸照，其次是戴着工地安全帽的政府官员给农民工发放欠薪的场景照。形成强烈反差的是，民间微博中充斥着讨薪农民工的下跪照、挨打照、横幅照。显然，官方影像是在建构一种积极的、建设性的政治象征物。近年来，讨薪题材的纪录片、图片新闻、电视新闻等官方影像越来越多，均离不开政治象征物的建构，如农民工数钱时的"笑脸"，这一象征物试图展现劳资关系的和谐化。但对普通大众而言，对官方设置的象征物的解构，正体现于对法兰克福学派的否定当中，即"官方—受众（民间）"关系的倒置，如霍尔所言的受众区分的三种情况："一是接受信息传送者的意图。这种接受方式当然有助于意识形态控制的实现。二是受众与传送者之间的竞争与协商，即部分地接受意识形态的意图但同时又加以修改。三是受众可能会形成与信息传送者完全不同的解释。"①由此来看，普通民众更愿意认可网络大V、公知、报料人、当事人的民间阵营。"农民工讨薪"影像传播表达的是一种"下跪"的抗争，即通过示弱的行为来映衬出欠薪者及管理者的强势，并通过影像将这种示弱行为仪式化，将弱者身份符号化。此抗争方式适应了当下社会"同情弱势"和"仇官仇富"的心理，因而在影像传播的官民博弈中，民间阵营的传播态势具有很强的穿透力和感染力。

在前文的论述中可知，"有图有真相"是普遍的认知标准，契合了"眼见为实"的大众心理。虽然实际上"有图"不一定"有真相"，但这句话隐喻了"图"的工具性功能。"农民工讨薪"事件中，影像的工具意义体现在显性和隐性两个方面：其一，作为"证据"的显性工具是影像传播较之于文字传播和音频传播最大的优势所在。特别是在"农民工讨薪"的嘈杂过程中，劳务方、资本方、政府管理方的意见表达和肢体冲突在混乱中

---

① 仰海峰.媒介、大众与政治：一种哲学的审视[J].吉林大学社会科学报,2013(2).

易趋向极端化,矛盾也有可能走向"异化",因此随时随地的影像纪实和传播凸显出了"证据"的重要性。其二,"话语权"是影像传播的隐性工具,也是从"证据"中获取的间接性功能。无论"视觉转向"这一预言是否成立,影像"征服"语言在某种意义上是被认同的,因为在当今世界的媒介环境和文化逻辑中,人们对自身和世界的理解越来越受制于影像(形象)的刻画和展示。影像传播的"话语权"优势来源于此。

2.　"农民工讨薪"影像的视觉修辞

影像虽然以非语言形态存在,但它同样具备了语言的逻辑性特征,并与语言一样可以演绎修辞的美学功能与劝说功能。修辞学家肯尼思·伯克认为修辞是"用话语使别人形成观点或诱使别人做出行动"[①]。在大多数社会争议话题中,影像符号暗含的"劝说"意味要远远高于其在美学上的成就。"伯克把人类一切动机行为看作戏剧"[②],影像当然难逃其列。影像新闻中的戏剧虽然不具备影视剧的悬疑、情节和高潮,也没有那么层次鲜明,但社会语境的接近使得新闻影像具有更强烈的戏剧刺激感。借用伯克的"同情同一、对立同一、无意同一"[③]三种策略,我们可以将"农民工讨薪"的戏剧性影像分为三种修辞路径:其一,"以死相争"的悲剧。这是指对在身份、价值观等方面存在相似性的人的"劝说",在情感共鸣的基础上实现意见合一。近年来,不少"农民工讨薪"事件是以要挟跳楼、跳桥、堵路等方式来实现对抗的,而且这种对抗行为者声明电视摄像记者或电视栏目主持人必须到场,从而将情节推向高潮。这种"以死相争"的影像传播本质上是在完成"同情同一"的修辞过程,"劝说"社会相信自己的真实窘境,从而赢取支持。其二,"官方模拟"的闹剧。"官方模拟"与前文中的"恶搞"影像吻合,如前文所述及的讨薪女民工模仿外交部新闻发言人的视频,4分03秒的"讨薪发布会"视频中,女民工苗翠花将自己的讨薪缘由、讨薪过程用新闻发布的形式呈现出来,其中还设置了"答记者问"环节。虽然属于网络恶搞,但"对立同一"的修辞策略运用得非常巧妙,即将被模仿者想象成修辞者和观众共同的

①　Kenneth Burke. Language as Symbolic Action:Essays on life, Literature, and Method[M]. California:University of California Press, P41.

②　邓志勇.修辞理论与修辞哲学:关于修辞学泰斗肯尼思·伯克研究[M].上海:学林出版社,2011:35.

③　邓志勇.修辞理论与修辞哲学:关于修辞学泰斗肯尼思·伯克研究[M].上海:学林出版社,2011:42.

对手。其三,"皆大欢喜"的喜剧。"皆大欢喜"大多数出现于官方新闻中,其情节是"在政府的督导、协调下,解决了企业拖欠农民工工资的行为",实行的是"无意同一"的修辞策略,即"不准确修辞",用含混的"我们"来同时代替修辞者、观众以及行为对象,使人无意识地认同集体,消解分歧,相信社会阶层的"无裂痕化"。

3. "农民工讨薪"影像的身份生产

影像的修辞只是媒介工具型功能实现的出发点,这个过程需要经过受众理解、接受、融入等复杂环节,最终塑造一个虚拟空间。在传统媒体中,媒体机构本身就是一种权力象征物,甚至摄像机的出现即是官方关注的证明,这也说明了为什么大多数"跳楼讨薪者"一定要求电视摄像记者或主持人到现场的原因。传统媒体作为官方媒体,有更高的权威性,因而传统媒体在影像传播中更易于将相关的政治权力牵引至社会舆论场,更易于调动党政职能部门的回应和行动。例如,某地的"民警脚踩讨薪农民工头发"照片在央视播出之后,立即带动了当地警方的调查,使这场闹剧逐渐从社会舆论场中脱离出来,从而逐渐使真相得到澄清。

新媒体的出现打破了法兰克福学派关于媒介意识形态控制工具的论断,也否定了伯明翰学派关于受众对信息感知的差异性论断,而是在一定程度上契合了鲍德里亚的大众理论,大众"与任何真实的人口、身体或独特的社会统计人口无关"①,大众既不是工人,也不是任何社会主体或客体。在这种大众社会,权力并不像法兰克福学派认为的媒介只是意识形态操控的工具,权力仅仅源自媒介本身以及所附身的符号。新媒体受众与讨薪农民工形成同一的"大众",这就相当于赋予了讨薪者某种社会正义,同时也赋予了普通民众声援讨薪者的行为的合法性,在这种情形下,"大众"与管理者(官员)、资本方(老板)的社会对抗性基本确立,并且塑造了"大众"的正义形象,以及管理者、资本方的非正义形象。无论传统媒体抑或新媒体,"农民工讨薪"影像新闻皆在寻求一种象征物,并以此来确保自身的合法性。虽然象征物属于心理范畴,但其能为修辞者树立起话语权威。例如,河南卫视的现场报道《农民工讨薪直通车进工地》,多次出现"人民法院讨薪直通车"牌匾的镜头,即为一种显性的合法性象征。与传统媒体不同的是,在新媒体信息中,"还我血汗钱"等

---

① Baudrillard J. In the shadow of the silent majorities or, the end of the social and other essays [M]. New York: Semiotext(e), 1983.

标语、下跪照片、无奈表情,则是在隐性表达"大众"的身份象征,以"示弱"的方式"示威",从而与传统媒体产生对抗性话语权。

在"农民工讨薪"影像的政治权力生产中,焦点并不在于"讨薪"行为,而在于"农民工"阶层身份引起的逻辑混乱。在这类报道中,影像符号以底层社会的隐喻来实现经济诉求,隐喻成为符号的主体功能。作为进城务工者,农民工在理论上应属于工人阶层,工人在中国政治话语中具有特殊地位。然而,积极的理论身份与消极的现实身份发生冲突,在媒介镜像中,低工资、低学历的外来工正在为拿取合法薪酬而哀号,与城市"盲流"无异。影像符号的"示弱"举动实际上是在抵触"工人"阶层的理论身份。在影像传播中,农民工正是以"盲流"形象出现的,破烂的工装、污浊的面孔、憔悴的表情、无奈的眼神,以及无所适从、畏首畏尾的行为举止,唯一能看到的笑容,却是领取欠薪款之后的喜悦。这些影像符号已经脱离了"工人阶层"的叙事范畴。此外,修辞者并没有放弃"工人阶层"在"讨薪"中的特殊的语义功能,而是刻意放大其寓意。例如,在"讨薪"现场中,"血汗钱""罢工""反剥削"等大型标语便具有强烈的视觉冲击力,是对"工人"的理论意义的强调。

(二)春运返乡影像:外来工迁徙纪录的宏大叙事

1.春运影像中的"思乡客"

一年一度的春运是一场浩大的人口迁徙,同时也是一次宏大的媒体盛宴,主角为"回家过年"的外来工。在春运现场,媒体的镜头从来不会错过任何一个凸显外来工归属感的画面:紧揣着票根的粗糙的大手、牵着父母衣角的儿童、被大件行李压弯了腰的大汉、手里提着的电子产品礼品盒、取到车票后开心的笑容。总体而言,影像分为两个方面:其一,呈现壮观场面,排长龙的购票队伍、人潮涌动的进站人群、拥挤的车厢,同时传递购票信息。这种宏观描写勾勒出了中国特有的定期人口迁徙,并隐喻这些场面是中国传统文化的外化。其二,刻画心理细节,外来工购票难的"忧"、爬车窗的"苦",上车后的"喜",这些细节均通过影像呈现出来。

无论在日常报道中媒体如何建构外来工的负面形象(如文化素质低、法制观念低),但在春运报道中,媒体对外来工充满了温情,特别在影像中不时呈现出赞许与同情。影像的众生素描主要通过两种方式:其一,悲情叙事。"悲情之美"是春运报道的感人之处,它通过亲情割舍、苦难际遇等影像素材参与抒情,带领受众体验孤独、伤感和底层的挣扎。悲情叙事偏重于感性情怀,这是春运报道理念进步的结果。春运影像的悲情叙事是与"幸福春运"类似的一种感性情怀,两种情感看似分道扬镳,但实际上,作为"回家"的代价,离别和苦难带来的悲情之美正是"幸福"的另一个侧面。其二,戏剧性叙事。春运影像虽没有影视剧中的悬疑和情节,但与日常生活的接近使它有更强的现实刺激感,戏剧性从而产生出更强的吸引力。可以从悲剧、闹剧、喜剧三种类型来分析春运影像的戏剧性叙事:在车站广场中,车票遗失,失主回家的梦破碎,亲人走失,回家过年的梦破碎,春运影像中不乏这样的悲剧事件。闹剧事件更为常见,归心似箭制造的极端行为此起彼伏,用影像来表达也很能满足人们的围观欲,上火车时的爬窗、在拥挤车厢中的各种睡姿,都能形成一种影像闹剧。媒体的社会建构特征要求它们试图将这些悲剧或闹剧转化为喜剧,如号召社会参与协助、督促政府加强管理,在一定社会条件下,这是可以实现的。

在春运影像塑造的场景中,外来工群体中各个层级的身份被含混化,最终融合为一种身份,即期盼着尽早回家的"外乡人"。"大包行李、一张车票"成为他们共同的身份象征。无论经济状况、文化程度如何,购票难成为他们共同的困境,在影像中,他们表现出相同的忧愁、苦难与快乐。"亲人团聚、回家过年"是他们共同的信仰。在传统文化的笼罩下,外来工这一人群成为与"本地人"形成强烈对比的"思乡客",并通过影像的细节描写将这一情怀公之于众,从而模糊了身份界限。

2. 春运影像中的外来工归属感表达

从对历年春运报道的分析发现,"回家"欲望是影像表达的主题。影像展现的是"风雨夜归人"的悲壮场景——即使经历苦难,也要"回家",这个"家",不是日常生活中寻常意义的家,而是给自己内心带来安全感、欣慰感,并时不时引以为自豪的"家"。这便是归属。春运影像对苦难描写和悲情渲染,实质上是对"回家"决心的曲折表达,凸显出"家"的召唤力量。长龙似的购票队伍、如山似的行李包囊、刀割似的凄风冷雨,这些具有强烈震撼力的画面在隐喻着一种含义:比起回家,这些苦难都能够忍受。特别是春运报道中,外来工回乡"摩托大军"的壮观场面,更是在强化人们内心的"回家"欲望:长途跋涉,风餐露宿,安全隐患,这些都无法阻挡回家之路。

外来工的"回家"欲望是中国传统文化中"家文化"在春运影像中的显现。"家文化"是以农业社会为根基的一种文化形态，外来工的归属心理正来源于此，它"是以血缘、地缘、亲缘关系为基础而形成的以家庭（家族）意识为中心的种种制度、行为、观念和心态，它包括家庭（家族）结构、家庭（家族）观念和家庭（家族）伦理三大要素"①。血缘、地缘和亲缘对外来工产生种种伦理规范，并且这种规范深植内心，并培植了这一群体的修养和信仰，因此，即使长年在外打工，仍将"家"等同于"家乡"者大有人在。在工业社会和信息社会，"家文化"受到很大程度的冲击，外来工的归属需求不如农业社会那么强烈，但春运的自我镜像让他们信仰回归，重新观照自我身份。春运影像将外来工的"回家"壮观场面进行集中式和典型性展现，在一个特定时间点，让积压于这一群体内心的情感通过影像宣泄出来。在影像中，外来工强化了自我的"外地人"身份，也增强了"回家"的渴望。

分析历年春运报道可知，媒体在有意建构外来工"回家"的概念，因为这既符合传统文化伦理的要求，也契合了社会主流价值观的发展。一方面，平安回家、合家团圆，这些景象是传统文化中的积极元素，有利于社会伦理的有序、和谐；另一方面，政府和社会力量对春运这一盛大场面的维护、对外来工回乡之路的协助，有利于达成不同群体之间的尊重和理解，形成社会凝聚力。因此，我们可以依据这两个方面来积极解读诸多春运影像：紧揣着票根的粗糙的大手，意味着辛劳了一年，终于可以回家了；牵着父母衣角的儿童的特写镜头，意味着回家与亲人团聚；被大件行李压弯了腰的大汉，意味着满载而归。对影像的积极解读，增加了人们对外来工归属感的同情与理解，虽然这种"归属"与现有的生活背道而驰，属于两个"世界"，但媒体建构的概念与传统文化和社会发展的利益都是一致的。

3. 外来工在春运影像中的归属感迷惑

学界对外来工的生存境遇研究可基本概括为：改革开放以来，外出打工人群逐渐成为普遍社会现象，伴随着离乡、冲突、认同这一漫长过程，怀念家乡与适应他乡是一种无奈的心理体验与无措的生存尝试。他们的心理归属在"乡愁的迷失"与"现代性的迷思"之间徘徊，乡愁成为一种集体心理情绪，进而抽象为时代症候，即"城"与"乡"的二元对立。但这并不能成为他们拒绝现代文明和顽守传统文化的借口。他们既怀

---

① 戴烽．家文化视角下的公共参与[J]．广西社会科学，2008（4）．

念过去的安全和安静,排斥城市给予的挑战、压力和歧视,同时又觊觎现代社会的华丽。春运影像中外来工所携带的"礼品包"便是印证,如高科技电子产品、现代玩具、流行时装。影像传播者试图表达这样一种意图:外来工虽然归心似箭,但对城市(工作所在地)的眷恋同时存在,以至于以物质的方式向家乡证明自己的城市身份。这类影像传播在事实上干扰了外来工"城"与"乡"的归属边界,对他们而言,"城"的小家庭与"乡"的大家庭同样具有诱惑。

外来工的"身份归一"将这一群体中不同职业、不同经济实力和文化素质者归列为与"本地人"相对应的"外地人"。在春运影像的叙事话语中,"外地人"属于典型的弱势群体,影像传播者也在刻意强调其在社会阶层中的"底层"境遇,即使充满着回家的喜悦,携带着时髦的年货,春运影像始终掩饰不住这一群体曾经经历的苦难:粗糙的双手、饱含皱纹的笑脸、破旧的编织袋中夹杂着显眼的礼品盒。这些影像吻合了社会对外来工的普遍认知:相对于接受过高等教育的精英阶层和社交圈稳定的"本地人",外来工的职业普遍缺乏稳定性和社会话语权。由于受到学历、技术和社会关系的局限,外来工缺乏畅通的阶层上升渠道,并在媒介接触中遭遇春运影像对他们的阶层定位。特别对于 80 后、90 后外来工而言,这种定位过早固化了他们的阶层属性。

家乡的"大家庭"与城市的"小家庭"(个体)的隔阂对 80 后、90 后的新生代外来工来说特别明显。相较于父辈,新生代外来工善于接触新媒体,乐于接受新鲜事物,因此在个人价值上更倾向于"背叛"传统的"大家庭",也更易于融合城市氛围。两个"家"的隔阂在这一群体中更为突出。无论是电视画面还是报纸图片,传播者均未忽视这一现象,并依据具备符号特质的怪异服装和发型将其归类于"非主流"。在春运影像中,不难发现经常有充满活力同时也不失另类的新生代外来工穿梭于编织袋行李之间,在画面中他们刻意与衣衫褴褛的父辈保持距离,凸显内心对传统"大家庭"的不屑,以及对都市文明与流行文化的顶礼膜拜。从这一点上看,他们的梦想并非千里之外的"大家庭",而是城市中的"小家庭",对他们而言,"过年回家"的归属感含义远不如其父辈强烈。

(三)"个体苦难"影像:救赎与侵犯的边界性研究

在影像新闻中,"故事"永远是叙事的切入口,是意见表达的开场白。

而所谓"故事",又需要波澜起伏的情节,其中,对苦难的展示是一种屡试不爽的手段。对苦难的影像展示有一定的道理,受众在影像观摩中自觉建立了自我与他者的隔离区域,将自身与苦难相区分,从而在心理上满足自我想象的"富足"。他者的苦难成为"故事"的开端,并激发了受众窥看他者的视觉欲望。例如,用"故事"来说明"事故",比起生硬的数据要更柔软。我们不能一味地以专业主义视角来批判"苦难展示"的矫情和个体侵犯,同时也不能简单地以人文主义论调来美化"苦难展示"的社会功能,而应辩证认识其积极意义与负面影响。

1. "个体苦难"的视觉吸引力

无论在报纸、电视或互联网中,我们经常看到这样的画面:破败的教舍下面蹲着几个衣衫褴褛的儿童,儿童脏兮兮的脸上绽放灿烂的笑容,脚趾头从破旧的鞋头中钻出来,教舍墙上的一行标语作为背景——"再穷不能穷教育、再苦不能苦孩子"。这种画面制造了两个基本的视觉冲突点:第一,生活环境(衣服、鞋子)与内心感受(笑脸)的不一致,破旧的衣服、鞋子营造了苦难的氛围,让受众认知这些儿童生活、学习的艰难,而"儿童不识穷滋味"的天真灿烂却激发了受众的悲悯情怀。第二,教学环境(教舍)与公共政策(标语)的不一致,破败的教舍、临时性的教学工具告知了教育资源的匮乏,而背景中标语的"穷"与"苦"两个大字却恰好映衬了无奈的现实,形成一种视觉冲突,从而激发受众的公共情怀。这两种视觉冲突均有一定的社会价值,前者让人们从人性视角出发,感受他者的苦难,从而以点及面地施展人文关怀,后者让人们从理性出发,反思公共政策在某些领域的"伪善",在某些角落的"自说自话"。

对个体苦难的视觉展示具有独特魅力。"从媒体在社会系统中的功能来讲,苦难需要媒体来赋予其警示意义,受难者需要媒体聚焦下带来的社会支持。从信息传播的角度看,抽象的苦难无法令人感同身受。"[①]个体苦难的视觉展示,针对的是具体的、有血有肉的案例,而非抽象的、模糊的宏观信息。鉴于此,苦难的视觉展示在传统媒体和新媒体中普遍受欢迎,特别在灾难性报道中,个体苦难往往是突破口,以个体苦难的典型性来展现灾难事件的后果,用血淋淋的素材来围聚看客。否则,冰冷的数据不足以唤起受众对人性的反思。例如,曾有一则关于战争灾难的

---

① 李成. 媒体报道个体苦难有错吗? [J]. 中国记者,2014(9).

幽默故事,道出了苦难个案与数据之间的差异:布什说:"我们准备枪杀4000 万伊拉克人和一个修单车的。"CNN 记者:"一个修单车的?! 为什么要杀死一个修单车的?"布什转身拍拍鲍威尔的肩膀:"看吧,我都说没有人会关心那 4000 万伊拉克人。"这则幽默故事虽然是虚构情节,但道出了"个案"在苦难叙述中的重要性。在影像新闻中,对苦难个体的视觉修辞显得尤其重要。例如,在汶川大地震中,一时间媒体中出现了大量的触目惊心的特写照片,大部分以苦难个体为叙事基点,如其中一幅手握铅笔的罹难儿童特写照被广泛传播(见图 5 - 6),震撼人心,令无数人为此悲鸣,在网友甚至在个人博客中为此图赋诗:敢斥天公不义乎? 无知嫩蕊有何辜? 临终犹握一支笔,好向黄泉写诉书①。

图 5 - 6　地震中手握铅笔的小手②(图片来源:百度百家号)

对于个体苦难展示的出路,传统媒体与新媒体的影像传播秉持两种截然相反的态度。在传统媒体中,"展示苦难"是为"战胜苦难"设置背景和铺垫情节,苦难只是个体的故事开端,而最终总会出现乐观结局。这是由传统媒体的制度化特征决定的,无论政治体制如何,拥有着公共话语权的传统媒体机构均对社会价值体系的维护负有责任,因此苦难的

---

① 塞北草的博客. 七绝题汶川地震"只手握笔"图[EB/OL]. [2017 - 06 - 09]. http://blog. sina. com. cn/s/blog_5609b72f010140px. html.

② "地震中握铅笔的小手"这幅图片原作者不详,在网络上出现后引起了大量的转发。百度百家号"黄昏的小猫"在发布这张图片时留言:汶川地震中感动亿万人的那只小手,今天看来仍给心灵以极大震撼,愿小朋友在天堂快乐活泼。https://baijiahao. baidu. com/s? id = 1560183581522666&wfr = spider&for = pc.

描述被控制在一定范围内，苦难的走向也必须吻合大众集体心态的积极化发展方向。而在新媒体中，"展示苦难"却经常用来直观化地与社会对抗。例如，互联网中经常出现这样的组图，前图是四川凉山地区的童工照片，或衣衫褴褛的孩子背着破旧书包跋山涉水的上学照；后图是发达地区孩子坐在苹果机房中使用电脑学习，或富人用豪车接送小孩上下学。实际上，这种对抗性图片的出路并没有为苦难找到一个解决通道，而是在展现贫富不均的社会现实，刺激人们关于社会阶层差距的认知痛感，进而在更深层次上实现阶层的融合。

"个体苦难"的传播动力，除了来自于作为社会底层抗争所收获的同情，另一方面还来自于个体苦难作为一种"非常态"而产生的视觉刺激感，人们在观看"个体苦难"之时，如同在欣赏非同己类的特征所带来的"滑稽"之感，而这种"滑稽"感是由人性的自我认知能力决定的，即将"苦难个体"与己类区别开来。例如，2008 年深圳电视台制作，并在全国电视媒体和互联网视频媒体引发追踪的《"毛人家族"救助系列计划》《20 岁的少女 60 岁的脸》等节目中，某医院负责对这些患有外形"异症"的个人进行免费整形救助，媒体负责报道"救助计划"的进展，看起来医院、患者和媒体三者皆大欢喜，但随着"计划"的深入，矛盾还是显现，"毛人家族"和"皱纹少女"均不愿面对镜头，不愿将自己最忌讳和敏感的一面在镜头中公之于众，而对于医院和媒体而言，没有这些引发视觉刺激感的镜头，不足以形塑作为"异类"身份的苦难个体，报道也无法引发全民关注。影像在这种报道中的地位高于文字，苦难的细节必须通过镜头呈现方可解决受众的眼球饥渴，人们关注这类新闻，正是希望看到毛茸茸的三岁男孩和满脸皱纹、眼睑下垂的少女才来看视频，以满足一种廉价的，甚至不附加尊重的"看稀奇"心理来观摩这种"非常态"。被救助者对镜头的恐惧和抵触，最终导致"计划"暂停。由此可见，"非常态"的视觉刺激感是个体苦难传播的另一种动力。

2. 救赎与侵犯："苦难"影像的边界

在影像新闻展示的苦难中，无论传播者秉持温和态度抑或刺激性态度，对苦难进行救赎是他们主观上的终极追求。然而，这种主观追求并不能掩盖其客观上的粗暴与傲慢。例如，媒体中经常出现的领导视察贫苦家庭的报道，为了展示领导"雪中送炭"的积极效果，必须呈现家庭的窘迫,"电视记者为了寻求冲突感,刻意渲染寒苦,执意放大痛苦,让这个人群的'弱势'赤裸裸地暴露在观众视野下"①。又如,在媒体上经常看到的贫困大学生获企业救助得以上学的新闻,记者为了衬托"雪中送炭"的及时性,将大学生的家庭背景、家庭成员曝光在镜头下,中间环节还需要面对镜头表演"感恩",这种报道方式让被救助学生还没入学就得承受社会亏欠感,背上沉重的心理包袱。当这位大学生回过头从媒体镜头中观照自我之时,"自惭形秽"的媒体苦难形象也会使其产生一种无以言状的羞辱感。影像对苦难的细致、具体展示,使精英阶层或权力阶层对社会底层的"关爱"转化为"恩赐",使被"恩赐"个体在影像中看到自我价值的低廉,阶层与阶层之间的沟壑显性化,社会阶层的对抗性也在这种全民注目的"关爱"行动中逐渐加深。这种传统影像在互联网中是最忌讳的,但是也是最容易成为"二次传播"对象的,当然,此时的"二次传播"并非机械地转播,而是进行批判式或戏谑式传播。

在"雪中送炭"一类新闻中,影像展示的原因还在于其"证据"功能,以"眼见为实"来例证精英阶层或权力阶层对社会底层的自上而下的关爱行为,在主观上呈现精英阶层和权力阶层的社会责任,因此,将苦难展现得越彻底,就越能显现出"关爱"的重要性、及时性和必要性。然而,如前文所述,"有图"不一定"有真相",展示苦难的"证据"功能在客观上不一定实现"关爱"的社会价值观,原因在于影像新闻中的"表演"痕迹。很明显,虽然"苦难"是客观存在的事实,但"展示苦难"以及"救助苦难"则是人为制造的媒介事件,是为了影像生产和传播而组织起来的一种仪式,是一种主观建构,而非客观存在。仪式的主观性使之远离"真相",而使受众产生某种观摩"表演"的幻觉。基于这种心理,网络中质疑"关爱表演"真相的新闻一直存在。例如,2015 年,在山东昌邑市曾发生一件以影像为"伪证据"的表演事件(见图 5-7):昌邑市环卫局举行的 2015"夏送清凉"活动中,工作人员们为 60 位环卫工人发放绿豆、茶叶、毛巾等避暑物品,待拍完照片后又将物品收回。这种影像"伪证据"将社会阶层极端化,官方(精英阶层和权力阶层)与环卫工人(事实上的社会底层)形成一对对立的二元关系,影像不但没有起到向社会传输主流价值观的目的,在被环卫工人戳穿"真相"之后,还在很大程度上破坏了阶层融合与互动。

---

① 彭华新,欧阳宏生.论我国电视新闻的人文困境[J].现代传播,2011(10).

图5－7　2015"夏送清凉"活动照片①（图片来源:中国网）

在媒体中,官方与环卫工人的身份和立场也被明显地区分开来,如不少网络论坛均粘贴发表了这幅"伪证据"图片,以及以下对立性言论:

官方:收回是因为环卫工太多不够分,社会捐赠物品不能直接发给环卫工人,要由政府统一接收。

媒体记者到昌邑市环卫局采访,工作人员称2015年"夏送清凉"活动是由昌邑市环卫局举办,发放的避暑物品由昌邑市总工会捐赠,总共4袋绿豆、20斤茶叶、200条毛巾,因昌邑市总共有300多位环卫工人,所以只能统一收回,加工后再分配。并称其他社会捐赠物品也不能直接发到环卫工人手中,都是要统一由政府接受之后再统一分配。

环卫工:从来没收到过政府发放的慰问品。

记者随机采访了几位环卫工人,他们大都表示平时并没有收到过社会爱心人士捐赠的物品,平时也没有单位向他们发放过慰问品,只在前段时间送过一次绿豆汤。

媒体呼吁,当全社会都在关注环卫工人,都在努力为他们尽一份爱心,希望作为环卫工人依靠的"环卫局",能够少一点

---

① 该图片原作者不详,在网络上出现后转发量较大,此处摘自:阎家鹏.拍完照再收回的夏送清凉　昌邑市环卫局回应物品量少加工后统一分配［EB/OL］.［2015－08－14］. http://sd.china.com.cn/a/2015/syjdt_0814/268008.html.

"作秀",多做点实事。①

在这起事件中,"伪证据"影像传播成为导火线,而媒体的"再传播"将这种对抗性身份显性化,更加固化了阶层与阶层的身份认同。对于大众而言,在这起事件中立场也是显而易见的,明显支持苦难者,谴责表演者,同情暑热天气下仍在辛苦作业的环卫工人,将"伪证据"视为对社会底层的欺骗与侮辱,从而产生对精英阶层和权力阶层的愤懑情绪。可以说,"伪证据"影像进一步撕裂了社会阶层关系,展示苦难起到了消极的社会效果。

四、伦理争辩:社会事件中的阶层博弈

(一)影像新闻的伦理思辨与实践

媒介伦理是一个宏大概念,经常被新闻伦理、网络伦理、信息伦理更具体指涉的伦理范畴所替代。"关于新闻伦理,一种意见认为,新闻伦理是研究新闻工作者的职业道德的学问。……关于网络伦理,史云峰把网络伦理定义为一门全新的、以网络道德为研究对象和范围的学科。他认为网络道德是探讨人与网络之间的关系,以及在网络社会中人与人之间关系问题的。……关于信息伦理,吕耀怀认为,信息伦理是指涉及信息开发、传播、管理和利用等方面的伦理要求、伦理准则、伦理规约以及在此基础上形成的新伦理关系。"②关于媒介伦理的文献颇多,学派纷杂。"媒介伦理"是从西方哲学中兴起的理论视界,西方学者的研究领域较为宽泛,也就是说,其研究成果具有普遍的规则适应价值,如 Clifford G. Christians 以波特推理图式来分析伦理规则,将伦理现象归入报道、劝服、呈现和娱乐四个范畴,建立了宏观的伦理研究框架,包括议题真相、社会正义、隐私权等;Louis Alvin Day 则以大量案例研究了媒介伦理与社会道德的冲突,包括保密与公共利益、经济压力与社会责任、媒介从业人员与社会公正、真实性与刻板印象等,从伦理冲突规律层面建立了的研究框架。中国学者的研究成果可以从新闻史、新闻理论、新闻应用三个层面

① 深圳论坛. "夏送清凉",领导给环卫工人送避暑物品,拍照后收回[EB/OL].[2015 - 10 - 11]. http://szbbs. sznews. com/thread-2833802-1-1. html.

② 郑根成. 媒介载道:传媒伦理研究[M].北京:中央编译出版社,2009:35 - 36.

进行综述,在新闻史方面,唐海江反思了清末政论报人媒介伦理与政治伦理的关系,以史鉴今,认为政治文化对媒介伦理规范具有决定意义[①],徐新平和杨柳研究了张季鸾的新闻伦理思想[②]。在新闻理论方面,马艺与张培论证了新闻伦理失范的原因,解析了媒介与社会中多重价值的融合与冲突[③];杨保军论证了社会公德、家庭道德、职业道德、官德之间的关系,并分析了新闻道德在其间的定位[④]。多数研究成果是新闻理论与新闻应用的结合,如郭镇之从新闻专业主义角度研究了公民媒介参与和媒介伦理的关系,认为新闻专业主义和媒介伦理可能促进政府与媒介关系的发展[⑤];展江和彭桂兵以案例分析方法研究了媒体道德与伦理,在理论上将伦理与道德分开,在实践基础上论证了媒体道德与媒体伦理的区别[⑥]。系统地看,媒介伦理不过是传播主体(媒体)、传播客体(被报道对象)、收受主体(受众)之间的人物关系,是维护人与人之间的利益均衡和心理平衡(尊严)的一把量尺。随着移动互联网的深入发展,媒介伦理理论越来越受到新的媒介事件的挑战,而其中一种挑战即来自于影像拍摄和传播的随意化,从而引申出影像新闻伦理这一概念。影像新闻伦理是媒介伦理和新闻伦理的次级概念,从影像的视觉感知层面考察伦理尺度与规范。实际上,前文的诸多论述均涉及伦理问题的探讨:"有图有真相"行为中对隐私图像的暴力化攫取和展示,在"图"与"真相"之间建立了强制性的逻辑对等关系,不惜以牺牲程序正义的手段来追求结论上正义性,而"结论正义"是否能完全取代"程序正义"呢? 这就是一个典型的伦理问题;"人肉搜索"同样属于一种暴力手段,向社会公众提供他人的影像证据等隐私细节,以此为线索进行深入"侦查",将个人隐私置于公共舆论场中,同样会遭遇尖锐的隐私质疑;影像"恶搞"是以虚拟的手法来对现实进行叙事,这种虚拟手法本身也会迎来隐私冲突,更何况很多"恶搞"行为在本质上带有侮辱、调侃的习性;"身体"影像作为一种挟

①　唐海江.政治与伦理之间——清末政论报人媒介伦理观念的政治文化反思[J].国际新闻界,2007(3).
②　徐新平,杨柳.论张季鸾新闻伦理思想[J].湖南师范大学社会科学学报,2014(1).
③　马艺,张培.多重价值的融合与冲突——新闻伦理道德失范原因的深层阐释[J].新闻与传播研究,2009(2).
④　杨保军.新闻道德论[M].北京:中国人民大学出版社,2010.
⑤　郭镇之.公民参与时代的新闻专业主义与媒介伦理:中国的问题[J].国际新闻界,2014(6).
⑥　展江,彭桂兵.媒体道德与伦理·案例教学[M].北京:中国传媒大学出版社,2014.

持手段,以极端的视觉刺激来吸引大众围聚,迫使强势群体妥协,"胁持"是追求正义的一种手段,但"胁持"的过程会消耗大量的社会成本,并为类似诉求提供非理智的示范效应。

从文本形式上来说,影像新闻的直观性特征决定了它与文字新闻具有不一样的伦理要求。在通常情况下,直观的传播方式莽撞地暴露细节和情节,使大众的眼球直接侵入报道对象的社会关系之中,即使采用"马赛克"技术遮蔽部分敏感细节,仍然是一种保守的、补偿式的伦理修复。影像的直观性无遮蔽地展示了报道对象的人物细节和人物关系,而这些细节特征往往是报道对象不愿意公之于众的,如人物的身体上的缺陷,其本身与报道的事件无直接关系,文字报道则可以轻易避免这种粗鲁的暴露。面部表情的影像刻画也是一种客观记录,除非对未成年人、嫌疑人、受害人等敏感人物进行面部遮掩,一般的报道情况均会不可避免地展现面部表情,这种影像直观地指向了人物的善恶与美丑,并将人物的内心感受一览无余地呈现于受众面前。在包括电视在内的所有影像新闻中,直观陈述所带来的伦理伤害难以避免,在这个意义上讲,直观传播具有行为指向上的随意性,不但真实且残忍地揭露了现实,而且让受众随意切换影像画面中的主体与非主体,不是呈现新闻事件中"实用的真实"(functional truth)[1],而是突出非主体细节,使表达偏离话题中心。例如,在警方"扫黄"的新闻中,话题中心是警方对社会风气的整治,但镜头往往聚焦于"失足女性"的身体、工作环境以及某些用具,这种粗鲁的细节陈述无疑将作为弱势群体的"失足女性"暴露于公众眼前,不但不能起到帮助"失足女性"、改良社会文明风气的效果,反而将其置于耻辱台进行无情凌辱。当然,影像新闻的直观陈述并非盲目的"莽撞",它对报道对象的选题是极其精明与势利的,在暴露细节方面,也是有所选择的,如在对领导、英雄、企业家等正面人物的报道时,细节的曝光就显得慎重得多。由此可见,影像本身是建构社会阶层的手段,受众从影像的细节分析中可以自觉对被报道者进行阶层归类。

(二)影像新闻与伦理霸权

影像伦理涉及社会的各个方面,其归根结底是"该不该展示"的问

---

[1]　科瓦齐,罗森斯蒂尔.新闻的十大基本原则:新闻从业者须知和公众的期待[M].刘海龙,连晓东,译.北京:北京大学出版社,2014:49.

题,这也诘问了传播者在社会阶层上为何区别对待,在某些阶层中谨小慎微,避免敏感符号的心理暗示功能扩散化,在另一些阶层中却肆无忌惮,鲁莽且无情地展现全貌。其中,传播者的伦理霸权是一种潜在且强大的推动力量。

在传统媒体的报道行为中,专业摄像机能生产出一种仪式感,并通过仪式功能震慑被拍摄者,传播者则享受专业、精英等身份所带来的优越感。也就是说,这种情形下,传播者一般属于强势群体,在面对普通市民或底层社会等拍摄对象之时,他们拥有天然的控制能力和驾驭权力,镜头之下的一切均是可以指点和摆布的空间、随意展示的道具。前文所说的"苦难展示"就是传播者典型的"霸权"心理作祟,用镜头语言极力展示苦难者的卑微,一览无余的镜头不会错过任何一个角落;在互联网时代,摄像机无处不在,摄像机本身带来的仪式感也逐渐消弭,但传播者的"霸权"心理并未消失,而是从精英阶层潜入大众社会,"霸权"的实现形式也从由上至下的"驾驭"变为多向发散的"胁持"和"佐证",这两种功能均为"有图有真相"在舆论监督中的延伸。

"胁持"是在"有图有真相"和"人肉搜索"中普遍使用的道德手段。"在无须证据公开和风险承担的背景下,权力行使的功能不在于权威性的说服,而在于舆论的'胁持'。人人拥有监督权和话语权,它将人们置于随时曝光的惶恐之中,陷入'人言可畏'和'人人自危'的困境。"①"胁持"是一种阶层之间针锋相对的"舆论绑架",影像在这场"绑架"行为中往往起到导火索的作用,影像的细节与亮点足以激发民众的围观快感,从而参与道德评论,给当事人施加压力。电影《搜索》中的一段情节艺术化地再现了影像的"胁持"功能:一个现代都市女士由于得知自己身患癌症,在从医院回家的公交车上神情恍惚,没有意识到身旁站着一位老人,因此,坐着的"都市白富美"与站着的"病弱老人"构成了一副视觉冲突感很强的画面。这个瞬间刚好被同在公交车上的记者拍摄到,又被放到焦点电视节目《今日事件》中播出,女主人公的"冷漠"表情和"不文明"行为激起了全民"公愤",网友根据女主人公的影像镜头"人肉搜索"出她生活中的点点滴滴,并对其开展了道德上的口诛笔伐。女主人公被一张图片所"胁持",而且百口莫辩,最终忧伤地死去。同样,玉林狗肉节之所以在舆论中闹得沸沸扬扬,很大程度上也是影像中凌狗、屠狗等血淋

---

① 彭华新.论当代媒介环境中舆论监督的权力嬗变[J].国际新闻界,2014(5).

淋画面刺激了爱狗人士,并使"爱狗"化身为尊重生命的道德领地,从而导致爱狗人士发起了一场又一场"护狗运动",并在运动中广泛传播这些残忍照片,从道德上批判"吃狗肉"的野蛮。在影像"胁持"中,传播者(或"胁持者")拥有着道德制高点的优势,无论这种优势是现实的还是想象的,他们都拥有着传播的"霸权",这种"霸权"可以肆无忌惮地侵入不同的社会阶层,并站在某种阶层立场对另一个阶层进行道德批判。例如,电影《搜索》中"不让座"的照片,女主人公被"胁持"的原因不仅在于她相较于老人的年龄优势,更在于"都市白富美"的阶层身份。

"佐证"也是互联网时代传播"霸权"心理的显现,在这种心态下,传播者以道德正义为合法性依据,以各种手段开展证据搜查,并以"有图有真相"为搜查终点。在"佐证"的伦理争辩中经常会遇到这样的情况:影像赤裸裸地曝光某类人群或某一阶层的真实状况,以牺牲隐私权为代价,进而帮助被曝光对象,手段与结果的矛盾性使影像新闻的"佐证"功能进入伦理困境。例如,著名的公益活动"宝贝回家计划"发动的"随手拍"流浪儿童活动就是一个典型案例:

在当今大都市的地铁、车站等公共场所越来越多乞讨的流浪儿童,这些流浪儿童中很多属于被拐儿童,因此,对流浪儿童的影像传播显得尤其重要。将流浪儿童的乞讨照片置于网络论坛等公共领域,既让儿童的家长辨认了乞讨者的实际身份,"佐证"了儿童被拐卖的事实,同时又交代了场景,"佐证"了乞讨组织者的"伪家长"身份,便于警方开始施救行动。因此,"宝贝回家计划"在开展之初得到了官方到民间的普遍认可,传统媒体对此举的溢美之词也铺满版面。

"只要我们多动动相机,也许那些心急如焚的父母就能寻觅到宝贝的踪迹。"近日,网上一个"宝贝回家计划"在上海网友间开始"口耳相传"起来,志愿者们纷纷带上相机走上街头,只要看到路边乞讨的儿童就用相机拍摄下来,并贴到"宝贝回家寻子网",为丢失孩子的家庭提供线索。

用照片"串"起乞讨宝贝回家路

"其实,拍一张照片真的不难,但是,对于那些在全国各地苦寻自己孩子的父母来说,也许就是一丝希望的曙光。"在静安寺附近上班的张小姐这段时间一直随身带着数码相机,只要看到路边有流浪的孩子,就会立刻用相机拍下孩子的照片,再上传到网络上。

　　"这是一个在全国开展的'宝贝回家计划',希望能用志愿者们的照片'串'起宝贝们的回家路。"在张小姐的指点下,记者打开了"宝贝回家寻子网",首页分为"宝贝寻家"和"家寻宝贝"两个板块,可以看到志愿者拍下的流浪乞讨儿童的照片以及寻子家长上传的丢失子女的照片。

　　"除了把这些乞讨孩子的照片张贴到这些网站上之外,我们还会分别记录下这些孩子的发现地点,作为注释写在图片下。"张小姐告诉记者,这样做的主要原因就是要让那些丢失孩子的父母在找寻孩子的过程中不至于四处碰壁。

上海网友纷纷响应"宝贝回家计划"

　　通过页面的显示,记者注意到,目前参与"宝贝寻家"的注册人数为149人,而"家寻宝贝"的注册人数为358人。"但是,上海以及全国其他城市的志愿者远远不止这些人数。"指着已经被加满的QQ群,张小姐告诉记者,更多的志愿者不仅仅把拍下的流浪乞讨儿童图片贴发在该寻子网,还纷纷通过各大论坛发布,希望帮助孩子找到回家的路。

　　根据张小姐介绍的情况,记者随后在上海白领扎堆的篱笆、天涯等论坛上都找到了"宝贝回家计划"的踪影,一位名为"LITTLEPRINCESS"的网友告诉记者,自从知道了宝贝寻家这个网站后,她就一直在帮忙转贴这个网站的信息,"只有越来越多的人参与到这个活动中来,宝贝们回家的道路才能越来越顺畅"。

　　网名为"牛牛妈"的网友告诉记者,自己的孩子是在3年前走失的,至今没找到,因此,她在全国范围寻找孩子的同时,自己也参与到了志愿者的队伍中。"而且我现在的想法是,除了拍照,如果在路上看到那些明显有被虐待痕迹的孩子时,也会立即拨打报警电话。"①

　　国内几个自发形成的区域性寻子网站把信息聚合在"宝贝回家寻子网",使信息互相分享,普通市民发布的照片则成为信息源。随着微博、微信等社交媒体的兴起,"随手拍"的流浪儿童不仅集中于专业的寻子网站,而是逐渐演变成普通市民拍照发图、公共大V推广、公益人士参与救

---

① 王佳敏.网友拍下流浪儿照片上网发布:"宝贝回家计划"为寻子者提供海量信息,律师表示合情合理不合法[N].青年报,2007 - 06 - 12(A7).

援这样一种协助模式。从 2011 年开始,中国社科院农村发展研究所于
建嵘教授在微博上开设"随手拍照解救乞讨儿童"微博,该微博号在全国
网友和地方公安部门中影响很大,市民纷纷随手将乞讨儿童照片上传至
该微博,希望家中有孩子失踪的父母能借此信息找到自己被拐的孩子。
从行为结果上来看,市民"随手拍"解救了不少被拐儿童,这也是"随手
拍"的合法性依据,但从行为方式上来看,这种涉嫌侵犯未成年人隐私权
的做法仍然面对来自各方面的伦理拷问。新闻伦理的某些具体规则要
求对未成年人的镜头在个人未经许可的情况下必须以马赛克遮罩,乞讨
儿童是否愿意被拍摄? 这是众多网民质疑的焦点之一,知名大 V@王小
山在微博中发表意见:"乞讨者也有尊严,随便拍你都未必高兴,何况低
收入敏感人群、儿童?"另外一种现实考虑是:让乞讨儿童的照片在网上
流传,会不会给孩子带来即时的危险? 拐卖者会不会因为影像证据曝光
而立即将其藏匿或灭口? 实际上,这种伦理拷问正是对传播者(拍照者、
转发者、推广者)的霸权心理的抵触,主观正义性与客观后果可能存在冲
突。在对社交媒体的田野观察中发现,这种伦理冲突与现实争辩是非常
激烈的,在争议性的话题中,影像媒介伦理无处不在,时时影响到新闻事
件在网络中的传播路径和方向。

小结:

本章研究了影像新闻的社会阶层关系和伦理悖论。由于互联网影
像主要以社会层面的网民来参与表达,因此这一章是本研究的重中之
重。首先提出了影像新闻参与社会表达的话语方式——反讽;其次对几
种具体的社会表达手段进行了举隅,如"有图有真相""人肉搜索""恶
搞""身体表达"等。另外,"苦难素描"这种极端社会表达方式也被列入
研究内容,即以"苦难"的极端化呈现来参与社会抗争。

本章的价值有两点:第一点是在扎根理论的基础上进行了长时间的
经验分析,观察了影像新闻的反讽的主体层次和行为特征,并对反讽策
略进行了理论性分析;第二点是对底层个体的案例分析,如农民工("讨
薪"和"春运")和苦难个体研究,这种底层情怀是人文社科类学术研究
的较为可贵的品质。

第六章 历史留存:影像新闻的文化使命

一、影像新闻与文化生存

(一)影像的文化功能

关于文化的概念,不同领域的学者各持说辞,但显而易见,"文化是一种遍及全世界的现象,现在这是显而易见的……它也是积累性的,一代一代传下来的"①。也就是说任何地理空间均存在文化、任何领域均存在文化,文化是跨空间和跨时间的,文化无处不在。它虽然"普泛"地存在着,但却以"差异"为其存在形式,"差异"使文化取向繁荣,而这种"差异"正是以空间的隔离和时间的断代为基本单位的。从内容层面来看,对文化构成的分析也莫衷一是,有三层次说、四层次说和六层次说等,其中三层次说指出了文化的物质、制度、精神方面;四层次说指出了文化的物质、制度、风俗习惯、思想价值方面;六层次说指出了物质、社会关系、精神、艺术、语言符号、风俗习惯等方面②。其中,三层次说较为简练清晰地梳理了文化存在形式,物质、制度和精神是三条粗犷的线条,当然,每个线条下面又可以分拣出更具体、更细致的领域。

在影像作品中,文化也可以从这三个层面进行考衡。影像中呈现的具象信息为显性的物质文化,由自然物质文化和人文物质文化组成,比如,自然物质文化包括壮丽山河、林海雪原等以地理(空间)和气候(时间)为特征的"差异"文化形态,一般具有固态形式,它不仅具有空间上

---

① 克拉克·威斯勒.人与文化[M].钱岗南,傅志强,译.北京:商务印书馆,2004:35.
② 张岱年,方克立.中国文化概论[M].北京:北京师范大学出版社,2004:5-6.

的差异特色,更有时间上的差异特色,二者缺一则难以成为一种文化,而仅仅是一种景物。人文物质文化包括建筑物、服饰、饮食等视觉文本内容,这类文化在视觉上的传播能促进跨空间和跨时间的模仿。以人文物质文化为内容的影像作品往往能刺激巨大的文化交流欲望,如时装秀影像,能在不同地理空间中推动某一种服饰的流行,实现跨空间文化传播,建筑影像也能推动"仿古居"的盛行,实现跨时间文化传播。因此,视觉上的文化一体化,往往指涉人文物质文化的融合。影像中的制度文化与精神文化都通过物质文化来呈现,这必须借助物质文化的视觉隐喻功能。制度文化居于物质与精神之间,是社会心理和感情的一种外化和规范,如在前面章节论及的图腾、标志物等影像,均是制度文化的视觉外化。精神文化居于文化结构的深层次,指涉既定空间与时间范畴的人群的价值观、审美观、道德面貌、信仰、性格等,属于社会人群的集体无意识,因为大多数时候,精神取向被认为是理所当然的而根本无法察觉。在影像文本中,精神文化同样依赖物质文化的隐喻,如盛产的某种植物形象可以暗示地方性格。

虽然影像与文化的三个层次保持着对应关系,影像直接记录、保存、反映和传播文化,但影像仅仅是文化的一种存在方式,影像文化与传统意义上的文化也只是一种附属关系。从一定意义上说,影像文化具备自身特有的优势,它虽然也受缚于空间与时间,但相对具有穿透性和开放性,能更自由地牵制不同地域、不同民族、不同历史时期的文化内容,而且影像本身作为一种文化存在,理论上可以无限制保存,进行跨时间和跨空间的视觉展现。电视等影像电子媒介的出现,为影像文化的发展提供了技术支持,使人们可以同步观照世界上发生的事件,这种技术让人们第一次走出了地域性的封闭视野。互联网的出现使得这种"随时随地"更加便捷,也使全球文化融合的机会与程度超越任何的历史时代。

电视与网络等电子媒介深化了影像文化的内涵与外延,它以纪录片、微电影、图片新闻等不同的影像形式来呈现各种文化内容,以纪录片来记录厚重、严肃的文化类型,以微电影来演绎当代大众文化,以图片来展现当下社会的某些片段与现象,以PS照、GIF照来制造"恶搞"等亚文化,以此对抗当下社会的秩序与规则。总之,不同的影像形式展示了不同的文化内涵。例如,纪录片是以真实生活为原始素材的影像创作,以真人真事为表现对象,并对其进行艺术加工,这种作品本身就是一种文化存在,是艺术文化的典型性文本,同时它又展示和传播现实生活中的文化,引发人们反思社会与重构生活。很多经典纪录片均是对人文物质文化的记录,由英国BBC电视台与中国中央电视台联手摄制的《美丽中国》在地理上横跨中国26个省(自治区、直辖市),拍摄了50多个国家级野生动植物保护区、86种中国珍奇野生动植物,还有30多个民族的生活故事,从北方边境地区的赫哲人,到南方边境的云南,从中华民族的图腾——长城,到西南边陲的苗族村寨,从青藏高原的藏羚羊,到秦岭的野生大熊猫,绝大部分影像以实物自然取景,表达了中国文化的博大、渊深。如果说《美丽中国》是对宏观文化的记录与展示,《舌尖上的中国》则是对中国的微观文化的精彩演绎,以油盐酱醋的食物为基本对象,展示了中国的"吃文化";以美食为素材,让全球观众见证中华饮食文化的博大精深,进而认知中国的传统文化的精神理念。例如,纪录片中的"豆腐"含有文化的隐喻,"中国的豆腐在'清寡'中暗含了某种精神层面的气质,古人称赞豆腐有'和德',吃豆腐的人能安于清贫,而做豆腐的人也懂得'顺其自然'。豆腐是中国特有的食物,这一食物本身的独特性就构成了民族自我建构的物质依据。并且,从'豆腐'中寻找某些中国人共有的特质,这种特质不仅仅是存在于某一个具体方位,而是存在于所有吃豆腐的地方。从全球化的视角来看,或者说从中华民族以外的界域来观照这一普通不过的事物,这种地方性所建构的民族性,就是中国文化全球化的过程。"①纪录片作为一种特殊的新闻形式,从文化方面解读了常态性和深层次的新闻信息。

移动互联网的到来为影像文化灌注了更加碎片化、对抗性的内容。手机作为媒介,承载了这种影像文化的生产与传播。一方面,手机视频与图片在很大程度上解放了人们的视觉触及空间,使人们随时都在感受后现代视觉的刺激与冲击,文字记录显得比电视时代更加笨拙与晦涩。另一方面,手机影像的全民性参与。这一现象本身就是一种当代文化景观:自拍、低头族,这些人类活动特征也是在移动互联网出现之前所不具备的,人与人之间的距离变得既毗邻又遥远。

---

① 彭华新.全球转向还是本土坚守:区域文化语境中的电视传播研究[M].上海:上海三联书店,2015:291.

(二)影像新闻的空间性:地方的描述者

1. 影像与文化空间

影像与空间有一种先天关系,就本质而言,影像在于展示特定空间的人物、事物,以及空间的转换,并在特定空间内演绎文化。因此,研究影像新闻的文化使命,必须尊重影像与空间的关系。21 世纪以来,对于"空间理论"的研究开始兴起,从出版界的丛书就可以得知。商务印书馆于 2003 年以后相继翻译出版了大量空间理论书籍,如大卫·哈维(David Harvey)的《后现代的状况》、莫里斯·布郎肖(Morris Brownshaw)的《文学空间》、爱德华·索亚(Edward W. Soja)的《后现代地理学:重申批判社会理论中的空间》。南京大学出版社翻译出版了一系列关于空间理论和都市文化的著作,很多对我国学术界具有深刻影响,如 2003 年出版的迈克·克朗(Mike Krone)的著作《文化地理学》、2005 年出版的居伊·德波(Guy Debord)的著作《景观社会》等,这些著作对拓展我国空间理论的学术视野和研究边界有着重要意义。上海教育出版社对空间研究的理论前沿拓展也有积极贡献,先后出版了《都市与文化丛刊》和《都市与文化译丛》。在这套丛书的视野中,空间理论研究没有绕开都市文化与现代性这一社会背景和文化语境,而是将都市文化作为空间研究的主体部分,并与国外前沿理论的结合,形成经典的再创。空间理论"嫁接"了不少交叉学科,这些学科都是在"空间"的基础上研究文化,如文化地理学、地缘政治学、空间社会学。媒介地理学更是在文化地理学的基础上进行拓展的一个新兴领域。文化地理学起源于 1925 年卡尔·索尔的《地理景观形态论》。索尔指出,地理学无须从空间理论的某个具体概念着手,而应从地区之间人的体验的差别入手,也就是说,如果一条路被看成是地理空间,路上行走的车辆、车辆形式的规则也属于文化地理范畴。20 世纪下半叶,西方思想界的空间理论开始转向,空间问题的思考从"形而下"上升到"形而上",也就是从文化地理学的层面上升到哲学理论的高度。作为西方马克思主义的推崇者,列斐伏尔(Henri Lefeb-vre)将"形而下"的社会空间生产实践理论引入"形而上"的空间研究视野,并在此基础上提出一个重要概念——"空间生产"(production of space)。列斐伏尔的"空间生产"思想将生产实践的社会分析与批判,相应地转化为空间的分析与批判。列斐伏尔对后继的学术界影响深远,后继者包括哈维、索亚等,哈维在列斐伏尔的基础上,结合后现代主义、社会批判理论和结构主义等理论,对社会空间理论进行了扩充。索亚发展了列斐伏尔的"空间生产",提出了空间研究的另一个重要概念——"第三空间"。索亚融合后现代理论与文化地理学等研究领地,建构了一套系统性的社会批判空间理论,他在此基础上提出的"第三空间"是一种多重辩证的实践性空间,对阐释后现代的都市文化具有重要意义①。总之,后现代地理学中,地理存在的意义正在消失,电子媒介正在形成新的空间,这一理论对本书的论述形成冲击。如约书亚·梅罗维茨所言,"将场景看成是信息系统,打破了面对面交往研究与有中介传播研究二者的随机区分。信息系统的概念表明,物质场所和媒介'场所'是同一系列的部分,而不是互不相容的两类。地点和媒介同为人们构筑了交往模式和社会信息传播模式。"②在约书亚·梅罗维茨言说的这一语境下,地理的空间意义已经消失,人们存在一个虚拟空间之中。

2. 影像与文化地理

空间理论"嫁接"了不少交叉学科,如在"空间"基础上研究文化,是文化地理学的逻辑背景,地方性文化的生存和交流,首先需要对文化进行整体叙事,影像的记录和传播可以看作是空间叙事的一种具体实践。

影像叙事与影像传播的区别,在于影像叙事更侧重于内容与被叙述者的适应关系,即在叙述过程中尊重被叙述者的文化心理。在这种理解维度中,"地理"的概念显得特别重要,首先,文化存在于某个特别的地理空间中,文化一定是某个地方的文化,不存在虚无空间的文化;其次,文化的接受者一定是某个地理空间的人,地方性对接受者的收看习惯产生重要影响。文化的构成有物质、制度和精神三层次说,因此,文化存在于特定地方的物质、制度和精神中。对影像叙事而言,文化必须借助物质层面的具体事物。物质文化包括自然物质和人文物质两大部分,自然物质是指某一地方的地理、气候以及与之相关的固化的文化形态,自然物质在历史长河中已经留下了深厚的文化积淀,长期影响着当地人的生活与生产,并固化为具有地方特色的符号;人文物质包括建筑、服饰、饮食等,它是人们根据气候环境和地理环境而形成的适宜某一地理空间居民

---

① 此处参考:谢纳.都市文化研究与空间理论的兴起[J].中国图书评论,2009(5).
② 约书亚·梅罗维茨.消失的地域:电子媒介对社会行为的影响[M].肖志军,译.北京:清华大学出版社,2002:34.

生存的生产工具和生活用具等。影像新闻中的器物、服饰、建筑物,虽然只作为新闻事件的背景资料,但却是对特定空间的文化特征的展现,暗示了新闻事件的语境,以便于异地受众对事件的理解。抛开这层语境,叙事变成单向的传播,抹杀了叙事者与受众之间的"默契"。影像对文化的传播,是以视觉的形式彰显某类文化现象或文化特征,而这类文化存在的基础是其他异质文化的差异,以及现代性背景之下全球文化的穿越与融合。今天的电视、互联网技术已经贯穿地理边界,不断突破地理空间传递异质文化,从而对地方性文化特征进行侵袭。例如,影像中服装的时尚潮流传播,无疑是对地方服装文化的破坏。

影像的拍摄与传播,以及各类镜头的刻意叙事,为新闻故事制造了一个虚化的空间,特别是影像可以在网络中随时随地的上传,使得受众轻易接触到新闻事件发生的地点,进入虚化空间无须成本,增强"在场"感。吉登斯在区分"空间"与"地点"两个关键概念时指出,"在前现代社会,空间和地点总是一致的,因为对大多数人来说,在大多数情况下,社会生活的空间维度都是受'在场'(presence)的支配,即地域性活动的支配。现代性的降临,通过对'缺场'(absence)的各种其他要素的孕育,日益把空间从地点分离了出来,从位置上看,远离了任何给定的面对面的互动情势。在现代性条件下,地点逐渐变得捉摸不定:即是说,场所完全被远离它们的社会影响所穿透并据其建构而成。建构场所的不单是在场发生的东西,场所的'可见形式'掩藏着那些远距关系,而正是这些关系决定着场所的性质"①。在互联网社会中,"地点"的意义虽然没有前现代社会重要,但绝非说"地点"不再存在,而是因为"地点"已经转化为一种虚化的空间,作为新闻事件的语境存在。当语境中的信息对新闻解读具有指引价值之时,"地点"即刻会显性地出现在受众的话题之中。

3. 影像中的都市文化

通过对 2002 年以来的影像新闻的经验材料分析,笔者发现电视新闻媒体更愿意将视角专注于都市空间,特别是电视民生栏目兴起以后,对都市的市井琐事喋喋不休,但对乡村景象却无暇顾及。但是移动互联网盛行之后,新生代农民对拍照、传输技术的掌握,使乡村题材的影像新闻越来越多见。可见,当代影像新闻是将地方性知识融入都市和乡村两种叙事形态之中,使都市与乡村成为新闻事件的叙事背景。

---

① 安东尼·吉登斯. 现代性的后果[M]. 天禾,译. 南京:译林出版社,2000:16.

　　在我国当代文化背景下,都市叙事是在市场经济建设中被赋予意义的,是现代性所带来的理性美学与感性迷思。首先,"城里人"具有叙事身份的优越感。在当代商品社会中,旧的社会规范逐渐被打破,压抑的道德约束也遭到网络中后现代思维的解构,但城乡之间的抵触情绪却并未消失。例如,在新浪微博中,很多人将北京地铁中的不文明现象归结为外地来的"乡下人",并以图片举证的方式来进行说明。近年来微博中常见的"城乡抵触"图片也很多,诸如老太太抱着孙子在车厢中大小便、小伙子横卧在座位上等不文明行为,在图片下面的微博评论中均为城乡的素质差距争论。在意识形态去中心化的当下,现代媒体,特别是社交媒体中的"大V"们正以"公知"身份进行全民启智。然而,"公知"并非"公共知识分子"的简称,而是在特定语境中被赋予了某种贬义成分,含有猥琐、自高自大、自以为是的象征,遭遇质疑之后,以"公知"为代表的媒介精英们摒弃了道貌岸然的姿态,而以亲近感、幽默感的感性叙事面向受众。由此可以看出,无论媒介的叙事风格如何变化,媒介景观看起来要么是"城里人"的说教,要么是"城里人"狂欢派对。其次,"都市"更注重对人类本能欲望的强调,而这种强调通常是以影像的刺激感来进行"明示",完全抛弃了语言暗示的含蓄,以视觉享受直接消费身体。尊重人的本能欲望是人文关怀的体现,但网络中泛滥的身体展示和欲望表达,使价值观走向另一个极端,例如,各类车展新闻中,对车的审美转变成为对"车模"的审美,对"车模"的镜头语言穷尽了"性暗示"成分。都市气息的性感美女是影像中具有吸引力的主题之一,因此这一类美女成为影像新闻中的一种重要元素,这些女性或在职业装、流行服饰包裹之下,或在泳装、比基尼的点缀之下,在咖啡厅、办公室、现代浴场等都市场景中进行着某种活动,活动的内容并不重要,可以是自然发生的,也可以是人为策划的,重要的是人与都市场景的结合制造的愉悦感。例如,2015年9月21日网易转载中国新闻网的报道:

　　　　2015年9月20日,河南省郑州市,一家户外温泉泳池内,几名美女着比基尼上演摸鱼大赛,摸到鱼并将其抱起60秒即可将鱼带走。活动现场,比基尼美女湿身引民众围观拍照,笑料百出。据悉,本次大赛所用鱼从信阳南湾湖运到郑州,当日2015南湾湖第三届捕鱼节开幕。①

---

　　① 李霈韵.郑州女生泳池内比赛抱鱼,坚持60秒可带走鱼[EB/OL].[2015-09-21].http://news.163.com/15/0921/11/B41I1J2Q000146BE.html.

　　这就是一起典型的"策划影像",摸鱼比赛并不重要,重要的是谁在摸鱼,而影像对"美女"的展示是新闻的亮点,图片以美女为主线,以捕鱼为辅线,展现出了都市女性的魅力。然而,以上对都市叙事的分析是针对影像新闻抹杀"地方性"而言的,无论是"城里人"的优越感,还是都市文化对欲望的张扬,都是全球化的表征,其后果是造成了"千城一面"的假象。因此,从另一个角度来看,互联网新闻也在影像中极力弥补"地方性",在物质文化上有意识地在影像中突出城市图腾,特别是对地标建筑、文化遗产的展示。在人物身份上,也开始去"公知"身份,淡化"城里人"的优越感,将叙述者藏身于都市民间,"'都市民间'是隐匿于现代都市庞杂意识之中的一个审美文化空间。它与都市文化中底层的日常生活记忆和个体存在的边缘意识相伴而生;相对于主流意识话语而言,它处于权力边缘化的弱势一端,是现代知识分子以平等的姿态参与都市文化书写与精神建构的一种新的写作立场选择;它以破碎、虚拟和朴素的审美形态表达出对都市现实生活多重的人性化体认,因而体现出藏污纳垢的本土现代性美学风格。"①这种对"地方性"的弥补建立在对都市的自我矮化表达的基础之上,使人们在现代性影像的迷惑之下清醒观照自身,确定地理坐标。

　　4.影像中的乡村文化

　　20世纪90年代以前,乡村题材曾在影像节目中大行其道,这与当时的农业社会根基以及农民人口优势等因素有关。但90年代以后,随着市场经济的建立,农民工大批量进城,城镇化也随后卷土袭来,影像转向都市,霓虹灯、摩天大楼、车龙等都市幻象充斥了媒体镜头,乡村叙事走向边缘化。在移动互联网时代,视觉表达逐渐便捷化和自由化,都市叙事或乡村叙事也不再由制度化媒体来抉择,影像策划也不再列入制度话语的修辞框架之中,农民获得了更大的话语权。在这种媒介权力弥散化的环境下,大众审美也走向多元化,不再注视都市文化的奢华,同时也关注乡村文化的质朴。特别是在"美丽乡村"②概念提出之后,以乡村为题材的影像新闻也开始形成气候。

---

①　聂伟."都市民间"与当代叙事的现代性[J].江苏社会科学,2004(5).

②　"十二五"期间,受浙江省安吉县"中国美丽乡村"建设的成功影响,浙江省制定了《浙江省美丽乡村建设行动计划》,广东省增城、花都、从化等市县从2011年开始也启动美丽乡村建设,2012年海南省也明确提出推进"美丽乡村"工程,加快推进全省农村危房改造建设和新农村建设的步伐。至此,"美丽乡村"建设已成为中国社会主义新农村建设的代名词,全国各地掀起了美丽乡村建设的新热潮。

在乡村基础建设与基层矛盾并存的当下,影像新闻中的乡村叙事出现某种对抗,一方面通过《美丽乡村》等视频节目表述乡村文化的"美",另一方面通过民间影像展示乡村文化的"俗",这种"俗"包括乡村生活的俗文化以及基层矛盾中的暴力和冲突,如网络视频中经常曝出的"拆迁"抗争、"征地"抗争,诉说着基层矛盾中的现实故事。实质上,这种对抗是"追忆传统景观"与"鞭挞文化侵蚀"两种诉求的表象。传统文化总是藏身于乡土之中,不同的地理空间养育着异质的传统文化,以血缘为纽带的宗族关系仍然是维系乡村社会稳定的基石,无论是自然景观的"美"还是人文景观的"俗",都绕不开传统文化的视觉修辞。著名学者费孝通说过:"自足自给的乡土社会的人口是不需要流动的,家族这个社群包含着地域的涵义,村落这个概念可以说是多余的。儿谣里'摇摇摇,摇到外婆桥',在我们自己的经验中,'外婆家'充满着地域的意义。血缘和地缘的合一是社区的原始状态。"①传统文化发源于乡村,但正在遭遇现代性的破坏,影像新闻一边在积极地保护现实中残留的传统文化,曝光破坏乡村的行径,一边在消极地保存虚拟的乡村景象,它的消极只是因为记录者和传播者清醒地意识到现代化进程的不可阻挡。

乡村文化与都市文化并非两个完全隔绝的空间,都市中的"城中村"就是一个奇特现象,影像中的"城中村"是一个由城市的框架与农村的人际关系形成的空间,是现代与传统融合的产物,以现代都市的生活方式存在,但残留着乡土气息。因此,"城中村"这种城乡糅合的空间也是影像视角热衷于关注的,无论是电视新闻还是网络新闻,经常会出现"城中村"里的"握手楼"、杂乱的电线、街旁玩耍的孩童、闲谈的妇女,这些景物描述了都市边缘的生活圈,同时也在其中印入乡村文化的影子。

在移动互联网中,影像新闻中的乡村形象很大程度上是由都市人来参与描述与解读,因而难以逃离城乡文化比较。在这种比较中,存在着两个极端,一个是田园诗式的乡村想象,特别是都市人在春节"返乡"之后对乡村的传统习俗、自然景观、绿色食品等事物的影像呈现,这是一种情感化的影像描述,有意突显美好的一面,而隐藏了诸如村道垃圾、田地污染,以及赌博、闹婚等恶习;另一个是对乡村的妖魔化想象,通过影像来呈现乡村的贫穷、愚昧,以及规则意识的淡漠。近年来,网络中这类影像新闻逐渐增多,而且很多是对都市人在春节"返乡"期间的观察。

---

① 费孝通.乡土中国[M].北京:生活·读书·新知三联书店,1985:72 - 73.

2017 年 4 月,网名为"社会信息"的百度百家号引用了七幅网络图片,在网上介绍了农村的七个问题,包括"输不起的牌场""拘于形的祭祖""烧不尽的垃圾""喝不了的井水""拖欠了的工钱""圈起来的土地""变了味的相亲"①。这七幅图片形象且客观地证明了当代农村存在的问题。

2016 年 2 月,网传一名生于 1988 年的上海女孩陪江西籍男友回农村过年,因无法忍受男友家中的晚餐而连夜返回上海,并提出分手。此事之所以在网上持续发酵、引发热议,一个主要原因在于这位上海女孩在网络社区篱笆网发布的一幅图片(见图 6 - 1)。

为什么说这幅图片是该事件持续发酵的主要原因呢?因为上海女孩发布图片后,网络争辩集中于这幅图片是否代表了农村的真实面貌,有人

图 6 - 1　上海女孩发布的江西籍男友农村
老家的餐桌照②

(图片来源:苏雄. 网传上海女因一顿饭逃离江西农村男友家,网友称内容多处存疑[EB/OL].
[2017 - 06 - 09]. https://www. thepaper. cn/news Detail_forward_1431143.)

认为当今农村的生活已经相当殷实,这样晦暗且萧条的画面场景应该是手机像素问题,上海网友"金牌钟点工"分析称,"篱笆 iPhone 客户端,一般上传竖版会自动压缩到 500 像素宽度,像素太差了应该是视频截图或

① 社会信息(百度百家号).一个农村孩子春节回家的真实见闻:这样的农村,是你心中模样吗? [EB/OL]. [2017 - 04 - 25]. https://baijiahao. baidu. com/s? id = 1565605037539143& wfr = spider&for = pc.

② 原作者发布该图后,澎湃新闻、搜狐网等网络媒体争相转载,并在微博、微信等社交媒体中热议。

其他途径盗来的图"①;而另一部分人认为这幅图片真是再现了城乡之间的精神差距,因为不锈钢碗是一种廉价和缺乏生活品位和格调的日常用品。由此可见,这起关于"逃婚"的新闻中,在本质上还是在讨论城乡的差异问题与"城里人"对乡村的歧视问题。影像在这起新闻的舆论引导中起到了关键性的作用,可以说是整个舆论事件的导火索。

(三)影像新闻的时间性:时代记录者

"时间性"是一个抽象的哲学话题。什么是"时间性"?海德格尔认为,"曾在源自将来,其情况是:曾在的(更好的说法是:曾在着的)将来从自身放出当前。我们把如此这般作为曾在着的有所当前化的将来而统一起来的现象称作时间性"②。在这一视野中,"过去的经历""当前的现象"和"将来的想象"三个被割裂的时间序列被统一起来,历史(背景)、现实(当前)和虚拟(想象)的时间排序,能构造出新的时间观。"想象力的构造本身就是与时间相关的……纯粹想象力之所以叫纯粹就是因为它从自身构造了自己的形象,而因为它自身与时间相关,所以它首先就必须构造时间。"③"构造时间"就是将过去、现在与将来糅合、重建和互相渗透的过程,从这个意义上说,影像新闻恰好就是"构造时间"的途径之一,它用视觉符号来展现过去、现在与未来的空间,并使这三者互相观照。无论影像的凝聚或流动,都是在时间线上实现的,在文字、声音与视频等符号的逻辑组合中实现了时间与空间的结合。

影像新闻是对当下文化的亲眼"见证",这种"见证"在时间线上可以延续与保存,穿透"时间性"的过去、现实与未来三个序列。随着时代的发展,当下文化的亲眼"见证"将转化为历史文化的具象写照,将现实空间与历史空间进行比照与互换。互联网时代的媒体中从不缺乏这种以时间为逻辑主线的影像新闻,展现"物是人非"或"人是物非"的时间转换。例如,某网站的图片新闻栏目《18 组对比照片看世界大城市的过去和现在》,其中包括 1990 年的上海与 2010 年的上海,1928 年的香港

---

① 苏雄.网传上海女因一顿饭逃离江西农村男友家,网友称内容多处存疑[EB/OL].[2017 – 05 – 11].http://www.thepaper.cn/newsDetail_forward_1431143.
② 马丁·海德格尔.存在与时间[M].陈嘉映,王庆节,译.北京:生活·读书·新知三联书店出版,1987:387.
③ 王恒.时间性:自身与他者——从胡塞尔、海德格尔到列维纳斯[M].南京:江苏人民出版社,2006:80.

与 2014 年的香港等,对同一地点、同一视角、不同时间进行拍摄,在两种迥异的空间里,光线、色调都进行了微妙调整,影射出时代进步、城市发展的时间流动过程。"相信每一代人都是城市变化的见证者,但这个变化的速度越来越快,迅速的发展让我们看到了对于原始环境的挑战,特别是生活在大城市的人们更能有所体会,除了人们脑中所能印证城市的变化,最能够记录这一变化就是照片,从一毛不拔的平地到密密麻麻的万丈高楼,让我们从这 18 个城市的历史对照中体会城市发展的极限吧。"①从"时间性"的哲学思考来说,这种影像新闻是对"曾在"事件的当下演绎。

意大利历史学家克罗齐曾说过"一切历史都是当代史",意即历史叙事都是在为当下服务,以此观点来观照影像新闻,无论以过去、今天,还是以虚拟未来的视觉文本为叙事对象,其最终落脚点均是服务于当下的文化阐释。同理,现实题材的影像新闻是对当下事物和人物的视觉呈现,虽具较强的具象性,但"时间性"是叙事的中轴,当下文化的时间片段并非孤立地存在,它的叙事过程需要依赖历史文化的背景,并进入未来发展的想象空间,受众的自我先验就是时间本身,他们凭借自身的过去体验来鉴赏现实的视觉文本,并在此基础上建构起"时间隧道",观照当下文化。例如,每年的"文化产业博览会"在深圳召开前夕,深圳地方媒体,包括电视、报纸、网站均会对当地的历史文化进行大规模的报道,这些历史性事实作为一种新闻背景,是对现实中的"博览会"的支撑。对于缺乏人文景观和历史场景的深圳而言,寻找历史的"曾在"是一件非常艰难的事,同时也是一件非常有必要的事,可以从一定程度上为都市文化的发展奠定根基,这是"时间性"上的一种探索。在互联网时代,深圳当地电视媒体和网络媒体并没有放弃这种探索。深圳电视台与"中国时刻网"等媒体就曾对深圳本地的古村落进行了报道,以影像传播为基本手段,展示了古村落的过去、今天以及未来保护与发展的问题,呈现了深圳这座年轻城市的"时间性":曾在的现实是指古建筑(古村落),当前的现实是指即将召开"博览会",而将来的现实则是城市发展(地面扩张)与古村落保护所遇到的困境,这三点合成一种"想象力"。古建筑(古村落)于清末民初,是客家文化的稀缺沉淀,是深圳现存少有的视觉实物文化之一,影像文

---

① 段晓萌.18 组对比照片看世界大城市的过去和现在[EB/OL].[2104 - 05 - 22].htp://article. photofans. cn/article-29385-1. html.

本在一定程度上抹去了深圳的"文化沙漠"恶名。然而,古村落的存在与未来发展(城市建设)又存在矛盾,这是时间线上的冲突,城市建设需要土地,"古村落"在寸土寸金的大都市中显得边缘化。影像新闻在一定程度调整了这种现实与未来的冲突,一方面,影像展示强化了古村落的历时性价值,提升了古村落的文化价值和文化影像;另一方面,影像展示同时也是文化保存,将现实凝聚,对未来无疑是一笔文化财富。

从近年互联网中影像新闻的内容层次来看,社交媒体趋向于个体式的弥散传播,如以个人为传播主体对突发性事件进行自主曝光。而门户网站的组织化传播则更注重对社会事件的文化反思,注重时间上的凝重感,即影像新闻报道既可以作为文化资料留存,也可以作为文化反思文本,随着时间的推进,这种影像文本的新闻价值虽然消弭,但文化价值却一直存在,甚至渐增。以腾讯网图片栏目为例,该栏目以视觉感官为基础,记录当下文化和传播历史文化,因此也俗称为"鹅眼"("鹅"的概念来自于腾讯公司的图标"企鹅")。以下对其内容进行举隅:

(1)《蒙面摇滚女乐手》(2015年第26期)。这期栏目以图片形式报道了一名以专业重金属摇滚吉他演奏而闻名的巴西女性。从图片来看,这名女乐手身穿布卡罩袍,将自己裹得严严实实,只露出一双闪亮发光的眼睛,背景墙上挂满了一排各式各样的吉他。在舞台上,黑色罩袍与四射的彩灯形成强烈的视觉反差,传统宗教文化与流行文化的裂缝也在这些图片中消失了,历史与现代的"时间性"也在此吻合。

(2)《无处不自拍》(2015年第23期)。这期栏目以"自拍杆"在大众生活中的盛行为出发点,对当下大众文化进行了深入反思,图片记录了一对恋人在云南的苍山洱海自拍"秀恩爱"全景、一家三代在河南洛阳牡丹园里自拍"全家福"的幸福场景、记者自拍采访的工作场景等。图片展示的是当下社会的"自拍"文化,这是对当下文化的观照。在技术发展日新月异的今天,这些场景的记录在不久的将来也有可能成为一种集体记忆,因此,从一定程度上说,这些图片中的当下文化有向未来延伸的潜质。

(3)《中亚"陕西村"嫁女》(2015年第18期)。这期栏目记录了中东地区的陕西历史移民族群——东干族。东干族是清朝末年迁徙至今哈萨克斯坦和吉尔吉斯斯坦的中国回族后裔,由于地理位置偏僻,这个地方完好保存了100多年前的陕西、甘肃等地的婚嫁习俗,甚至这些习俗在中国已经不再存在。这些图片是时间与空间的交叉点,既是对历史文化的瞻仰,又是对异地的本土文化的观照。例如,其中一幅图片是新娘阿谢拉在娘家盖着红盖头,穿着金线绣花大襟长袍,踩着红色绣花鞋。很明显,这是中国传统文化的视觉再现。

(4)《莱卡镜头下 80 年中国影像》(2015 年第 24 期)。本期栏目展出了上海展览中心 Photo Shanghai 艺术影像展中的系列图片,图片拍摄从 1930 年至今,时间跨度 80 年,对中国的不同时代景象进行了实时记录。三种不同的叙事方法分别记录了不同的文化领域:其一是 20 世纪 30 年代的中国航拍镜头,这些镜头鸟瞰中国大地,宏观性地展现了那个年代中国的整体形象。德国航拍先驱 Wulf-Diether 是首位从高空俯拍中国的欧洲人,他所拍摄的喜马拉雅山脉、长江水脉和紫禁城全貌等图片都被列入其中,这些视觉文本不仅让 20 世纪 30 年代的西方人"看"到了中国的自然景观和人文景观,而且也让今天的中国人看到了历史的痕迹,具有珍贵的文化价值。其二是 HG Esch 拍摄的当代中国都市景象,这些图片以当代建筑为主要内容,大部分画面都充斥着高楼林立、灯光璀璨等现代性景观,呈现出历史与现代的视觉差异,突出了中国经历的巨变。其三是中国摄影师黄京的"人迹"(Traces of Hunanity),在这些图片中,自然景观、建筑物成为"人"的背景,"人"成为图片的核心与主题,以看似繁花似锦的自然景观和人文景观来映衬现代都市人的伤感与孤独,这也可以作为对现代人内心解读的视觉呈现,成为当代文化的一部分。

从这些案例可知,影像新闻中的"时间性"是个抽象概念,但这个概念却贯穿了影像拍摄与传播的整个过程,并且在大多数情况下使时间与空间交汇。文化的保存、传播、渗透正是在这种时间跨度中实现的,无论是历史文化还是当代文化,任何细节都可能以视觉文本的形式凝固和流通,并引起当下社会的祭奠与反思。

二、影像新闻与文化融合

(一)符号融合:影像新闻的跨域倒影

影像在对新闻事件进行叙述之时,文化被无声地隐藏在影像之中,这便是"文化与传播"二者相依关系的显现,即便是凝固在影像中的文化,也必然以传播来证明它的存在。在互联网时代,便捷式、直观式的影像阅读就是"文化传播"的快速通道,这同时也是文化建构的通道。英国人类学家泰勒曾指出:"文化或文明,就其广泛的民族的意义来说,乃是包括知识、信仰、艺术、道德、法律、习俗和任何人作为一名社会成员而获得的能力和习惯在内的复杂整体。"①在人类学的视野中,文化的传播有两种论调,其一为进化论,其二为学习论。第一种以历史观为基础,认为文化是以时间为逻辑线索的递进关系,随着知识日积月累的增进,文化也会在历史发展中不断进化,前人的成果为后人所用,并在前人的基础上有所发展。第二种以空间观为基础,认为文化的进步是不同群族之间跨域学习的结果,以空间为逻辑线索,使多元文化相互取长补短,实现共同繁荣。古代的丝绸之路、郑和下西洋等跨域学习就是文化传播的实证。而在互联网时代的跨域学习显得更加普遍,网络上所有的新闻几乎同时实现了跨域传播,而在影像中裹挟的文化基因也成为一种无法拒斥的现实。在影像中,文化传播并不能粗略地描绘为"跨域学习",它并非有意识的学习过程,而是对视觉符号系统的不自觉认知,认知过程中包含了"认同"与"不可苟同",前者属于文化建构范畴。

文化以符号为载体,符号又以视觉或视觉想象为存在形式,影像是视觉的最常见媒介,即使虚无的文化,也让人有视觉感触,以实物使人见证其存在,以现场使人感受其氛围,并在这一过程中形成视觉文化,它的魅力在于促进广泛认同,以"低廉"的姿态说服全民参与,因此文化传播的成本也是极其"廉价"的。"视觉文化在今天的发展显然与消费社会有着极为密切的关系。我们也可以明显地看到处于这样的消费社会中的视觉文化呈现出的'浅显'与'通俗'。……苏联学者巴赫金所指出的民间文化狂欢化状态,也是一种视觉化的形象狂欢。在这种视觉化的形象狂欢中,视觉形象本身不但颠倒了各种官场文化的原则和美学标准,而且具有全民性和广泛参与性。"②互联网时代影像新闻中处处充斥着"浅显"与"通俗",如"恶搞"影像新闻等手段就是以"低廉"的叙事身份来抵抗主流文化,并号召受众接受某种文化主张,看似是一种消解文化、消费文化的过程,实际上是在潜移默化地建构另一种亚文化。这种文化建构依靠的工具仍然是视觉符号。

---

① 泰勒.原始文化[M].杭州:浙江人民出版社,1998:1.

② 孟建.视觉文化传播:对一种文化形态和传播理念的诠释[J].现代传播,2002(3).

在结构主义符号学基础上,罗兰·巴特提出关于"神话"的符号学概念。"神话"是指"一个社会构造出来以维持和证实自身的存在的各种意象和信仰的复杂系统"①。罗兰·巴特认为任何讯息和符号都可以建构成为一种"神话","绝不限于口头发言。它可以包含写作或者描绘;不只是写出来的论文,还有照片、电影、报告、运动、表演和宣传,这些都可以作为神话言谈的支援"②。符号的能指虽然与新闻事件本身并无关联,但所指却能替代意义的表达,影像符号中显现的历史情境、地方语境构成为了新闻所"挟裹"的文化,没有这种被"挟裹"的文化,受众根本无法从影像符号中读懂新闻的本意。例如,在第三章中说到的新闻事件:北京上空出现了一朵奇异云彩,无论从哪个角度看,云彩在夕阳的映衬下都极似一只展开双翅翱翔的火凤凰。如果缺乏对中华文化中凤凰典故的理解,传播者也不会从一次自然景观的客观事件引申出政治意义,并使其吻合了中国传统政治文化的逻辑路径,受众更无法体会到美丽图像背后的政治文化寓意。传说中凤凰能知天下治乱兴衰,是我国历史上王道仁政的最好体现,成为神学政治的"形象大使",历代帝王都把"凤鸣朝阳""百鸟朝凤"当成盛世太平的象征。南朝齐谢兆的《永明乐十首》中便有:"彩凤鸣朝阳,元鹤舞清商;瑞此永明曲,千载为全皇。"而对这种自然景观的政治解读,从另一个方面又加深了受众对中国传统文化中凤凰隐喻的深信不疑,虽有迷信之嫌,但却是中国人世世代代所传承的集体记忆,并构成了人们观看世界的语境,这正是对传统文化的建构。

我们生活在一个充满了视觉符号的世界中,视觉符号释放的意义具有时间上和空间上的断层,这是因为时代和地域差异,使人们对新闻事件的历史情境和地方语境产生无知,试想一下,"火凤凰"这种自然景观如果发生在国外,很有可能不会成为媒体上叹为观止的一道景观,更不会在网络影像中引申出深层次的文化思考,原因即在于此。从这个意义上说,影像新闻确实可以通过视觉符号来实现跨域的文化传播,以可见度高的视觉形象来对外传播"自文化"。在这方面,影像比言语具有优势,其直观性可以瞬间消除理解壁垒,使影像内容尽快融入地方语境之

---

① 特伦斯·霍克斯.结构主义和符号学[M].瞿铁鹏,译.上海:上海译文出版社,1987:135.

② 罗兰·巴尔特.神话——大众文化诠释[M].许蔷蔷等,译.上海:上海人民出版社1999:167-168.

中。我国的中央及地方新闻国际频道等对外宣传窗口不乏这样的文化传播模式。在没有视觉接触之前,异类文化区对"他文化"只是属于一种文化想象。例如,改革开放初期,由于电视等影像新闻资源的匮乏,西方国家的普通国民接触到的影像资料很大部分是清末、民国时期的"影像旧闻",因而他们依然认为当时的中国人还是扎辫子、穿长袍。只有在影像新闻资料逐渐丰富起来之后,西方国家才逐渐对中国的当代社会文化有了进一步的了解。让"异文化"对自我的认识是文化融合的起点,只有让"异文化"对自我的真实形象、真实身份有了认知,才能让对方接受、理解,而自我也才能走入"异文化"中学习和交流。在新媒体环境中,影像新闻的文化跨域变得越来越频繁,跨域不仅仅是为了互相模仿,而是更功利性地追求文化上的共同点,最终为政治、经济服务。例如,2015 年齐鲁网在"影像力"频道的《泰山天山根连根,鲁疆人民一家亲》系列报道中展出了喀什风情影像,让山东人了解新疆喀什文化资源,促推"文化援疆"。

(二)族群素描:影像新闻中的文化"脸谱"

美国耶鲁大学华裔教授蔡美儿曾列出美国八大优秀"文化族群":"犹太裔、印度裔、华裔、伊朗裔、黎巴嫩美国人、尼日利亚裔、古巴裔和摩门教徒。"[1]这是一种以"人"为基础的文化划分手段,其前提是人口在区域间的流动较大,地理文化特征在"人"身上留下烙印,在文化的传播与融合的环境下,这种烙印从未褪去。实质上,这仍然是一种以地理空间为标准的文化族群素描。在我国地理版图的视野内,文化在地理空间之间的传播与融合也较为突出,特别是在改革开放以后,随着外来工人口比重的增大,人们不断走出去感受异地文化,同时也使别人在各种场合认知自己随身携带的文化基因。然而,在文化融合的大环境中,地理赋予的文化烙印同样成为一种特色,不曾褪色。在影像作品中,人物的口音、形象、衣着、行为习惯都"挟裹"着与生俱来的文化气息。我们把一个地理区域内具有某一类特征的文化形式归为一个"族群",拥有这一特征的人属于这个"族群"范围内。地方电视频道无疑是地方文化族群最积极、最有力的传播者,网络的民间影像传播也处处充满着各异的文化脸

① 旺旺. 八大"文化族群"最优秀[N/OL]. [2014 - 01 - 07]. http://www. pingxiaow. com/dubao/2014/0107/242693. html.

谱,不同文化脸谱的出现,共同建构了媒体中的多元文化生存。

文化地理学家王恩涌将我国文化地理的分为两种类型:第一是按照东、南、西、北、中五个方位来划分,包括华北、东北、华东、华中、华南、西北、西南七类族群。这种方式粗略勾勒出了我国的文化版图,以不同区域的气候、地理环境为划分标准,在影像中也能展现出不同的风貌,但忽略了人口流动的因素,使人口族群"僵硬化",在影像中也有可能引起"人"与"物"(地理环境)的文化冲突。第二是按照行政标准将全国划分为若干次级文化族群:华北(京津、燕赵、三晋、齐鲁),西北(三秦、甘陇、宁夏),华中(中原、安徽、两湖),华东(吴越、八闽、台湾),华南(岭南、港澳),西南(巴蜀、黔贵、滇云和西藏),这种划分更加尊重"人"的因素,依照人文特征将僵硬的地理版图细化为不同的次级文化族群。在影像中,每一个次级文化族群都具有一定的符号特征,这些符号既能协助影像完成指向性文化表意,又能进一步传播和建构这类文化。下面我们以京派文化、齐鲁文化、三晋文化为例,对影像新闻中的文化族群的"脸谱"进行简要素描。

1. 京派文化

这是以北京为核心的文化区域,围绕着京城的历史沉淀和当代生活而延展出的文化叙事。在与北京有关的影像新闻中,我们也能隐约捕捉到京派文化的倒影。首先,新闻中的京城印象是以建筑物等人文物质文化为载体,从电视新闻栏目片头片尾包装中的象征物(比如红墙白塔),到新闻内容中交代地理定位和心理定位的地标性建筑(比如天安门、鸟巢体育场馆),再到新媒体民间叙事中带有地域情怀的社会场景(比如胡同、四合院),这些建筑物的影像就是京派文化的视觉化过程。其次,影像新闻以现场化和现实化的手段还原了京派文化的人文景观,如天安门、故宫的航拍镜头展演了权力的神圣,这恰好吻合了北京人的"宁为天子脚下一丸泥"的心理。此外,京派"侃文化"也是市井文化中的一道风景,电视、网络视频中对市民的采访往往是展示"侃文化"的一条渠道,"北京人谈主义,广东人谈生意",观众可以通过影像的现场化清晰地看到北京人的"侃文化"演绎。

2. 齐鲁文化

齐鲁两地在文化源头上是存在差异的,如春秋时期的齐文化崇尚功利,讲究革新,鲁文化注重伦理,尊重传统。但在后来的融合过程中,齐文化和鲁文化逐渐形成统一的文化形态,作为孔子学说的发源地,齐鲁文化以儒学为核心,以泰山为符号。在齐鲁文化中,显性的文化特征并不明确,它不具备京派文化的强大辐射力,其文化基因均为隐性的,如"孝"是儒家伦理的核心思想,也是在齐鲁之地起源的,成为齐鲁文化中的一部分,《孝经》的第一章就载有:"子曰:夫孝,德之本也,教之所由生也",如今"孝"的思想已成为普世价值,并未转化为齐鲁文化符号。

基于此,影像新闻较少以齐鲁文化为地理定位和心理定位的"路标",更多时候是有意识地挖掘文化,比如《齐鲁网》的图片新闻栏目中就设有"映像齐鲁"版块,主动进入历史叙事轨道,将齐鲁文化的历史沉淀以影像的形式进行曝光,以下对 2015 年部分影像新闻进行举隅:《20世纪初如画济南:厚重城墙比美千佛山摩崖造像》(2015 年 5 月 11 日)对济南的历史景观进行了影像记载和传播,实际上,这种报道的文化功能不仅在于让市民消费 20 世纪初泉城的如画美景,更在于生产出新的意境,文化储存就是文化生产的起点,大众在互联网中有权利根据自己的喜好储存图片,也能够对这些历史建筑进行现实评价,参与"寻遗",并与当代同址建筑进行对比。《改革开放初的山东名牌　青岛啤酒早期宣传广告曝光》(2015 年 6 月 18 日)展示了改革开放初期山东的繁荣景象,而这种景象不是通过"人"来表现,而是通过"物"来隐喻,带有时代烙印的青岛啤酒、青岛烤花生、双喜火柴、北斗星木钟等品牌广告,从这些历史广告图片中,当代观众能看到山东人的自豪感与自信心,而正是这种自信铸就了当代齐鲁文化的发展,重构了齐鲁文化的内容。《济南最早的形象大使　泉水湖畔的旗袍美人》(2015 年 6 月 25 日)同时展示了济南"泉"的自然景观和"人"的人文景观,济南素有"泉城"之誉,全市共有 700 多处天然涌泉,趵突泉、黑虎泉、珍珠泉、五龙潭更是闻名全国。泉水湖畔不仅是市民生活的地方,也是合影留念的最佳场所,民国时期泉水湖畔的旗袍美人,映衬出当时山东地界的文化面貌。《映像齐鲁:探访神秘古青州 2200 年建城史》(2015 年 7 月 1 日)展示了位处山东半岛中部的青州市的各种人文景观,作为国家历史文化名城,2000 多年的建城史造就了老城古朴色彩在影像的光泽中显尽人文底蕴。严格意义上来说,这些影像不属于新闻,而是对时代印象的回顾和对集体记忆素描。然而,当这些影像吻合大众印象,勾起了集体记忆,营造出来集体围观的氛围,它们本身转化成策划后的新闻文本。作为历史文化在当下社会的倒影,其本质意义还是为当下社会服务的。

3. 三晋文化

三晋在山西省内,文化根源于晋国以及分崩后的韩、赵、魏。作为黄河流域的文化中心,晋也是华夏文明发祥地之一,留存了大量的文化瑰宝,如宋金时期的社戏、元代的杂剧就是在三晋之地起源的,山西陈醋、民间剪纸这些视觉文化元素也是根源于此。与齐鲁文化一样,文化事件给影像新闻提供了源源不断的素材,影像传播者一方面在琳琅满目的文化丛林中追寻"可看性",一方面又在积极地进行本土文化建构,对本土文化形象进行资源性整合,从而获得世人关注。例如,《太原晚报》(2015 年 9 月 30 日)刊载的《源远流长的晋剧艺术》,通过图片对戏曲中的"晋阳故事"进行展出,戏剧的绚丽既是难得影像资源,同时图片在报纸和网络中的刊登又是对三晋文化的重塑。《山西晚报》(2015 年 9 月 30 日)刊载的《晋式家具,拍案叫绝》,通过大量家具图片演绎了晋式家具的古朴大气,这些照片同时刊载在《黄河新闻网》上,既是对文博会的报道,同时又是对本土文化的推广。"禅宗之武"的图片在《新华网》(2015 年 7 月 7 日)的展出,用一些具有强大刺激力的视觉瞬间来"刺激"受众关注山西少林,特别是表演当日在"双枪刺喉""针穿玻璃"绝技,既满足视觉欲望,又让人们增加了对河南登封之外的山西延洞少林的认知,对异域文化的认知,无形中扩展了该文化的生存空间。《慈善世家李家大院》也以图片为主体,传播了三晋文化中最主要的物质文化——古建筑,让人们不仅知道了"乔家大院",还知道在万荣县孤峰山西侧有一家"李家大院",这是一座始建于清光绪年间的院落,从图片中可以看到祠堂宏阔,木雕、砖雕、石雕古朴而不失华美。传统建筑是三晋文化的最主要的内容之一,山西有古建之乡的雅誉,境内保存古建筑 18418 处,"世界上仅存的五座唐代建筑,有四座在山西,中国古建筑艺术的类别,在这里几乎都可以找到实物,除了为建筑艺术的研究提供标本,更具极好的视觉效果和欣赏价值,寺庙宫观、长城关隘、民居宅院、城池楼阁,这些实物本身就具有空间塑造功能"[①]。因此,古建筑也成为影像新闻取之不断、掘之不穷的文化素材,它本身即为一种重要的文化题

---

① 彭华新.全球转向还是本土坚守:区域文化语境中的电视传播研究[M].上海:上海三联书店,2015:24.

材,同时也为政治事件、社会事件提供了文化语境。网站《太原道》展出的《山西民间剪纸》(2015年8月3日)系列图片,将山西剪纸分为三类:用于岁时节日的剪纸、用于人生礼仪的剪纸、用于日常生活的剪纸,每一类都有对应的影像和解说。实际上这是对民间文化的梳理与储存,同时在网络上争取心理认同。同时,影像新闻也在通过实物展示来保存某种濒临失传的具体文化,如新浪山西新闻中心官方微博在2015年9月28日发布了《"九州针都"最后的手工制针人》的9张图片,用图片形式展示了"针"与"人"的微妙关系,特别是对几个垂暮老人的工作照,直接提升了挽救这项非物质文化遗产的紧迫性。"山西泽州县大阳镇曾被称为'九州针都',明清时达到鼎盛,大阳钢针随晋商足迹销往全国。但随时代的发展,手工制针逐渐退出历史舞台。66岁的裴向南是这技艺的传承人,他说全镇只有六七名老匠人了解手工制针的流程,技艺濒临失传。"①

互联网时代,这些以地理区域为单位的文化族群足以自由地交流与融合,对异类文化的视觉感悟也得以刺激人们参与亲身体验,这就是影像的文化号召力,它摒弃了宣传式的文化图景,而选择了更真实、更贴近现实的新闻式的文化图景,在新闻事件、新闻策划中"挟裹"文化符号,文化融合得以在这种横向互动中实现共存与融合。对于促进原本存在冲突或歧视的文化族群之间的融合,影像新闻具有特别重要的功能,其原因还在于影像相对于文字的隐晦性,它可以去除敏感词而曲折地表达观点,避开冲突和歧视的敏感点和易燃点。例如,2013年@Amarisabel发布了一张图片:火车车厢中相邻坐着一名白人妇女和黑人男子,白人妇女手抱婴儿,将头扭向一边,表情充满了厌恶和不屑,而手中的婴儿却将头扭向与母亲相反的方向,伸手与黑人紧握,黑人与婴儿均是愉快和善意的表情。图片上方一行字"No one is born racist",转发者@Amarisabel在微博中标注文字:纪念时代伟人曼德拉(Nelson Mandela),没有人生来就是种族主义者。这是一起以种族歧视为议题的影像新闻,其目的在于消除白人对黑人的歧视,促进不同人种之间的融合。

---

① "九州针都"最后的手工制针人[EB/OL].[2017-05-30]. http://weibo.com/u/3212358363?c=spr_qdhz_bd_baidusmt_weibo_s&sudaref=www.baidu.com&nick=瀰辫夕鎺伴槲#_rnd1443770676712.

三、影像新闻与文化建构

（一）草根文化：影像新闻的娱乐编码与价值反叛

"草根文化"是在改革开放思潮之下随着意识观念变革、社会阶层置换和市场经济发展而出现的一种文化形态，它给社会的道德标准、爱好趣旨、价值观念都带来了颠覆性的影响，在普通民众的集体狂欢中实现价值诉求。草根（grassroots）一词始于 19 世纪的美国，形象地描绘了当时的社会阶层图景：19 世纪的美国浸淫于"淘金潮"，普通民众固执地认为山脉土壤表层草根茂盛的地方就是黄金蕴藏最多之处，并疯狂地从开挖"草根"开始着手淘金。后来"草根"一词引入社会学领域，并被赋予"基层民众"的内涵。

移动互联网兴起后，影像拍摄与传播随时随地发生，影像进入"草根"的时期，"草根"与影像的"娱乐"基因一拍即合，形成了一场盛极一时的集体狂欢。影像的历史定位与它在当代文化中的地位是悖逆的，摄影技术的发明和改进，也得益于人们对电影的狂热，也就是说，娱乐生产是影像与生俱来的基因。对于以视觉为感官基础的电视新闻、网络图片、网络视频等，人们做出了太多贬义色彩的文化注释，如"休闲文化""快餐文化"，这些注释给了影像新闻消极的文化定位，暗讽其缺乏深度、缺乏批判性、热衷于肤浅的围观、迎合民粹主义的"反智"，而"草根"既是这场民粹主义狂潮的主导者，又是消费者。影像的先天基因决定了它在新闻报道中的轻浮气质，这一点在互联网的媒介环境中似乎日益明显，新闻中利用影像进行"人肉搜索"、进行人物"恶搞"，就是使新闻从严肃走向娱乐化的极端例证。网络"劣习"甚至逐渐向传统媒体蔓延，"电视等大众传播媒介之于意识形态的重要性还在于：大众传播媒介愈来愈趋向于以一种轻松娱乐的方式复制现存生产关系及建立在此基础上的意识形态。这种意识形态的表达是多样的，他可以以一种拒斥现实的形式出现"①。对于"草根"与影像的"娱乐性合谋"，我们需要进行辩证认识，互联网时代的媒介技术为这次转型提供了技术支持，改革开放

---

① 欧阳宏生等.电视文化学［M］.成都：四川大学出版社,2006：52.

后的社会价值观也为其提供了思想土壤,社会文化走向多元化,以阳春白雪占主流的雅文化和价值观不再占据唯一的统治地位,"草根"生产的各种"亚文化"也在随时冲击着文化的主流地位。"草根"在当代媒介中参与意义生产的文化现象实质是普通民众的一种诉求表达,折射出人们的文化心理认同和文化消费需求。

影像新闻的娱乐化是当代草根文化的最重要表征之一,一方面,它是移动互联网兴起之后大众参与影像新闻生产的后果,另一方面,它又适应了后现代社会中大众消费一切的习性。我们可以从技术和社会两个层面来解释"娱乐化"动因。技术是文化的物理基础,移动互联网给影像生产带来了空前的便利条件,任何人都可以随心所欲地根据个人情绪生产倾向性影像,任何人也可以根据个人喜好选择性收看,并进而参与评论等意义生产。社会是文化的生存容器,任何文化都存在于一定社会环境之中,也是一定社会环境的人对某种现象的观点。人与人的关系建构了文化,"娱乐化"正是人与人关系的一种表达方式,后现代社会以戏谑、恶搞、调侃、颠覆、消解、反智为常用的人际交往手段,在影像新闻中,这些交往手段即转化为"娱乐"。娱乐大众,同时也建构了大众的娱乐文化,在社会中助长和鼓励娱乐之风。

影像在新闻中的使用是我国当代大众文化转向的催化剂,当视觉文化侵入日常生活,并产生行为示范和心理暗示效应,大众文化转向也在潜移默化地进行,它教导人们如何看世界、看怎样的世界,以及自身作为世界的一部分如何被看。从这个视角来看,"看"是一种社会性感官,影像的视觉性是针对具体的社会事件,融入社会环境之中的,不仅是社会的认知通道,同时也是社会的建构渠道,通过视觉来描绘社会"本来的"和"应该的"存在方式。然而,问题在于,视觉先天的"娱乐"基因使影像不具备书籍、报纸中文字那种慢条斯理的说理能力,它对社会事件的解构和对草根文化的建构过程,同时让当代社会染上了"娱乐"的"弊病"。特别是在影像产业化的今天,影像生产有一条完善的流水线,从上游的选题策划、中游的拍摄编辑,到下游的视觉营销,每个阶段的生产者都需依附于利益链寻找生存空间,而娱乐化在一定程度上同时满足了影像生产者和视觉消费者的需求。"娱乐首先要吸引眼球,其次要生产出视觉愉悦或快感,因此,大众文化作为一种产业,主要是提供视觉享乐的产品;作为一种文化,就是高度娱乐化和视觉化的文化;作为一种充满竞争的市场活动,就是争夺受众视觉注意力的战斗。当大众文化把娱乐化作为命门来运作时,一系列的问题便接踵而至。"①这种娱乐性不仅仅是指通常意义上的"搞笑",还包括了影像冲击力带来的视觉愉悦感。

"娱乐"的张力不仅与日常生活中的政治、经济、道德有关,如新闻漫画对政治人物的解读、视觉形象对市场消费的刺激、视觉示范对社会公德的引导。它还为大众文化规制了特有的视觉编码和解码规则,在这一规则之下,普通公众在新闻事件中自觉参与视觉编码,并运用民间话语方式进行取景、编辑,虽然缺乏政治话语的仪式感,整个过程仅仅以娱乐的、轻松的方式来"讲故事",但是"娱乐性"融入编码之中,真实展现大众观看世界的角度,而这种视角正是民间话语建构大众文化的起点。

此外,普通公众还在这一解码规则之下阅读影像,用民间话语解读社会事件,或者在解码之后进行影像再生产(再编码),使其反叛意义原旨,使娱乐精神衍生出民粹式的反叛情绪,用娱乐的方式来表述严肃命题。"在当下中国社会转型期,草根传媒文化有别于官方文化和大众文化,发挥了独特的社会和文化功能,对社会进步和正面公共舆论的形成产生了积极作用。特别是一些公共重大事件的传播,声援弱势群体的报道等,通过视频或图像的跨媒体传播,形成了广泛的社会舆论压力。草根传媒文化在推动反腐倡廉方面亦有独特的作用,草根网民通过一些图像分析,有力地揭露了一些贪官的腐败行为。"②这与草根文化所具备的平民文化特质极其吻合,是一种动态的、可变的文化形态,不一定存在特定的规律和标准。比如,第五章所述的"恶搞"影像就是当代草根文化中全民娱乐的范例,变化无常和无规律可循是其特征。

在互联网的媒介影响之下,追求娱乐不仅仅是人们媒介使用的目标,同时也嵌入他们的日常生活,成为当代草根文化的重要组成部分,在这一背景下,影像新闻中出现的各种"恶搞文化",一方面为受众提供了娱乐,满足了娱乐需求,同时也为受众,特别是青少年受众挑衅权威、反叛主流提供了通道。反叛主流文化并非意味着是对非主流文化的张扬,当"恶搞"等行为方式遍布网络、电视等影像内容中,反叛主流成为一种流行的表达意见的社会手段,"娱乐"也潜移默化成为普遍的价值认同和广泛实行的价值体系,以此对抗高雅文化、上流社会文化、宫廷文化、主

① 周宪. 当代视觉文化与公民的视觉建构[J]. 文艺研究,2012(10).
② 周宪. 视觉文化与社会转型——关于中国问题及其研究范式[J]. 艺术百家,2012(5).

流传统文化。前面章节中的文字图片案例——"世界那么大,我想去看看"——就是对价值观的一种表达:河南省实验中学女教师的一封辞职信的文字图片在网络上引起了发酵反应,辞职的理由仅有 10 个字——世界那么大,我想去看看。很明显,第一个传播者将这张图片发出来,意图通过意义编码来反抗社会主流价值观(安分求稳、脚踏实地),被称为"史上最具情怀的辞职信,没有之一",其传播能量在于它吻合了当代草根文化当中的娱乐精神,以及利用娱乐精神反叛主流文化的习性。在娱乐化的当下,这张图被无限放大,参与了海量的"再编码"。在影像新闻的全民生产中,积极的"草根文化"有可能形成对主流文化的有益补充,如改变传统影像新闻的过于严肃、呆板,活跃文化氛围,但消极的"草根文化"无可否认也有可能腐蚀和冲击传统文化和主流的社会价值观念,如无底线的影像"恶搞"行为,为侵犯他人隐私权、肖像权行为做了合法性注脚,培养了"草根文化"的戾气和痞性。

(二)流行文化:影像新闻中的时尚塑造

时尚是消费主义在日常生活中的视觉体验,时尚的生产和消费离不开媒介的影像演绎,"时尚与媒体其实是某种相互依存的'共生'关系"[①]。因此,严格意义上的"时尚"是在工业社会以后才出现的一种文化现象,一方面依赖于工业社会才具备的影像技术,另一方面依赖于工业复制所带来的批量文化生产。即使是在"不爱红装爱武装"的红色文化中,"军装"的时尚仍然依赖于海报、电影、报纸图片、生活照片等影像材料的传播。

"从文化传播学角度看,时尚是在视觉条件下的一种意义传递行为,是人通过物的占有转向意义再生产的过程。一个人所以会有对时尚的追求和冲动,说穿了就是要拥有一种有意义的视觉符号,并将这种意义显现给别人看。时尚一方面通过普遍化和统合而获得某种群体性的归属感,进而产生一种逃避社会责任的安全感;另一方面,时尚又通过将自己与非时尚的人区别开来,进而使得自己的个性和自由获得某种表现。"[②]也就是说,时尚有两种自相矛盾的趋向,其一是影像所展示的时尚是某个特定社会阶层或具有某种身份的人才能获得的,时尚虽然是一

---

① 苏宏元.电视媒体与时尚文化——试析中国电视的时尚化[J].现代传播,2011(6).
② 周宪.从视觉文化观点看时尚[J].学术研究,2005(4).

种生活态度,但需要经济基础,如使用苹果手机在当今社会是一种无可否认的时尚,影像新闻需要展现某个人的身份(白领、高收入、有品位)之时,一般会在画面中突出其手机背面的"苹果"LOGO,这是一种身份暗示和人物背景交代,这种时尚的价值是被人们广泛认同的。其二是时尚在视觉感官上的"与众不同",当满大街的人都手握苹果手机之时,这种"广泛认同"的价值开始下降,时尚的吸引力也不再明显,人们对时尚的视觉性开始出现厌倦,此时需要"与众不同"的不断刺激,因此才有了手机永不停歇的代级更新,更新之后又可以重新出现时尚的视觉刺激。除此之外,影像新闻还会更积极地参与时尚的视觉推广,如"苹果手机与卖肾"的视觉冲突、"贫困生父亲苹果店遭女儿逼迫"的视觉演绎。我们不能排除这些影像新闻的公关策划嫌疑,但事实上它们在很大程度上突出了时尚的"与众不同",是从侧面对时尚的张扬。正如齐美尔所注意到的,媒体使人产生一种幻觉,不赶时髦则有一种被社会抛弃和鄙夷的无力感,"对那些天性不够独立但又想使自己变得有点突出不凡、引人注意的个体而言,时尚是真正的运动场。通过使他们成为总体性的代表和共同精神的体现,时尚甚至可以提升不重要的个体。根据时代的本质,时尚是一个从不被每个人满足的标准,因而,它具有将社会服从同时变成个性差异的特点"①。

由此看来,影像新闻中的时尚塑造与广告中的时尚生产有异曲同工之处,而且影像新闻具有天然优势,即它是建立在真实的话语框架中的视觉时尚,而广告则是以戏剧性美学认知为基础的视觉时尚,影像新闻的真实性和可信度高于广告,其中时尚的社会语境也更为逼真。基于这一现实,品牌企业策划的公关类新闻(也可认为是一种媒介事件)越来越普遍,在策划好的事件报道中植入品牌形象,作为背景镜头进入受众视野,并企图以此引领时尚。例如,2011 年,社交媒体中转发北京地铁 13 号线的一名包裹严实的"楼兰美女",从新闻照片中看,炎炎夏日,这名女子从头至脚只露出眼睛,白绒帽、白面巾、白长袍,颇有神秘感,最重要的是,在转发过程中有人指出照片与 2003 年新疆小河墓地出土的"小河公主"极为相似。看似一则视觉冲击力极强的影像新闻,后来被专业人士指出实为某服装品牌的视觉营销,试图引起社会对这一时尚品牌的关注。

---

① 齐美尔.时尚的哲学[M].北京:文化艺术出版社,2001:18.

一般而言,影像的时尚塑造有两种便捷路径,其一是明星的形象,其二是性的幻象。在新闻价值五要素中,明星具有显著性价值,即受众关注点不在具体的事件内容,而在于明星"与众不同"的身份,这种身份附着了巨大的视觉信息,从服装的款式、颜色、到发型、首饰、行为方式,均能获得广泛的社会认同和模仿:"明星都这样做了,我也可以。"明星的形象、言行都是一种符号表征,暗示了社会"应有的"状态。从社会学意义上来讲,这是一种将个体身份置于社会化机制中的视觉生产,并且附着于意识形态的框架之内,规制着社会行为的发展方向,从最开始的建构差异感,到后来的寻求安全感的"从众",均是明星身份对时尚的催化。2015 年 9 月,周杰伦与妻子"头上长草"合照占满了娱乐新闻的头条,并在社交媒体中继续发酵,其主要的时尚能量并不是"头上长草"这种发卡,而在于周杰伦作为明星极大的号召力,受众看到明星用这种方式表达幸福,纷纷模仿,大街上的男女老少相继"头上长草",甚至"长"出树叶、豆芽、蘑菇、苹果、樱桃,"头上长草"发卡也成为 2015 年秋天的流行旋风。

性的幻象是影像中时尚塑造的另一路径。"性是人类观看和研究领域内的重要母题,也是许多摄影师乐于拍摄的经典题材。把色情摄影的拍摄手法用于拍时装,拓展了时尚语言,点中人性死穴。"[1]性别的强调往往是新闻叙事的调味剂,也是与身体时尚直接相关的想象物,新闻标题中"美女""小鲜肉"等带有性暗示的词汇中,往往引起人们对影像的观看欲,进行"名不虚传"的确认。鲍德里亚认为诱惑就是女性气质,"正是女性气质使可逆性具体化,使游戏和象征的介入得以可能"[2]。鲍德里亚强调了女性的娇柔气质给人的不可抗力,这种不可抗力不仅仅激发了人们的观看欲望,更怂恿人们参与模仿。从 21 世纪初盛行的视觉盛宴——人体宴,到车展中的靓丽车模,无一不成为媒体版面中夺目的彩头,前者引领着饮食文化中的时尚,后者直接将女性形象与汽车品牌对接,不仅吸引看客,更在通过视觉感官输出一种暗示:只有这种品牌车的车主才配得上这样的美女。车的时尚与女性的时尚融为一体。随着移动互联网的兴起,传播的便捷性和平等性化解了媒介权力,从而导致女权主义行为逐渐浸入互联网话语体系,直接后果是女性气质不再是唯

---

① 杨莉莉. 时尚的面孔:时装影像中的性、性别与权力[J]. 东方艺术,2006(2).

② Baudrillard J. Seduction[M]. ST:Martin's press,1990:21.

一的影像消费手段。近年来媒体对"男色"的消费也成为一种时尚,"小鲜肉"这一词汇的流行便是例证,而最终,"男色"的落脚点停留在影像的描写与欣赏之中。

(三)传统文化:影像新闻与"地方性"建构

1.历史影像与"地方性"建构

传统文化一般都自觉归属于某一类地方文化,这正是时间与空间的必然性接触。"地方性"特征是在历史长河中确定的,历史在不断地修塑地方性,历史的"时间性"也必须依赖地方性的介质来显现。如前文举出的京派文化、齐鲁文化、三晋文化,我们要寻找这些文化的根基,就需要对地方建筑、戏曲、生活习性等进行考究。从这个意义上讲,影像是一种理想介质,能全方位地、立体地、穿透空间地呈现这些地方性文化。可以说,影像对地方文化的建构离不开历史叙事,影像对传统文化的建构同样依赖于空间环境。具体到影像新闻中,需要通过两层意义说明这一点:第一,地方文化在内容上聚集了大量的历史沉淀物,这些沉淀物通过特定的叙事方式"展示"在大众眼前,要么是动人的人文故事,要么是夺目的宏大景观,而对它们的叙述过程中,地方性的文化内核由此显现出来,这是一个互为因果的过程;第二,地方文化在当代的影像图景中,始终属于在历史中沉淀下来的具象的外部存在,以古朴、肃穆为画面风格,这种"画风"经过媒体的演绎,逐渐建构为一种基于视觉感官之上的文化符号。

地方是个抽象的地理概念,如京派文化、齐鲁文化、三晋文化,就是以地理范围为标准界定的文化族群,但"族群"更强调地方上"人"以及与"人"相关物的特征,而"地方"概念更强调地理上的物理界限,以"地"为研究对象。吉尔兹在《地方性知识》中就强调了地理与文化的关联性,"我认为人类就是悬挂在自己所编织的一种富有意味的网上的动物。我所指的文化就是这些富有意味的网。研究文化并不是寻求其规律的实验性科学,而是探寻其底蕴的阐释之学"①。"地方性"也是个相对概念,即相对于更大地理范围的对象而言的,相对于全球化,中国文化具有"地方性",相对于全国,京派文化、齐鲁文化、三晋文化等又具有"地方性"。

---

① 吉尔兹.地方性知识:阐释人类学论文集[M].王海龙,张家瑄,译.北京:中央编译出版社,2000:导读一.

因此，"地方性"是任何层次的媒体试图建构的文化内容，中央一级的媒体（比如央视、央视网、@央视新闻、新华网）肩负着建构中华传统文化的历史重任，对内树立中国公民的文化自信，对外确认中国人的文化身份。在语言文化和阅读心理存在隔阂的情况下，读"图"是一种共通的、全人类共享的视觉习惯，直观易懂，因而这一级别的媒体往往会更大力度地通过影像来传递中华文化符号。2015年10月4日，央视《焦点访谈》栏目报道的《穿越时空的城市名片——三坊七巷》对福州市古建筑的前世今生进行了全面报道，既推出了林觉民等革命先辈的历史故事，又让人们认识到了"三坊七巷"的文化价值，而这种影像文本在"央视网"、@央视新闻等网络平台中传播，扩大了传播面积，使传统文化的"地方性"突破了国界。

> 央视网消息（焦点访谈）：在福州市中心，有一片面积达38公顷的历史文化街区，叫三坊七巷。它形成于晋、唐，是福州的历史之源、文化之根。区域内现存古民居约270座，有林则徐纪念馆以及沈葆桢、林觉民、冰心、严复等众多名人故居，其中159处被列入保护建筑。一个省会城市的核心区域，拥有这么大一片古街老巷，如何保护好、利用好，还真不是一件容易的事情。
>
> 老曾的先辈曾宗彦曾在清光绪年间担任江南道监察御史。曾宗彦由于主张步兵操演的变革，而被誉为"近代陆军之父"。曾宗彦的后代曾世康介绍："我们三坊七巷出了450位的读书人（名人），面积不大，才600亩的土地，也就跟北京天安门广场那么大，状元出了3名，榜眼出了2名，进士出了151名，举人出了300名。"
>
> ……
>
> 三坊七巷是国内现存规模最大、保护最完整的历史文化街区，是全国独一无二的古建筑遗存，被誉为"中国城市里坊制度活化石"和"中国明清建筑博物馆"。三坊七巷在保护与利用过程中的曲折历程告诉我们，一座城市的历史与文化，才是它真正的根基，是它最大的本钱。城市要发展，决不能丢了根基和本钱。对于历史文化街区，该保护的，必须严格保护；能利用的，应该有效利用。不同的历史与文化特色，构成了每座城市

与众不同的底色，美丽的图画，应该描绘在这底色之上。①

如同该节目中的当地人所言，他们正在通过更多途径抵制低端旅游项目，推广地方文化气质，从影像中，观众也看到"三坊七巷"的历史文化价值所在，为历史故事拊掌击节，为古代建筑叹为观止。这种国家平台媒体的文化传播也是以"地方性"为基础的。全国文化只是一个抽象概念，是从多元化的、具象的、可触摸的"地方性"中抽象出来的。相对于全国范围，"地方性"更容易理解，我们通常意义上所讲的"地方"，也是指一国之内的地方，如上文举出的三个文化，分别以京城、山东、山西为地理区域进行界定，对地方文化的建构也是这些次级区域一级媒体的功能。地方一级的媒介可以说就是"地方性知识"的一面镜子，它无时不在有意无意地形塑它所在区域的"地方性"，不仅重塑它的文化特性，同时也展现它的普遍适应性，争取更广泛的文化认同，地方媒介"推动了空间复苏、景观转向和地方觉醒，同时又使得人类的空间感由实境转向虚境，由时间模式转向空间模式，由直接的亲身体验转向间接的媒介体验"②。地方媒介的影像新闻在很大程度上帮助人们实现了"实景转向虚景"，指向性地塑造某个地理区域的文化空间，制造"身临其境"的幻境，以此来唤醒集体记忆和想象空间。例如，每年春运期间不同地方媒介的针对性报道，大都市媒体力图报道当地为外来工回乡营造的温暖氛围，帮助他们实现回乡梦，小城市媒体则试图营造"家"的情境，将"家"从实景转化为影像中的虚景。在虚实之间，外来工既怀念想象的"家"的安全和安静，排斥现实中都市带来的挑战、压力和歧视，同时又觊觎想象中都市的华丽。春运影像新闻中经常有外来工携带高科技电子产品、五颜六色的玩具、流行时装等现代文明成果，这正是媒体对这一群体的纠结的文化归属感的写照，家乡与他乡都拥有各自的吸引力。实际上这是两地文化之间的冲突。地方媒介的影像表达均倚重于自身所处的地理区域进行"地方性"表达，使得现实中沉闷的家乡在影像的虚景中显得异常温馨与静谧，现实中嘈杂压抑的异乡在影像的虚景中显得异常亲蔼与好客。特别是在"家"的叙述中，刻意突出传统文化中"家文化"的特质，是"家"在

---

① 焦点访谈.穿越时空的城市名片——三坊七巷[EB/OL].[2015 - 10 - 04]. http://news. cntv. cn/2015/10/04/VIDE1443960750330109. shtml.

② 邵培仁,杨丽萍.媒介地理学:媒介作为文化图景的研究[M].北京:中国传媒大学出版社,2010:9.

不同的地方媒介中显现出不一样的"地方性"特征。

2.民族影像与"地方性"建构

民族传统是指人类学意义上的"民族"，一般特指少数民族的文化、语言、宗教、艺术等，而非政治学意义上的"民族"（如中华民族），前者是以一定地理区域为范围的具体的文化概念，拥有形象的特质综合体（trait complex）；后者则较为抽象，是从众多的具体的地方文化中抽象出来的概念。此处的"民族"特指前者。民族与"地方性"紧密相关，在既定地理范围内共同生活是民族之所以形成的前提，并在共同的生活实践中形成相似的语言、风俗、习性和心理。即使在历史中人口迁徙和战乱造成了同一个民族散落在不同的地理区域的情形下，他们的"集体记忆"却一直在流传，并不断地被语言、传说、器物所提醒，在这种时时被提醒的"集体记忆"的基础上形成了"想象共同体"。影像是一种新的"提醒器"，它能穿越时间，强化具体空间，提醒人们"民族"的实际存在。

作为一种特质综合体，民族的地方性特征实际上是一种重要的影像资源，它能展现出与众不同的文化个性。例如，以少数民族为特色的市（非省会）、县级电视台、网站将民族文化当成新闻、纪录片的主要题材，以此来建构当地文化特色，增强当地人的文化认同，使外地人看到难得一见的异域景观，从而对外传播地方文化，塑造文化形象。这种现象在云南、贵州、西藏、新疆等地最为突出。例如，云南省个旧市电视台开办的"民族风情"专题新闻栏目，对三万平方公里之内的彝族、哈尼族等少数民族的民俗活动进行专题报道，作为一种新闻题材，如200多种不同跳法的"烟盒舞"，哈尼族的"铓鼓舞"等，这种内容既有视觉上的美学价值，又有"地方性"的文化储存价值。

在少数民族的"地方性"影像中，我们可以发现文化的三个层级，第一是实物文化，包括自然景观中的雪域、高原，人文景观中的建筑、服饰和器物，如贵州苗族村口风雨桥，村中广场上的钟楼、鼓楼等，黑龙江、松花江、乌苏里江交汇处赫哲族的鱼皮服装。这些实物文化在地方媒介中经常作为镜头背景出现，交代叙事空间与文化语境，作为一种特殊符号，能够无声地交代新闻事件的前因后果。但是，随着旅游事业的兴旺和实物模拟工业的发展，实物文化的影像特权被打破。当民族器物展览随处可见，它的符号价值和"地方性"文化功能在逐渐消融，在影像新闻中的视觉刺激、语境意义也不复存在，工业化实物生产不断冲击着影像的权力,稀释了实物的表意功能,分解这些特定符号的"标出性"价值,"从历史的规律来看,符号的表意性,随着文明的进程而增加。当代文化的一个重要特点是'符号泛滥'"①。"符号泛滥"就是符号的"通货膨胀",最终导致符号的贬值。第二是行为文化,包括生产技术、生活习惯和表演艺术,它们由少数民族所在区域的地理环境和气候特征决定。例如,多山之地交通不便,对话靠"对山喊话",因而长期以来有些多山民族形成了"对山歌"传统,如贵州侗族,"侗歌"表演艺术也成为难得的民族瑰宝。2007 年,全国百家电视台对贵州民族文化采访活动,其中就包括了深圳电视台对贵州黔东南州从江县小黄村侗歌文化的专题报道,一方面为电视台获取了珍贵的影像资源,另一方面又传播了侗族文化,使外面的世界看到了一个不起眼村落的文化存量。第三是观念文化,即某一少数民族特有的思维习惯、情感倾向和价值观念,这一块很难通过"单一影像"进行表达,但可以通过语言、画面、音乐的"综合影像"进行意义传达,大部分仍然依赖实物文化和行为文化,如大草原上万马奔腾景象,通过解说词的画龙点睛可以产生蒙古族人民的宽大胸襟的寓意。

3. 时间轴上的"地方性"建构

传统文化存在于时间轴上,并在时间的修炼中逐渐成形。任何一种器物、一种职业、一种食物、一种行为方式,都可以成为一种文化,如果这种文化专属某个地域,那么便可从中提炼出"地方性知识"。而且这种"提炼",必须是媒体或文化学者等"好事者"的有意而为之,"地方性知识"或地方文化并不会自己从日常生活中"蹦"出来。"影像的对比"便是象征物在时间轴上具象的演变,这是当今的传统媒体和新媒体均热衷于从事的新闻活动,从同样的地理空间中寻找过去与今天的差异,并且通过人物的变化来观摩时代的巨变,将文化同时寄存于空间环境和人物形象之中。其中一个经典案例是 2015 年 5 月《重庆晚报》创刊 30 年之际,在网络上寻找 30 年内不同时期报纸图片中的人物:

亲爱的读者,您还记得自己和重庆城 30 年来是如何变化的吗?您是否想到过自己可能已经被 40 年来专门拍摄老照片的摄影师彭世良记录在了镜头中?

---

① 赵毅衡. 符号学原理与推演[M]. 南京:南京大学出版社,2011:33.

　　30 年重庆晚报,10 万张重庆老照片,老摄影师彭世良此刻再次与重庆晚报结缘。为庆祝重庆晚报创刊 30 周年,龙湖新壹城"致敬重庆·城市印记"摄影展 5 月 22 日启幕,由重庆晚报影友会、龙湖地产主办,邀请广大读者免费参与。

　　影展共计 3 场,第 1 场 5 月 22 日—5 月 28 日在重庆江北区观音桥龙湖北城天街举行,第 2 场 5 月 29 日—6 月 4 日在重庆九龙坡区杨家坪龙湖西城天街举行,第 3 场在重庆渝中区大坪龙湖时代天街举办,时间待定。每场影展都将展出约 150 张图片,还原这些年重庆人、重庆城的变化。

　　如果您是照片中的那个人,请通过重庆晚报 24 小时新闻热线 966988,在本周四前联系我们,我们将送出彭世良拍摄的 24 寸重庆老照片,并邀请您参加本周五举行的北城天街影展开幕式;如果您找到了照片中的那个人,我们将赠送您 1 年的重庆晚报订报卡——重庆晚报 30 周年庆之际,我们也想请您分享时光与城市的故事。①

　　10 万张照片见证了重庆市 30 年的沧桑,虽然以人物为影像主体,但人物的衣着、气质,人物手中的工具、周边的街景,都是历史变迁的视觉证据。对于老重庆人来说,从"时间轴"上看地方历史,唤起了地方的集体记忆。例如,《重庆晚报》刊登出的"旧闻"照片有这么一些场景:"你是南岸区铜元局老街上,那个一手拿着扫帚、一手揣兜的霸气羊角鬏妞妞吗?"木屋古巷中一个红衣小女孩格外显眼,羊角鬏是 20 世纪 80 年代女童的时髦发型;"20 世纪 90 年代末,刚走出渝中区新华路家电市场,一手提着新买的风扇,一手牵着旗袍美女,腰上 BB 机、大哥大齐全的眼镜哥,那人是你吗?",BB 机、大哥大是当年的成功人士的象征物,人物后面大楼上的招牌字"重庆渝中区人民医院"则交代了地理位置,清晰还原了当时当地的旧貌,对当地人而言是一次极好的视觉怀旧;"渝中区小米市附近,骑在老爷爷脖子上的小孩,你和那位老爷爷都还好吗?"步行街重现了 90 年代的重庆街景和人物风格;"渝中区大坪一家火锅店里,戴着眼镜,正在夹菜的吃货,你看到自己青春正茂的样子了吗?"

----

　　①　10 万张老照片唤起重庆记忆:全城寻找画中人[N].重庆晚报,2015 - 05 - 19(A07).

10万张老照片唤起重庆记忆
全城寻找画中人

图6-2 《重庆晚报》通过移动互联网寻找"旧报纸"中的人物

（图片来源：重庆晚报影友会.10万张老照片换起重庆记忆 影展开幕之际全城寻找画中人[EB/OL].[2017-06-09].https://mp.weixin.qq.com/s/w6CN3b54P6jKw2EKFcCtjQ.）

从"时间轴"上来看,相同的人物和地点的视觉展现发了巨大变化,但正是因为这种变化让人们将自己置身于历史的沧桑演变之中,不仅观照今天的自己,还在寻找过去的自己。"寻找过去"的过程就是重建"地方性"的过程,不仅加深了对自我身份的认同,更是对"人"与"地方"的关系的重新审定。

小结:

文化可以记忆,文化同样可以视觉回放,这种回放就是通过影像新闻来实现的。本章研究了影像新闻的文化使命,从空间和时间两个维度认知影像新闻的地方描述者身份和时代记录者身份。在互联网中,"地点"的意义虽然没有前现代社会重要,但绝非说"地点"不再存在,而是因为"地点"已经转化为一种虚化的空间,作为新闻事件的语境存在,当语境中的信息对新闻解读具有指引价值之时,即刻会显性地出现在受众的话题之中。在时间线上,影像新闻是对当下文化的亲眼"见证",这种"见证"在时间线上可以延续与保存,穿透"时间性"的过去、现实与未来三个序列。此外,本章还研究了影像新闻对文化的融合路径和建构功能。

第七章　反思与展望:关于影像新闻的
延伸性思考

"结论? 千万不可轻易为之! 如果你认为在质性研究最后一章一定要下个结论,或是把所有研究结果导向一个戏剧性的高潮结局,我奉劝你务必三思而行。"①这是沃尔科特给质性研究者提出的建议。受到这一启发,作者写到此处不敢贸然写下"结论"两个字,而是以"思考与展望"来代替,慎于断言,但可以对互联网时代的影像新闻当下存在的问题进行补充性反思,也可以对其未来的发展进行开放式和扩展式瞻望。

一、关于"互联网时代"的补充性思考

"互联网时代"是一个约定俗成的概念,与其相对应的是报纸、电视盛行的"传统媒体时代"。但作为本研究的核心概念之一,没有精准的时间界限,因此,在收尾部分,作者不得不赘言一二,以正其合理性。本研究虽然没有给"互联网时代"划一个精准的时间界限,但从实践中来看,是有事实依据的,这个事实便是报纸和电视的衰落。2012 年,报纸广告从 2011 年的上升了 11.2% 后陡然下降了 7.3% ,2013 年又继续下降了8.1% ,到 2014 年报纸广告的降幅很快就成了两位数,为 -18.3% ,2015年的情况更是严重,下滑达 35.4% ,"断崖式下滑"由此而来。2015 年与2011 年相比,累计降幅已经达 55% 。进入 2016 年,情况也不容乐观,2016 年上半年的报纸广告的花费同比下降 41.4% ,广告资源量同比下滑了 40% 。根据世纪华文对全国 70 个城市的报纸零售终端(包括报刊

---

① 沃尔科特. 质性研究写起来——沃尔科特给研究者的建议[M]. 李政贤,译. 3 版. 重庆:
重庆大学出版社,2016:127.

亭、报摊、便利店、超市、书店等)的监测数据显示,2015 年,全国各类报纸的零售总量与 2014 年相比下滑了 46.5%,其中都市报类下滑幅度最大,2015 年零售发行下滑 50.8%,居于各报种之首,财经类报纸下降 7.3%、生活类报纸下降 10.8%①。

电视行业也正面临着互联网的冲击,即使还存在电视节目,人们也更愿意使用互联网终端来收看,正如本研究中所说,互联网展播平台是可以决定内容的"网络气质"的,也就是说,网络上播出的电视节目都会进行修正,以求适应互联网的风格。"埃森哲②的调研发现,消费者越来越偏好使用智能手机、笔记本电脑、台式电脑等设备来观看电视节目。全球超过四成的消费者(42%)表示,他们倾向于在笔记本电脑或台式电脑上观看电视节目,高于去年调查的结果(32%)。……超过三分之一(41%)的消费者偏好通过手机观看视频,较去年(28%)有了大幅上升。相比之下,愿意在笔记本电脑和台式机上观看视频短片的消费者略有下降,从去年的 47% 下降至 44%,选择在电视机上观看短片的降幅更为显著,由 16% 减少至 5%。"③从上数据可知,传统媒体中两大主流媒体的衰落,在很大程度上是受到了互联网的冲击,互联网产业对受众市场进行了碾压式占领,随之而来的是对广告市场的抢占。基于这一事实依据,本研究采用了"互联网时代"这一概念,并将其作为整个研究的背景和语境。

二、技术逻辑之下影像新闻的前瞻性思考

互联网时代以技术为发展逻辑,而这个时代的技术是日新月异的,特别是影像领域的三维技术、虚拟技术、全息技术、场景技术、航拍技术、个性化技术等,这些都是本研究中未曾涉及,但却很可能是影像新闻的趋势所在,并在未来几年成为影像新闻的主流形态。这是否意味着当这些技术成熟之后,本研究的成果就落后了,过时了,失去价值了,当然不

---

① 陈国权.2016 中国报业发展报告:"断崖式"下滑[EB/OL].[2017 – 05 – 02].http://www.ocn.com.cn/chanye/201705/hbvix02152417-3.shtml.

② Accenture,全球最大的管理咨询、信息技术和业务流程外包的跨国企业。

③ 埃森哲.大势已去! 中国在电视上观看节目的人数下降至 26%[EB/OL].[2017 – 05 – 07].https://n.znds.com/article/21956.html.

会,本书并非以技术为研究对象,也并非以技术为研究土壤,而是研究环境(政治的、经济的、社会的、文化的)与媒介之间的相互关系,这种成果置于未来新的媒介形态与环境之间的关系研究中也是可行的。此处对一些处于雏形,但尚未真正走进受众视野的新的影像技术进行前瞻性思考。以 VR 技术为例:

VR(Virtual Reality,虚拟现实)是一种模拟环境,使用者可以在虚拟世界中进行考察和操作,并参与其中,直观感知视、听、触。技术成熟之后,VR 的触角开始伸向新闻领域,如 2016 年 4 月 26 日,在切尔诺贝利核电站事故 30 周年之际,网易原创团队推出了 VR 节目《不要惊慌,没有辐射》,同年的 5 月 3 日,封面传媒联合北京师范大学新闻学院打造"VR 新闻实验室"。目前,VR 在新闻传播中的应用主要体现在记者携带 VR 设备拍摄,在 2016、2017 年"两会"报道中均可以看到这些携带 VR 设备的记者。但是这一领域的研发人员预测,记者携带设备的模式既不方便也增加了成本,但是一个较好的开端,很快将会有机器人、无人机携带 VR 设备拍摄新闻,并且是"无死角"的全景拍摄。

但是,未来的"VR + 新闻"模式并非适应在所有的新闻报道当中,"虚拟"有涉嫌"虚假"的可能性,"假新闻"也有可能更易在这种技术支持下产生。一些从事 VR 产业的专业人士认为,VR 新闻更适用于现场画面感强、视觉冲击力强的新闻。也就是说,在一般的"媒介事件"(media event)中,"VR + 新闻"是很有可能成为一种主流报道模式的,如体育赛事、大型会议,甚至在灾难性事件中,都有可能采用 VR 技术来还原现场。

三、市场逻辑之下影像新闻的前瞻性思考

技术进步推动了市场空间的扩张,而视频新闻相关产业更得到了各个层面的市场主体的觊觎。无论是传统媒体机构、社会商业机构,还是个人,都试图在这个市场中分得一杯羹。

传统媒体的新媒体转型就是一种积极的努力,虽然从目前情况来看,各个电视台的新媒体平台影响力并没有在市场上占有绝对优势,但他们在政策资源、专业技术资源和硬件设备资源上,都站在有利地位。

以深圳电视台的新媒体平台"壹深圳"为例,截至 2017 年 8 月 16 日,"壹深圳"App 深圳本地下载用户 173 万。全球领先的新经济行业数据挖掘和分析机构 iiMediaResearch（艾媒网）权威发布《2017 上半年中国媒体 APP 总下载量排行榜》,其中深圳广电集团新媒体 APP 壹深圳排名第 43,这个平台日均新闻发布 400—500 条,注重时政新闻报道,打造了政府信息融合发布新平台、百姓的沟通桥梁——《民心桥》视频直播,依靠传统广电的技术优势,在移动互联网中直播 200 场活动。直播是传统媒体新媒体转型中的优势之一,壹深圳执法直播获得公安部交管局高度评价,并批示向全国推荐深圳执法直播模式,并试图开发 VR 直播。为了迎合互联网时代的受众要求,壹深圳打造评论员、主持人正能量网红队伍,开设新媒体时评视频节目《热点一壶察》,壹深圳平台播出近 50 期。从这个案例可以看出,传统媒体在互联网时代的影像新闻转型是有一定潜力和优势的,特别是在时政新闻（政策支持）、大型直播（技术支持）方面做得比较出色。可以说,传统媒体仍然是未来影像新闻的重要传播主体和市场主体,只是在平台上、内容上进行了"互联网化"。

除了传统媒体,社会企业也积极抢夺影像新闻的市场。随着移动互联网技术的进步,各种视频网站、视频 App 如雨后春笋般冒出。以梨视频为例,梨视频是由原澎湃新闻原团队负责人创始的一个资讯类短视频平台,主要通过全球拍客网络,为用户提供丰富的短视频资讯。2017 年 10 月 28 日,梨视频获 2017 中国应用新闻传播论坛颁布的"2017 中国应用新闻传播十大创新案例",共同获奖的还有澎湃新闻、今日头条、新华网等多家机构。梨视频拍客目前遍布全国 30 多个省。全网日播放量达 7 亿次,在梨视频 APP、微博等多个平台有着巨大的影响力。梨视频对素材的筛选方向是"人情味浓厚、正能量,引导与激发人们向上力量"的选题。梨视频与传统媒体的合作也比较多,尤其是与纸媒保持良好的合作关系,在河南、山东、福建等省份,不少当地主流纸媒与梨视频合作,梨视频提供技术、人员培训等多方位的服务,帮助当地主流纸媒由传统媒体向新媒体尤其是移动端的视频新媒体转型。从这个案例可以发现,社会企业性质的视频机构的生存能力较强,不仅能整合社会上的个体资源（比如"拍客"）,同样也能从当地政府资源和传统媒体资源中获得生存空间。可以预见,在未来的市场竞争中,社会企业性质的影像新闻传播主体将是主流,虽然有不少企业将在竞争中消失,但生存下来的企业既有大企业的调配大型资源能力,又有自媒体形态的个体灵活性,对于传统媒体的新媒体平台而言,这二者是不可兼得的。

从 2016 年开始,"网红"这种以个人为主体的影像平台开始获得了较大的发展空间,这是一种既不同于传统媒体新媒体平台(政策优势),也不同于社会企业性质的视频公司(资本优势)的传播主体,从这一点也可以看出,他们既不依附于政策资源,也不依附与资本资源他们依附的是个人的资源。虽然很多"网红"人物是通过精心策划的,背后也有团队支持,但从视频内容上看,个人因素占主要地位。"网红直播"的成为一种新出现的营利手段,对于有名气的"网红"而言,收入以天计算,而且每天收入的数字惊人。一般而言,经常开展直播的"网红"都有自己的粉丝群,直播平台为了吸引流量和资金,也会开通各种礼物 PK,如"网红"跟"网红"之间的 PK 等,以此来获得粉丝的兴趣。虽然"网红直播"不能列入纯粹意义上的"新闻直播",具有很强的娱乐性,但在客观上,他们也会在娱乐中进行新闻事件的评论,成为互联网时代影像新闻的一种有特色的传播形态。"网红"也可以被看成是以"个体化"为特征的互联网,向以"组织化"为特征的传统主播的宣战。在未来的互联网世界中,"个体化"产物会越来越多。

无论是传统媒体新媒体平台、社会企业性质的视频公司,还是个人"网红",都是互联网时代影像新闻的存在形式,他们以市场逻辑为依据,在各自的商业地盘中"三足鼎立"。我们很难预测未来几年中他们的竞争情势如何,但可以肯定的是,每一种影像新闻的传播主体都有它的存在价值,都是不可替代的。

以此作为对互联网时代影像新闻的现状反思与未来展望!

参考文献

中文专著

1. 陈龙. 当代传媒中的民粹主义问题研究[M]. 北京:中国广播影视出版社,2015.

2. 陈汝东. 新兴修辞传播学理论[M]. 北京:北京大学出版社,2011.

3. 邓志勇. 修辞理论与修辞哲学:关于修辞学泰斗肯尼思·伯克研究[M]. 上海:学林出版社,2011.

4. 胡正荣. 传媒新生——传媒学子论坛[M]. 北京:中国传媒大学出版社,2007.

5. 彭华新. 全球转向还是本土坚守:区域文化语境中的电视传播研究[M]. 上海:上海三联出版社,2015.

6. 盛希贵. 影像传播论[M]. 北京:中国人民大学出版社,2005.

7. 王恒. 时间性:自身与他者——从胡塞尔、海德格尔到列维纳斯[M]. 南京:江苏人民出版社,2006.

8. 杨保军. 新闻事实论[M]. 北京:新华出版社,2001.

9. 杨保军. 新闻真实论[M]. 北京:中国人民大学出版社,2006.

10. 杨保军. 新闻活动论[M]. 北京:中国人民大学出版社,2006.

11. 杨保军. 新闻本体论[M]. 北京:中国人民大学出版社,2008.

12. 赵鼎新. 社会与政治运动讲义[M]. 北京:社会科学文献出版社,2006.

13. 赵毅衡. 符号学原理与推演[M]. 南京:南京大学出版社,2011.

14. 赵月枝. 传播与社会:政治经济与文化分析[M]. 北京:中国传媒大学出版社,2011.

15. 周怡等. 社会分层的理论逻辑[M]. 北京:中国人民大学出版社,2016.

中文译著

1. 安东尼·吉登斯. 现代性的后果[M]. 田禾,译. 南京:译林出版社,2000.

2. 鲍德里亚. 消费社会[M]. 刘成富,全志钢,译. 南京:南京大学出版社,2014.

3. 比尔·科瓦齐,汤姆·罗森斯蒂尔. 新闻的十大基本原则:新闻从业者须知和公众的期待[M]. 刘海龙,连晓东,译. 北京:北京大学出版社,2014.

4. 布赖恩·麦克纳尔. 政治传播学引论[M]. 殷祺,译. 北京:新闻出版社,2005.

5. 戴维·格伦斯基. 社会分层[M]. 王俊等,译. 北京:华夏出版社,2005.

6. 丹尼尔,伊莱休·卡茨. 媒介事件:历史的现场直播[M]. 麻争旗,译. 北京:北京广播学院出版社,2000.

7. 道格·麦克亚当,西德尼·塔罗,查尔斯·蒂利. 斗争的动力[M]. 李义中,译. 南京:译林出版社,2006.

8. 梵·迪克. 作为话语的新闻[M]. 曾庆香,译. 北京:华夏出版社,2003.

9. 弗洛伊德. 图腾与禁忌[M]. 北京:中国民间文艺出版社,1986.

10. 吉尔兹. 地方性知识:阐释人类学论文集[M]. 王海龙,张家瑄,译. 北京:中央编译出版社,2000.

11. 加塞特·奥尔特加. 大众的反叛[M]. 刘训练,佟德志,译. 长春:吉林人民出版社,2004.

12. 凯瑟琳·马歇尔,格雷琴·B. 罗斯曼. 设计质性研究:有效研究计划的全程指导[M]. 何江穗,译. 重庆:重庆大学出版社,2015.

13. 凯西·卡麦兹. 建构扎根理论:质性研究实践指南[M]. 边国英,译. 重庆:重庆大学出版社,2009.

14. 克拉克·威斯勒. 人与文化[M]. 钱岗南,傅志强,译. 北京:商务印书馆,2004.

15. 利昂·P. 巴拉达特. 意识形态:起源和影响[M]. 张慧芝,张露璐,译. 北京:世界图书出版公司,2010.

16. 罗伯特·V. 库兹奈特. 如何研究网络人群和社区:网络民族志方法实践指导[M]. 叶韦明,译. 重庆:重庆大学出版社,2016.

17. 罗兰·巴特. 神话——大众文化诠释[M]. 许蔷蔷,许绮玲,译. 上海:上海人民出版社,1999.

18. 马丁·海德格尔. 存在与时间[M]. 陈嘉映,王庆节,译. 北京:生活·读书·新知三联书店,1987.

19. 米歇尔·W. J. T. 图像理论[M]. 陈永国,胡文征,译. 北京:北京大学出版社,2006.

20. 莫利涅. 符号文体学[M]. 刘吉平,译. 成都:四川大学出版社,2014.

21. 诺曼·费尔克拉夫. 话语与社会变迁[M]. 殷晓蓉,译. 北京:华夏出版社,2003.

22. 齐奥尔格·西美尔等. 时尚的哲学[M]. 费勇,吴蕾,译. 北京:文化艺术出版社,2001.

23. 特伦斯·霍克斯. 结构主义和符号学[M]. 瞿铁鹏,译. 上海:上海译文出版社,1987.

24. 涂尔干. 社会分工论[M]. 北京:三联书店,2000.

25. 涂尔干. 迪尔凯姆论社会分工与团结[M]. 石磊,译. 北京:中国商业出版社,2016.

26. 沃尔科特. 质性研究写起来——沃尔科特给研究者的建议[M]. 李政贤,译. 3版.

重庆:重庆大学出版社,2016.

27. 沃尔特·翁. 口语文化与书面文化——语词的技术化[M]. 何道宽,译. 北京:北京大学出版社,2008.

28. 谢里登. 求真意志:福柯的心路历程[M]. 尚志英,许林,译. 上海:上海人民出版社,1997.

29. 詹姆斯·卡伦. 媒体与权力[M]. 史安斌,董关鹏,译. 北京:清华大学出版社,2006.

30. 詹姆斯·W. 凯瑞. 作为文化的传播[M]. 丁未,译. 北京:华夏出版社,2005.

中文论文

1. 白红义. 塑造新闻权威:互联网时代中国新闻职业再审视[J]. 新闻与传播研究,2013(1).

2. 班涛. "单向度"治理、阶层结构与底层抗争[J]. 社会科学文摘,2017(9).

3. 鲍海波,王蓓蓓. 媒介文化语境下的网络恶搞及其双向归置[J]. 陕西师范大学学报,2010(4).

4. 蔡骐. 对网络恶搞文化的反思[J]. 国际新闻界,2007(1).

5. 操慧. 脱域:互联网时代的新闻生产[J]. 四川大学学报(哲学社会科学版),2012(3).

6. 陈龙,陈伟球. 网络民粹主义传播的政治潜能[J]. 山西大学学报(哲学社会科学版),2012(3).

7. 郭镇之. 公民参与时代的新闻专业主义与媒介伦理:中国的问题[J]. 国际新闻界,2014(6).

8. 韩丛耀. 图像符号的特性及其意义解构[J]. 江海学刊,2011(5).

9. 姜红. "仪式"、"共同体"与"生活方式"的建构——另一种观念框架中的民生新闻[J]. 新闻与传播研究,2009(3).

10. 蒋方舟. 理想与新媒体:中国新闻社群的话语建构与权力关系[J]. 新闻与传播研究,2015(3).

11. 雷蔚真,王珑锟. 从网络视频再生产看通俗文化中的微观抗争[J]. 新闻与传播研究,2012(2).

12. 刘涛. 情感抗争:表演式抗争的情感框架与道德语法[J]. 武汉大学学报(人文科学版),2016(5).

13. 刘涛. 媒介·空间·事件:观看的"语法"与视觉修辞方法[J]. 南京社会科学,2017(9).

14. 马艺,张培. 多重价值的融合与冲突——新闻伦理道德失范原因的深层阐释[J]. 新闻与传播研究,2009(2).

15. 孟建. 视觉文化传播：对一种文化形态和传播理念的诠释[J]. 现代传播，2002（3）.

16. 牛静. 视频分享网站著作权侵权现象评析[J]. 国际新闻界，2009（12）.

17. 彭华新，欧阳宏生. 论我国电视新闻的人文困境[J]. 现代传播，2011（10）.

18. 彭华新. 论当代媒介环境中舆论监督的权力嬗变[J]. 国际新闻界，2014（5）.

19. 彭华新. 从"职业报料人"看新闻活动主体的境遇变迁与身份变异[J]. 国际新闻界，2015（1）.

20. 彭华新. 社交媒体中的自发式"记者联盟"：身份、环境、伦理[J]. 国际新闻界，2017（7）.

21. 皮海兵. 图像文化：网络文化的实质[J]. 广西师范大学学报（哲学社会科学版），2010（6）.

22. 邵培仁，李梁. 媒介即意识形态——论法兰克福学派的媒介控制思想[J]. 浙江大学学报，2001（1）.

23. 邵秀芳. 反讽的影像——由新批评到解构主义[J]. 安徽文学，2008（9）.

24. 王余光. 关于阅读史研究的几个问题[J]. 图书情报知识，2001（3）.

25. 吴飞. 新媒体革了新闻专业主义的命？——公民新闻运动与专业新闻人的责任[J]. 新闻记者，2013（3）.

26. 吴学夫，黄升民. 大国图腾：承载六十年国家理想的公共图像[J]. 现代传播，2011（8）.

27. 吴燕，张彩霞. 浅阅读的时代表征及文化阐释[J]. 南京大学学报（哲学·人文科学·社会科学），2008（5）.

28. 肖伟胜. 视觉文化还是图像文化——对巴尔反视觉本质主义之批判[J]. 社会科学战线，2011（6）.

29. 谢静. 从专业主义视角看记者微博规范争议——兼谈如何重建新闻人与媒体组织间的平衡[J]. 新闻记者，2013（3）.

30. 熊宇飞. 论新闻美学的理论构架[J]. 重庆大学学报（社会科学版），2000（3）.

31. 薛婷婷，毛浩然. 国外视觉修辞研究二十年：焦点与展望[J]. 西安外国语大学学报，2017（3）.

32. 仰海峰. 媒介、大众与政治：一种哲学的审视[J]. 吉林大学社会科学报，2013（2）.

33. 喻国明. 移动互联网时代的网络安全：趋势与对策[J]. 新闻与写作，2015（4）.

34. 曾庆香. 图像化生存：从迹象到拟像、从表征到存在[J]. 新闻与传播研究，2012（5）.

35. 张兵娟. 媒介仪式与文化传播——文化人类学视域中的电视研究[J]. 现代传播，2007（6）.

36. 张允文. 新闻的商品属性是一种客观存在——同持反对意见的朋友商榷[J]. 新

闻与传播研究,1994(2).

37. 赵万里,徐敬怡.符号互动论视野下的科学社会研究[J].自然辩证法通讯,2007
   (6).

38. 赵毅衡.修辞学复兴的主要形式:符号修辞[J].学术月刊,2010(9).

39. 赵毅衡.反讽:表意形式的演化与新生[J].文艺研究,2011(1).

40. 赵振宇.新闻及其时空观辨析[J].新闻与传播研究,2009(2).

41. 周宪.从视觉文化观点看时尚[J].学术研究,2005(4).

42. 周宪.视觉文化与社会转型——关于中国问题及其研究范式[J].艺术百家,2012
   (5).

43. 周宪.当代视觉文化与公民的视觉建构[J].文艺研究,2012(10).

44. 邹跃进.关于"图像转向"的思考[J].艺术评论,2008(8).

英文专著

1. Baudrillard J. In the shadow of the silent majorities or, the end of the social and other essays[M]. New York: Semiotext(e),1983.

2. Burke K. A Rhetoric of Motives[M]. Berkeley and Los Angeles: University of California Press, 1969.

3. Mitchell W J T. Iconology, Image, Text, Ideology[M]. Chicago & London: The University of Chicago Press,1986.

4. Scott J C. Weapons of the Weak: Everyday Forms of Peasant Resistance[M]. New Haven and London: Yale University Press, 1985.

英文论文

1. Ortiz M J. Visual rhetoric:Primary metaphors and symmetric object alignment[J]. Metaphor and Symbol,2010(3).

2. Scott B. Picturingirony: the subversive power of photography[J]. Visual Communication,2004,3(1).

网络文章(论文)

1. 喻国明,梁爽.移动互联网时代:"场景"的凸显及其价值分析[EB/OL].[2017 - 04 - 30].http://www.360doc.com/content/17/0511/21/27794381_653089899.shtml.